工业和信息化高职高专"十三五"规划教材立项项目

高等职业教育**财经类**"十三五"规划教材

"十三五"江苏省高等学校重点教材

（编号：2017-2-061）

HIGHWAY TRANSPORTATION
MANAGEMENT PRACTICE

公路运输管理
实务（微课版）

吕亚君 主编

吕永壮 沈倩 副主编

人民邮电出版社

北 京

图书在版编目（CIP）数据

公路运输管理实务：微课版 / 吕亚君主编. -- 北京：人民邮电出版社，2018.9
高等职业教育财经类"十三五"规划教材
ISBN 978-7-115-49274-6

Ⅰ. ①公… Ⅱ. ①吕… Ⅲ. ①公路运输－交通运输管理－高等职业教育－教材 Ⅳ. ①U491

中国版本图书馆CIP数据核字(2018)第205628号

内 容 提 要

本书是"十三五"江苏省高等学校重点教材，也是江苏省"十三五"高等学校在线开放课程建设项目配套教材。全书以公路运输服务业务流程为主线构建学习项目，分为公路货物运输管理认知、零担货物运输业务管理、整车货物运输业务管理、特种货物运输业务管理以及运输绩效考核与评价5个学习项目，每个学习项目包含若干具体的工作任务。读者扫描书中二维码，可观看微课视频、教学动画等配套数字资源，亦可参与在线测试，巩固学习知识。

本书可作为高职高专、五年制高职、应用型本科等院校物流管理及相关专业的教材，也可作为运输企业专业人员的培训教材和自学读本。

◆ 主　　编　吕亚君

副 主 编　吕永壮　沈　倩

责任编辑　刘　尉

责任印制　焦志炜

◆ 人民邮电出版社出版发行　北京市丰台区成寿寺路 11 号

邮编　100164　电子邮件　315@ptpress.com.cn

网址　https://www.ptpress.com.cn

涿州市般润文化传播有限公司印刷

◆ 开本：787×1092　1/16

印张：13.5　　　　　　　2018 年 9 月第 1 版

字数：272 千字　　　　　2025 年 7 月河北第 9 次印刷

定价：45.00 元

读者服务热线：**(010)81055256**　印装质量热线：**(010)81055316**
反盗版热线：**(010)81055315**

公路运输管理实务是高职院校物流管理及相关专业的一门专业核心课程。本书立足于基层运输业务操作，通过5个项目20个具体工作任务，详细介绍了公路运输业务的操作流程和规范要求，使读者掌握专业知识并尽快适应基层管理工作岗位的需求，为运输业的持续发展培养合格的职业人才。

本书以运输服务业务流程为主线，将教学内容分为公路货物运输管理认知、零担货物运输业务管理、整车货物运输业务管理、特种货物运输业务管理以及运输绩效考核与评价5个学习项目，每个学习项目包含若干具体的工作任务。在认知了公路货物运输系统构成要素的基础上，以任务引领的形式学习货物运输的计划编制与调度安排（项目一），掌握各种运输业务（零担货运、整车货运、特种货运）的业务流程、作业组织、运费结算、货运事故及纠纷处理等（项目二、项目三、项目四），最后对运输服务进行绩效考核及评价（项目五）。零担、整车、特种货物3种运输业务项目之间循序渐进，各种运输业务的流程和操作要求由简单到复杂，3个项目的学习实际上完成了3次相对完整的公路货物运输业务操作过程。经过多次操作演练和由浅入深的学习，能更深刻地掌握公路货物运输业务流程和操作规范。各学习项目的选取和组合，既考虑了运输职业能力的广度（计划编制、零担运输、整车运输、特种货物运输），又考虑了运输职业能力的深度（事故处理、成本控制、绩效考核），并将运输实时跟踪技术、危险货物运输电子运单管理、驮背运输技术等运输管理新技术在学习项目中进行有序安排，拓展提高学习者的专业知识和管理技能。

本书贯彻落实党的二十大精神，以提高学生的实践能力、创新能力、就业能力和创业能力为目标，融"教、学、做"为一体，体现了"项目导向""任务驱动"的教学思路，重点培养学生对实际业务问题的分析能力。按公路运输管理的知识点和运输业务工作流程精心设计了高仿真的训练任务，从任务描述、任务资讯到任务实施、任务总结，还配套了应用拓展习题，可作为学生的课后任务。合理的任务设计和丰富的业务案例，可以帮助教师更生动地讲解相关知识和技能，学生通过直观、真实、丰富的业务资料也能更容易掌握相关知识和技能。

本书的参考学时为48~64学时，建议采用理实一体化教学模式。各项目的参考学时见下表（学时建议分配表）。

学时建议分配表

项　目	任务	建议学时
项目一 公路货物运输管理认知	任务一　公路货物运输系统认知	3
	任务二　公路货物运输管理认知	2～3
	任务三　公路货物运输计划编制	3～4
	任务四　公路货物运输调度安排	2～3
	任务五　公路货物运输路径规划	3～4

续表

项　目	任　务	建议学时
项目二 零担货物运输业务管理	任务一　零担货物托运受理作业管理	3～4
	任务二　零担货物运输集货作业管理	2
	任务三　零担货物运输发运作业管理	2～3
	任务四　零担货物运输中转作业管理	2～3
	任务五　零担货物运输到达作业管理	2～3
项目三 整车货物运输业务管理	任务一　整车货物运输流程管理	3
	任务二　整车货物运输合同管理	2
	任务三　整车货物双班运输组织	3～4
	任务四　整车货物甩挂运输管理	3～4
项目四 特种货物运输业务管理	任务一　危险货物运输业务管理	2～3
	任务二　危险货物运输电子运单管理	2～3
	任务三　大件货物运输业务管理	2～3
	任务四　鲜活易腐货物运输业务管理	3～4
项目五 运输绩效考核与评价	任务一　公路货物运输成本控制管理	2～3
	任务二　公路货物运输绩效考核评价	2～3
课时总计		48～64

　　本书是"十三五"江苏省高等学校重点教材，也是"十三五"江苏省高等学校在线开放课程配套教材。学习者可登录"江苏省在线课程中心"平台，进入"公路运输管理实务"进行在线学习。也可以根据学习需要，扫描书中的二维码观看微课视频、教学动画等配套数字资源，亦可扫描二维码完成在线测试，巩固学习知识。

　　本书由南京交通职业技术学院吕亚君教授任主编、南京交通职业技术学院吕永壮、沈倩任副主编。项目一、项目二由吕亚君编写，项目三、项目五由沈倩编写，项目四由吕永壮编写。全书训练任务设计由吕亚君负责。

　　在本教材的编写过程中，参考了大量的文献资料及网络资源，引用了一些专家学者的研究成果和一些公司的案例资料，在此对这些文献的作者和相关公司表示崇高的敬意和诚挚的谢意。

　　由于编者水平和经验有限，书中难免出现疏漏和差错之处，敬请读者批评指正。

编者
2023.6

公路运输管理实务（微课版）

4

项目一 公路货物运输管理认知

能力目标

1. 能描述公路货物运输系统的构成要素；
2. 能编制运输管理主要岗位的职责说明书；
3. 能协助制定公路货物运输管理制度；
4. 能编制公路货物运输计划；
5. 能制订车辆调度方案；
6. 能规划最佳运输线路。

知识目标

1. 掌握公路货物运输系统的构成要素；
2. 理解运输节点的主要形式和功能；
3. 掌握公路运输线路的分类和国家高速公路网的构成；
4. 掌握公路货物运输工具的种类及特点；
5. 掌握货物的分类；
6. 了解运输管理部门的组织结构和岗位设置；
7. 熟悉公路货物运输业务流程；
8. 熟悉运输计划的种类及具体内容；
9. 掌握货运作业计划的编制方法；
10. 掌握运输路径的规划方法；
11. 熟悉调度工作的流程。

传化公路港：大数据时代的公路物流

在中国，公路运输占整个物流运输量的近80%，但与此同时，信息不畅又带来了40%的空驶率。打破分散的车、人、货、服务等信息障碍，成为公路物流最棘手的问题。

传化公路港是指通过线上"互联网物流平台"与线下"公路港实体网络"的模式，系统解决公路物流短板问题，提升公路物流效率，降低公路物流成本，打造以"物流＋互联网＋金融服务"为特征的公路物流新生态。目前，传化已经在全国成功运营了33个公路港城市物流中心，开启了物流行业的"滴滴模式"。

视频：传化物流 网动中国

1. 线下"公路港实体网络"

传化的线下"公路港实体网络"是分布在全国各城市的公路港城市物流中心，结合城市定位、产业布局，整合集聚人、车、货为城市和城市群提供集"物流、信息、金融"一体化的供应链服务。同时，从局域到区域再到全国，连点成网，实现港港互联互通。

2003年，传化物流建成全国首个公路港——杭州公路港，在全国首创"公路港物流服务平台"模式。目前，传化公路港城市物流中心覆盖浙江、四川、山东、江苏、福建、重庆、天津、黑龙江、吉林、辽宁、安徽、河南、湖南、河北、贵州、云南、内蒙古等多个省、自治区、直辖市。计划到2022年形成10个枢纽以及160个基地的全网布局。

截至2017年6月，传化在全国累计布局100多个公路港城市物流中心项目，成功运营公路港城市物流中心33个，此外还在全国建立分拨中心42个，聚集了400多万卡车驾驶员会员，连接了上百万家货主企业、16.2万家物流服务商，通过路港快线、路港驿站等产品，在全国连点成网，搭建起中国公路货运的线下货运网络。

2. 线上"互联网物流平台"

在数字经济的大潮下，传化聚焦物流"干线＋城配"端到端智能调度服务，开发了"陆鲸""易货嘀"两大产品，形成互联网物流平台。

"陆鲸"（原易配货）定位于城际干线运力线上调度指挥平台，通过对城际干线卡车的调度，形成港与港、城与城的全国互联互通城际快线。截至2017年6月，"陆鲸"覆盖279个城市，平台上沉淀了132.7万的驾驶员会员，日活跃驾驶员5.9万人；拥有超过13万的货代会员，日发货信息5.8万条，"鲸眼系统"助力全国货源响应率提高14.21%。

"易货嘀"定位于同城货运线上调度智慧平台，用互联网技术整合社会化仓储和运力，面向企业提供一站式城市物流供应链解决方案。目前，"易货嘀"覆盖30个国内枢纽级主要城市，网罗7.44万的驾驶员会员，大型企业客户已超过1000家。

动画：传化物流易配货

同时，传化线上互联网物流平台的"云仓系统"，可以运用信息化手

段把分散在城市各处的仓库连接和协同起来，形成分布式仓储网络，货物可以就近入仓、就近配送；"传化支付"为物流业生态圈提供系统的支付结算服务，衍生出一系列金融及创新增值服务，提供行业一揽子金融解决方案；通过犹如"万能插座"的智能信息系统，可以把全网的服务、上下游企业以及铁路、水运、航空都连接起来，贯穿供应链全链条，并收集大数据。

动画：传化物流"易货嘀"

传化智能物流运用互联网、大数据、人工智能等技术，线下构建以"实体公路港"为核心的公路港实体网络，线上打造以"陆鲸""易货嘀"为核心的互联网物流平台，通过线下与线上融合联动的运营方式，正在建设一张覆盖全国、互联互通的公路货运网，并逐步推动公路货运网与铁路、海港、空港进行互联互通，从而形成一张覆盖全国的多式联运基础设施网络。

任务一
公路货物运输系统认知

任务描述

小张作为公司运输作业部一名刚入职的新员工，需要以公路货物运输系统为载体，完成运输及其功能的调研，了解公路货物运输系统的构成要素，熟悉所处的运输市场环境，为后期熟练开展运输业务储备知识和能力。

任务资讯

运输是指用特定的设备和工具，将物品从一个地点向另一个地点运送的物流活动，它是在不同地域范围内，以改变物品的空间位置为目的而对物品进行的空间位移。运输是社会和国民经济体系的主要基础条件，是物流的最基本的功能之一，也是现代物流运作流程中不可缺少的一环。

小贴士

广义的运输经营活动还包括货物集散、装卸、搬运、中转仓储、干线运输、配送等。

公路货物运输就是借助汽车等载运工具、公路运输网及其设施等，通过一定的组织管理技术，实现货物空间位移的一种物流活动。公路货物运输系统涉及运输节点、运输线路、运输工具、运输对象和运输活动的参与者5个基本要素（见图1–1）。

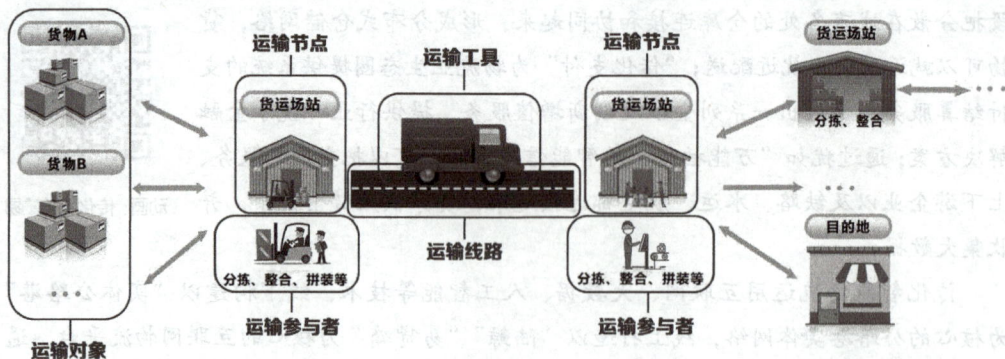

图 1-1　公路货物运输系统的构成要素

小贴士

　　货物从出发地到达目的地，需要经过多次的"运动－停顿－运动－停顿"，与这种空间位移运动形式相呼应，公路运输网结构也是由执行运动的运输线路、执行停顿的运输节点两个最基本的要素构成。货物和车辆在线路上的活动主要包括集货运输、干线运输和配送运输，而货物的包装、装卸、保管、分货、流通加工等作业，都是在节点上完成的。

想一想

　　5 台电视机的公路运输之旅中，你找到运输节点、运输线路、运输工具、运输对象和运输活动的参与者等这些运输系统的构成要素了吗？涉及了哪些先进的管理技术和组织方法？

教学动画：5 台电视机的公路运输之旅

一、运输节点

　　运输节点是以场地为依托，专门为货物的集散、中转、运输业务办理、运输工具维护和修理等提供作业及相关服务的经营场所，是公路运输网络中连接运输线路的结节之处。如公路运输线路上的停车场、货运站，不同运输方式之间的转运站等，是运输系统中非常重要的组成部分，线路上的物流活动往往需要通过运输节点来组织和协调。

　　运输节点是以连接不同线路或不同运输方式为主要职能的节点，是物流节点中的一种类型，属于转运型节点。在运输节点完成的转运可以是不同运输方式之间的转运，如港口码头、公路－铁路转运站，主要是为了完成公路运输和水路运输、铁路运输之间的转运业务；还可以是同一种运输方式、不同线路之间的转运，如公路零担货运中转站。由于货物在这类运输节点的目的主要是转运，所以货物在运输节点上停留的时间较短。

（一）运输节点的主要形式

1. 公路中转站
公路中转站是衔接公路运输进行中转或换载的场所。

2. 公路－铁路转运站
公路－铁路转运站是衔接公路、铁路两种不同运输方式的中转站，一般有三种中转方式：一是公路完成集货运输，铁路完成干线运输；二是铁路完成干线运输后，公路完成最后的配送运输；三是公路、铁路间的转换，货物在转换中完成重新组合，需要一定的装、卸、分货等设施。

3. 水陆联运站

水陆联运站是衔接水运及陆运的转运站，通过码头进行货物装卸和重组，实现陆运与水运的转换。

（二）运输节点的功能

1. 衔接功能

运输节点将各条运输线路联结成一个网络系统，使各条线路通过节点变得更为贯通，货物在途时间更短。运输节点利用各种先进的技术和管理组织方法，有效地起到衔接作用，将中断转化为通畅，减少货物停留时间。例如，通过中转作业衔接不同的运输方式，通过加工作业衔接干线物流及配送物流，通过存储作业衔接供应物流和需求物流，通过集装箱、托盘等集装化处理衔接整个"门到门"运输，形成整体。

2. 信息功能

运输节点是整个物流系统信息传递、收集、处理、发送的集中地，这种信息处理功能在现代物流系统中起着非常重要的作用，也是将复杂的各个运输环节连接成有效整体的重要保证。运输节点通过现代通信设施获取和运用有关信息，进行货物跟踪、仓库管理、运输付款通知、运费结算、运输事务处理和运输信息交换等；通过网络系统，使货运站与港口、码头等交通设施有机联系，相互衔接，实现联网运输与综合运输；同时面向社会提供货源、运力、货流信息和车货配载信息等服务。

3. 管理功能

运输系统的管理设施和指挥机构往往集中设置于运输节点之中，所以运输节点大多是集管理、指挥、调度、信息、衔接及货物处理为一体的运输综合设施。整个运输系统运转的有序化和正常化，以及工作的效率和水平，都取决于运输节点管理职能的有效实现。

📎 想一想

通过查阅网络资源或视频"传化物流 网动中国"，你认为传化公路港是一种运输节点吗？为什么？如果是，又是属于哪种形式？具备哪些主要功能？

微课：公路货物运输系统之认知

二、运输线路

公路货物运输中的运输线路即公路，是供运输工具定向移动的通道，也是公路货物运输赖以运行的基础设施之一，是构成运输系统最重要的要素之一。

（一）公路的分类

根据《公路路线标识规则和国道编号》（GB/T 917—2017）规定，公路可以按公路的行政等级和公路的技术等级进行分类。

1. 按行政等级分类

公路按行政等级可分为国道、省道、县道、乡道、村道和专用公路六个等级。其中，国道包括国家高速公路和普通公路，省道包括省级高速公路和普通公路。

截止到 2017 年末，全国的公路通车总里程达到 477.35 万千米，其中，国道 35.84 万千米，省道 33.38 万千米，县道 55.07 万千米，乡道 115.77 万千米，村道 230.08 万千米，专用公路 7.21 万千米。

2. 按技术等级分类

公路按技术等级分为高速公路、一级公路、二级公路、三级公路和四级公路五个等级（见表 1-1）。其中，高速公路以外的其他公路都称为普通公路。

表 1-1　公路等级分类标准

等级	高速公路	一级公路	二级公路	三级公路	四级公路	
年平均日交通量（辆）	>25000	15000~55000	5000~15000	2000~6000	<2000 双车道	<400 单车道
标准车	小客车	小客车	小客车	小客车	小客车	
出入口控制	完全控制	根据需要确定	不受控制	不受控制	不受控制	
设计年限（年）	20	20 或 15	15	15	按实际情况确定	

高速公路是专供汽车分向、分车道行驶，并全部控制出入的多车道公路。主要用于连接政治、经济、文化重要发展的城市和地区，是国家公路干线网中的骨架。

一级公路是供汽车分向、分车道行驶，并根据需要部分控制出入、部分立体交叉的多车道公路。主要连接重要政治、经济中心，通往重点工矿区，是国家的干线公路。

二级公路是供汽车行驶的双向四车道公路。主要连接政治、经济中心或大工矿区等地的干线公路，或运输繁忙的城郊公路。

三级公路也是供汽车行驶的双车道公路，但主要是连接县及县以上城镇的一般干线公路。

四级公路是供汽车行驶的双车道或单车道公路，主要是连接县、乡、村的支线公路。

截止到 2017 年末，全国高速公路里程 13.65 万千米（见表 1-2 和图 1-2），位居世界第一。国家高速公路的骨架网络基本贯通，这为开展公路货物运输提供了良好的基础条件。

表 1-2　公路按技术等级分类里程统计

公路等级	里程数（万千米）	比重（%）
高速公路	13.65	2.9
一级公路	10.60	2.2
二级公路	37.97	8.0
三级公路	43.03	9.0
四级公路	328.61	68.8
等外公路	43.49	9.1
总里程	477.35	100

注：数据来源于交通运输部发布的《2017 年交通运输行业发展统计公报》

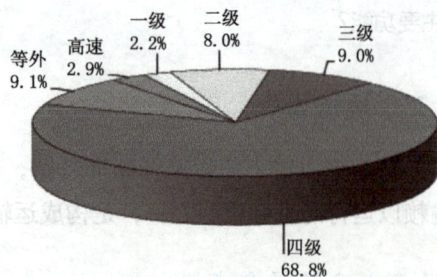

图 1-2　2017 年全国公路里程分技术等级构成图

（二）"71118"国家高速公路网

经国务院批准的《国家公路网规划（2013年—2030年）》，国家高速公路网（简称"71118网"）在原来的"7918"国家高速公路网的基础上，在西部增加了2条北南纵线，由7条首都放射线、11条北南纵线、18条东西横线，共36条主线，以及地区环线、并行线、联络线等组成，总里程由8.5万千米增加到11.8万千米，形成了放射线与纵横网格相结合的国家高速公路网（见表1–3）。

表1–3　"71118"国家高速公路网

7条首都放射线		11条北南纵线		18条东西横线	
G1：北京—哈尔滨	1209km	G11：鹤岗—大连	1474 km	G10：绥芬河—满洲里	1527 km
G2：北京—上海	1262km	G15：沈阳—海口	3710 km	G12：珲春—乌兰浩特	885 km
G3：北京—台北	2030km	G25：长春—深圳	3585 km	G16：丹东—锡林浩特	960 km
G4：北京—港澳	2285km	G35：济南—广州	2110 km	G18：荣成—乌海	1820 km
G5：北京—昆明	2865km	G45：大庆—广州	3550 km	G20：青岛—银川	1610 km
G6：北京—拉萨	3718km	G55：二连浩特—广州	2685 km	G22：青岛—兰州	1795 km
G7 北京—乌鲁木齐	2540km	G59：呼和浩特—北海	2678 km	G30：连云港—霍尔果斯	4395 km
		G65：包头—茂名	3130 km	G36：南京—洛阳	722 km
		G69：银川—百色	2281 km	G40：上海—西安	1490 km
		G75：兰州—海口	2570 km	G42：上海—成都	1966 km
		G85：银川—昆明	2322 km	G50：上海—重庆	1768 km
				G56：杭州—瑞丽	3404 km
				G60：上海—昆明	2730 km
				G70：福州—银川	2485 km
				G72：泉州—南宁	1635 km
				G76：厦门—成都	2295 km
				G78：汕头—昆明	1710 km
				G80：广州—昆明	1511 km

注：G59和G69为新增的两条北南纵线

（三）公路的编号

1.路线行政等级标识字母

公路路线编号的首位是行政等级的标识字母，用G（国道）、S（省道）、X（县道）、Y（乡道）、C（村道）和Z（专用公路）等字母标识公路的不同行政等级。

2.普通公路的路线编号

普通公路的路线编号，由公路行政等级字母标识符"G（S/X/Y/C/Z）"和3位数字编号"×××"组配表示（见表1–4）。其数字编号的第1位用"1、2、3、5"分别标识放射线、北南纵线、东西横线和联络线，以各行政等级字母标识符对应的行政区域为范围编制系列顺序号。

表1–4　普通公路的路线编号结构

省级普通公路类型	路线编号结构	编号示例	路线全称
放射线	G（S/X/Y/C/Z）1××	G106	北京—广州公路

省级普通公路类型	路线编号结构	编号示例	路线全称
北南纵线	G（S/X/Y/C/Z）2××	G204	烟台—上海公路
东西横线	G（S/X/Y/C/Z）3××	G311	上海—霍尔果斯公路
联络线	G（S/X/Y/C/Z）5××	G523	泰州—丹阳公路

3. 国家高速公路的路线编号

国家高速公路的首都放射线、北南纵线、东西横线和地区环线等主线编号，由国道字母标识符"G"和1~2位的数字编号"×"或"××"组配表示（见表1-5）。国家高速公路的城市绕城环线、联络线和并行线编号，由国道字母标识符"G"和2位主线编号"××"、1位路线类型识别号"*"和1位顺序号"#"组配的4位数字编号表示。

表1-5 国家高速公路的路线编号结构

国家高速公路类型		路线编号结构	编号示例	路线全称	备注
主线	首都放射线	G×	G2	北京—上海高速公路	数字编号为1位数
	北南纵线	G××	G25	长春—深圳高速公路	数字编号为2位奇数
	东西横线	G××	G42	上海—成都高速公路	数字编号为2位偶数
	地区环线	G××	G92	杭州湾地区环线高速公路	2位数字编号的第1位固定为"9"
城市绕城环线		G××0#	G1503	上海绕城高速	识别号为"0"
联络线		G××1#	G1512	甬金高速联络线	识别号为"1"或"3"
并行线		G××2#	G0425	与G4（京港澳高速）并行的广澳高速公路	识别号为"2"或"4"

4. 省级高速公路的路线编号

省级高速公路的省会放射线、北南纵线、东西横线等主线编号，由省道字母标识符"S"和不超过2位的数字编号"×"或"××"组配表示（见表1-6）。省级高速公路的城市绕城环线和联络线编号，由省道字母标识符"S"和2位数字编号"××"组配表示。

表1-6 省级高速公路的路线编号结构

省级高速公路类型		路线编号结构
主线	放射线	S×
	北南纵线	S××
	东西横线	S××
城市绕城环线		S××
联络线		S××

想一想

G109是高速公路还是普通公路？G2513是高速公路还是普通公路？S88是高速公路还是普通公路？为什么？这里的字母G是代表高速公路还是国道？

　　我国的公路编号规则中，首位字母是代表公路的行政等级（国道、省道、县道等），高速公路和普通公路是用字母后的数字位数来区分的，普通公路的编号是 3 位数，而高速公路编号可以是 1 位数、2 位数和 4 位数。

法规：《GB/T 917—2017 公路路线标识规则和国道编号》

微课：公路货物运输系统之运输线路

（四）公路的标志牌

1. 国家高速公路

　　国家高速公路标志牌的主体为绿底白字，主要内容为国道的标识字母"G"、路线编号、高速公路的中文简称。上方红色横条上标有"国家高速"的白色字样（见图 1-3）。

2. 省级高速公路

　　省级高速公路标志牌的主体也为绿底白字，主要内容为省道的标识字母"S"、路线编号、高速公路的中文简称。上方的横条为黄底黑字，标有"苏高速""津高速"等省级高速含义的字样（见图 1-4）。

图 1-3　国家高速公路标志牌

图 1-4　省级高速公路标志牌

3. 普通公路

　　国家普通公路的标牌为红底白字（见图 1-5），省道及其他道路的普通公路的标牌为黄底黑字（见图 1-6）。

图 1-5　普通国道标志牌

图 1-6　普通省道标志牌

三、运输工具

　　公路运输的运输工具主要是用于承载货物并使其发生位移的各种汽车，包括运送货物的汽车，也包括牵引其他车辆的汽车，具有方便、机动、灵活、适应性强等特点。根据车厢的形状和用途，载货汽车可以分为低栏车、高栏车、厢式车、集装箱运输车、冷藏车、牵引车和挂车等（见图1-7）。

图1-7 常用的载货车辆

1. 低栏车

低栏车又叫平板车，根据板的高度和形状又可分为纯平板和高平板两种。它的特点是能从三个方向打开车厢，方便装卸作业，常用于一些采用叉车、吊机运输的货物。运输过程中，一般需要用雨布包裹货物以防止雨淋和货物损坏，同时，还需要采用专门的工具固定货物。

2. 高栏车

高栏车是介于低栏车和厢式车之间的一种车型，比低栏车更加封闭，但仍需要雨布防护，分为半封闭和全封闭两种。

3. 厢式车

厢式车又叫厢式货车，可以分为后开门、左右开门、全封闭、半封闭车型。它比高栏车更加密封，本身具有防雨和防潮功能，主要用于各种纸箱包装物品的运输，特殊种类的厢式车还可以运输化学危险物品。

视频：一辆可以伸缩的平板车（来源：优酷）

视频：让你脑洞大开的厢式车

4. 集装箱运输车

集装箱运输车是指运载集装箱的专用运输车辆，与一般厢式车的区别是，集装箱与运输车底盘能快速分离，便于集装箱箱体装卸，而厢式车是货箱和底盘相对连为一体，不便快速装卸。

5. 冷藏车

冷藏车是指运输冷冻或保鲜货物的封闭式厢式运输车，车体装有制冷装置、隔热保温厢体、温度记录仪等部件。按车厢形状可以分为面包式冷藏车、厢式冷藏车、半挂冷藏车。

6. 牵引车

牵引车是指本身具有动力驱动装置的车辆，专门或主要用于牵引挂车的汽车。按用途不同，可以分为全挂牵引车、半挂牵引车、特种挂车牵引车等。

7. 挂车

挂车是本身无动力驱动装置，需由牵引车牵引的车辆。按挂车与牵引车的连接方式分为全挂车和半挂车。

全挂车可依靠自身轮胎直立，与牵引车仅用挂钩连接，其荷载全部由自身承担，牵引车只提供牵引力。全挂车在我国最盛行的时期是 20 世纪 70 至 90 年代，因甩挂方便，制造成本低，在道路和技术条件等多方面因素综合影响下得到广泛应用。随着我国高速公路的普及，全挂车暴露出在高速行驶时制动甩尾、高速直线行驶性能差等安全问题，国内对全挂车的使用进行了限制。

半挂车必须要靠前面的支腿才能直立，挂车的前面一半需搭在牵引车后段上面的牵引鞍座上，其部分挂车质量需由牵引车承受。半挂车因应用灵活、承载力大，特别适用于长途、高等级公路运输，已成为公路运输车中最主要的运输工具。

四、运输对象

公路货物运输系统的运输对象主要是种类繁多的各种货物。按照货物的物理属性、装卸条件、运输条件、托运批量等可以将货物进行分类。

（一）按货物形态分类

1. 散装货

散装货是指不加包装，基本上以其自然形态装车进行运输的货物，如煤、粮食、矿砂、原油等。这类货物的装卸需要有相应的装卸设备，有的还需要特殊的运输工具，如油罐车。

2. 包装货

包装货是指必须用各种容器、材料盛装和包扎的货物，以保护商品在流通过程中品质完好和数量完整。

（二）按货物性质分类

1. 普通货物

普通货物是对运输、装卸、保管无特殊要求的货物。

2. 特种货物

特种货物是对装卸、运送和保管等环节有特殊要求的货物，包括危险品、大件货物、鲜活易腐货物等。

3. 轻泡货物

轻泡货物是每立方米体积质量不足 333 千克的货物。其体积按货物（有包装的按货物包装）外廓最高、最长、最宽部位尺寸计算。

（三）按载运状况分类

1. 整车货物

整车货物是托运人一次托运的货物，其计费质量在 3 吨或 3 吨以上，或者质量不足 3 吨，但因性质、体积和形状等因素必须用一辆车来运输的货物。

2. 零担货物

零担货物是托运人一次托运的货物，其计费质量不足 3 吨的货物。

（四）按运送速度分类

1. 普通运输货物

普通运输货物主要是在运送速度上没有特殊要求，只要满足常规运送速度要求的货物。

2. 快件运输货物

快件运输货物主要是对货物的运到时间有特殊要求，一般是由专门从事快件业务的运输公司承运的货物。根据《道路零担货物运输管理办法》的规定，快件运输货物要求从受理当天的 15 时算起，300 千米运距内，24 小时以内送达；1000 千米运距内，48 小时以内送达；2000 千米运距内，72 小时以内送达。

微课：公路货物运输系统之运输工具与对象

3. 特快专运货物

特快专运货物是指应托运人要求即托即运，在约定时间内运达的货物。

五、运输活动参与者

运输作为一种物流活动，其活动的主体是运输参与者，活动的客体是货物。运输活动的主要参与者包括货主、承运人、货运代理人、运输经纪人和政府。

1. 货主

货主即货物的所有者，包括托运人（或称委托人）和收货人，是货物运输的需求者。托运人和收货人可能是同一主体，也有可能不是同一主体。

2. 承运人

承运人即运输活动的承担者。承运人根据委托人的要求，或在不影响委托人要求的前提下，合理组织运输和配送活动，降低运营成本，尽可能多地获取利润。

3. 货运代理人

货运代理人是根据用户的要求，并为获得代理费用而揽取货物、组织运输和配送的人，其本人不是承运人。

4. 运输经纪人

运输经纪人是替托运人、收货人和承运人协调运输安排的中间商。其协调内容主要包括装运装载、费率谈判、结账和跟踪管理等。运输经纪人也属非作业中间商。

5. 政府

运输作为一种经济活动，政府总是期望有一种稳定而有效的运输秩序，以使经济能持续增长。因此政府通常采用法律或经济政策等多种方式来干预和影响运输市场。

任务实施

根据任务描述，采用网络技术、实地调研等方式，详细了解某公司业务涉及的运输线路布局、运输节点、车辆、货物等，归纳总结对公路货物运输系统的认知，制作学习汇报 PPT。

公路货物运输系统构成要素

- 运输节点
  - 公路中转站
  - 公路—铁路转运站
  - 水陆联运站
- 运输线路
  - 高速公路
  - 一级公路
  - 二级公路
  - 三级公路
  - 四级公路
  - 国道
  - 省道
  - 县道
  - 乡道
  - 村道
  - 专用公路
- 运输工具
  - 载货汽车
    - 低栏车
    - 高栏车
    - 厢式车
    - 集装箱车
    - 冷藏车
  - 牵引车
    - 全挂牵引车
    - 半挂牵引车
    - 特种挂车牵引车
  - 挂车
    - 半挂车
    - 全挂车
- 运输对象
  - 散装货物
  - 包装货物
  - 普通货物
  - 特种货物
  - 轻泡货物
  - 整车货物
  - 零担货物
  - 普通运输货物
  - 快件运输货物
  - 特快专运货物

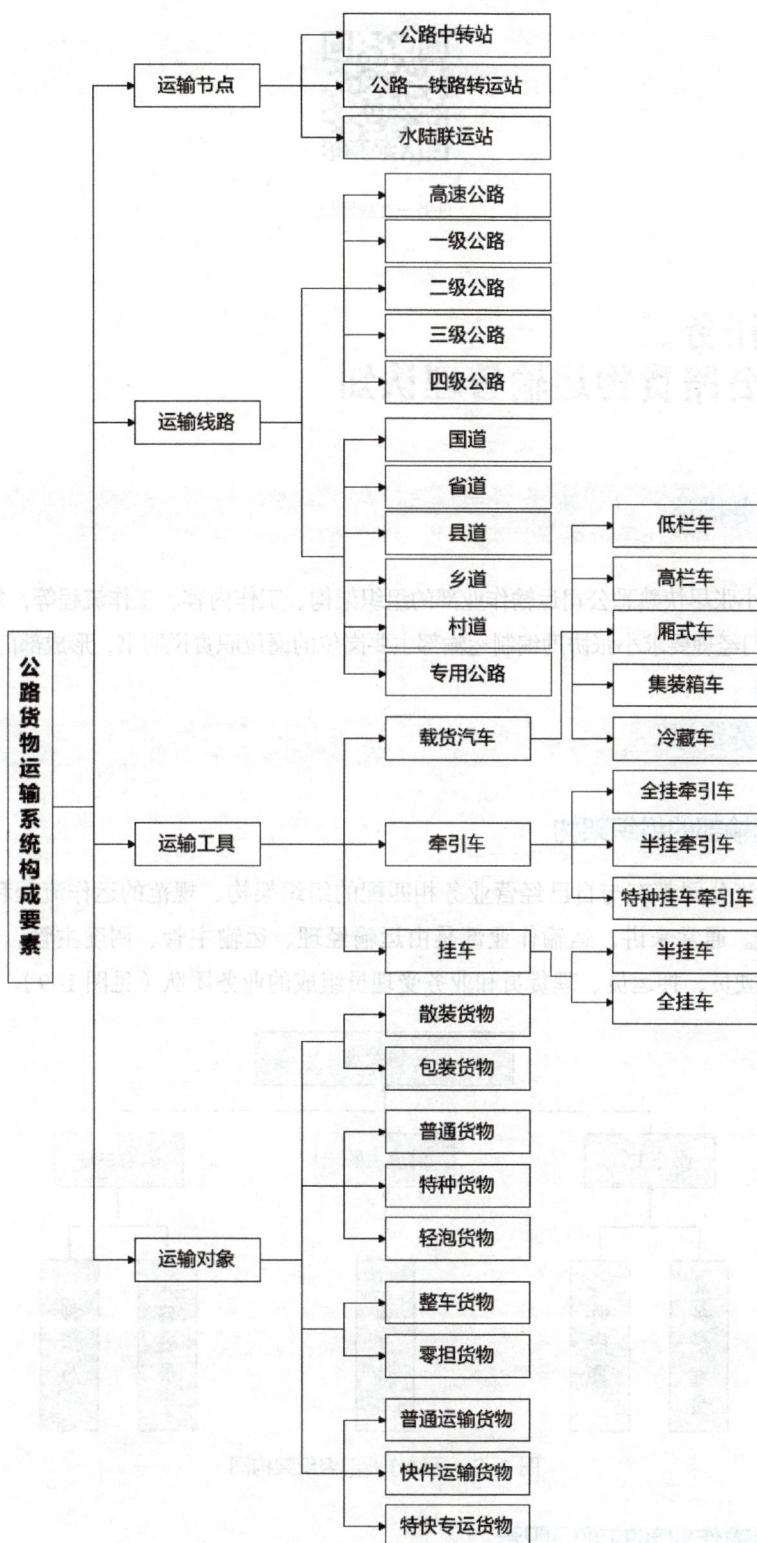

图1-8 任务框架

任务二 公路货物运输管理认知

任务描述

为了让小张尽快熟悉公司运输作业部的组织架构、工作内容、工作流程等，掌握岗位工作要求，部门经理要求小张协助编制运输部主要岗位的岗位职责说明书，形成部门配套文件。

任务资讯

一、运输部的组织架构

每个物流公司都有与自己经营业务相匹配的组织架构、规范的运作流程和行之有效的管理制度。通常来讲，运输作业部是由运输经理、运输主管、调度主管、业务主管、调度员、驾驶员、押运员、理货员和业务受理员组成的业务团队（见图1-9）。

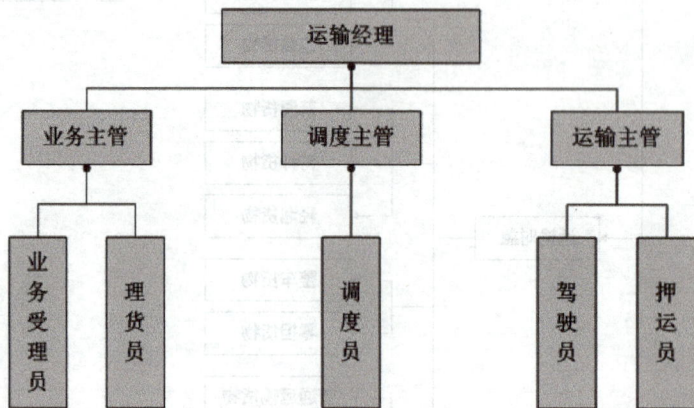

图1-9　运输作业部组织架构图

二、运输作业部的部门职责

运输作业部的主要职责是做好各类运输业务的规划工作，包括选择合理的运输工具，制订完备的运输方案，安排好零担、整车、危货、大件等运输业务，为客户提供安全、便捷、高效的运输服务。

1.建立运输工作规范

（1）认真贯彻执行国家有关运输管理方面的方针、政策，并负责起草运输作业部的各项规章制度。

（2）制定运输作业部的工作流程、标准、操作规范。

2.做好运输规划管理

（1）做好货物运输工具、运输路线等规划工作。

（2）建立企业运输网络，确保运输渠道畅通。

3.开展运输业务

（1）根据货物的运输需求，确保货物安全及时交付。

（2）积极拓展运输业务，丰富企业的服务网络。

4.运输安全管理

（1）做好本部门所属运输车辆的安全管理工作，做好部门员工的安全教育工作。

（2）完成企业各项运输任务，保证货物运输过程安全。

5.对外关系维护

（1）负责协调企业对外合作关系，保障企业运输路线畅通。

（2）加强与外部承运商的合作，保证企业货物运输、中转对接畅通。

6.运输车辆技术管理

（1）做好自有车辆的购置与管理工作。

（2）监督企业所有车辆的技术状况和日常管理，节约运输费用。

三、运输作业部关键岗位工作职责

1.运输作业部经理岗位职责

（1）编制运输作业部年度、季度、月度工作计划，并进行计划分解、监督和检查。

（2）负责部门各项规章制度的修订，监督、检查相关制度、规范、标准的执行情况。

（3）监督、审核运输单据和运输成本、费用的统计核算工作，严格控制部门运输成本。

（4）根据公司经营目标，积极组织开发新线路、开展新业务。

（5）审定并组织实施物流运输方案。

（6）处理与货主及其他合作方之间出现的问题。

（7）处理因运价、油价、运输政策调整而产生的各种问题。

（8）制定货运事故解决方案，监督事故处理进度，及时总结事故产生原因。

（9）负责本部门运输安全管理工作，加强部门员工的安全教育工作。

（10）负责运输部团队建设工作。

2.运输主管岗位职责

（1）根据运输合同要求和货物特点，科学编制运输计划，合理安排运力，报部门经理审核后组织执行。

（2）根据运输业务需要及公司承运能力实际，编制运输合作方案，报部门经理审核后组织执行。

（3）按照审批后的运输合作方案，与运输商签订运输合同，并监督、检查其执行情况。

（4）根据运输业务发展需要，对自有车辆的增减、更新、配套，提出合理化建议，作为领导决策的依据。

（5）根据运输任务选择最佳运输路线和运输方式，确保降低运输成本，提高服务质量。

（6）及时发现和改进运输过程中存在的问题，不断改善车辆技术状况和运输服务质量，塑造企业良好形象。

（7）及时受理运输过程中的突发事件报告并采取有效措施，力争减少事故损失。

（8）监督、检查相关制度、规定、规范、标准的执行情况，建立自有车辆档案管理制度。

（9）监督、检查运输业务费用结算及运输信息工作。

3. 调度主管岗位职责

（1）监督、检查相关制度、规定、规范、标准的执行情况。

（2）根据客户订单或托运单制订合理的调度计划，审核值班调度员的调度计划。

（3）维护调度系统正常运转。

（4）负责处理运输过程中各类应急、突发事件。

（5）负责运输成本分析、控制，参与运输成本标准制定。

（6）负责车辆的过桥过路费、油费等费用的审核，做好相关费用的控制。

（7）做好与合作运输商的手续交接、相关单据的保管工作，监督其执行情况。

（8）组织对驾驶员提交的各项费用、单据的汇总统计，定期向部门经理提交运输成本汇总报表。

（9）指导、监督下属岗位人员日常工作，并进行考核和做出相应奖惩。

4. 调度员岗位职责

（1）按照运输任务科学调度车辆，确保车辆安全和服务质量。

（2）选择合适的运输路线，力争节约成本，提高运输综合效益。

（3）实施调度作业计划，开具派车单，并做好调度作业信息登记。

（4）负责调度作业计划中异常情况的处理和控制。

（5）实时跟踪车辆状态信息，负责运输过程中各种异常情况的处理和控制。

（6）按发运里程预算出车费用，填写"油料单""出车费用单"，协助财务及相关业务人员做好运费结算工作。

（7）整理、保管派车单存底联、发货清单、货物托运单，负责登记发运单据、返回单据的传递和归队车辆费用的结算，强化回单反馈工作。

（8）按月汇总车辆通行费、加油费单据、车辆行程费用统计表，统计核算运输成本、耗油成本、维修成本等，填制报表。

（9）监督、检查运输信息员按时接收上级指令和客户信息，将作业情况及时输入信息系统。

（10）按月对驾驶员进行安全考核，编制安全考核报表。

（11）根据车辆使用情况制定车辆定期安检、维修计划。

（12）负责运输现场检查、指导、协调工作，保证运输作业通畅。

四、公路运输业务流程管理

（一）公路运输业务流程

按照公路货物运输过程的不同阶段，货物运输工作可以分为发送工作、途中工作和到达工作 3 个主要环节，如图 1-10 所示。

1. 发送作业

发送作业是货物在始发站的各项作业，主要包括受理托运、组织装车和核算制票等内容。受理托运必须做好货物包装、确定质量和办理托运单等作业；受理托运后，开始组织装车，发货人应按规定交纳运杂费，并领取承运凭证（货票）；始发站在货物托运单和货票上加盖承运日期之时起即意味着承运开始。

2. 途中作业

途中作业是货物在运送途中发生的各项作业，主要包括途中货物交接、货物整理或换装等内容。如果货物在运输途中发生装卸、换装、保管等作业，驾驶员之间、驾驶员与站务人员之间应认真办理交接检查手续。

3. 到达作业

到达作业是货物在到达站发生的各项作业，主要包括货运票据的交接、货物卸车、保管和交付等内容。车辆装运货物抵达卸车地点后，收货人或车站货运员应组织卸车。卸车时，对卸下货物的品名、件数、包装和货物状态等应进行必要的检查。整车货物一般直接卸在收货人仓库或货场内，由收货人自理。收货人确认所卸货物无误并在货票上签收后，货物交付完毕。

在到达地交付手续办完后，货物的全部运输过程才算完成。

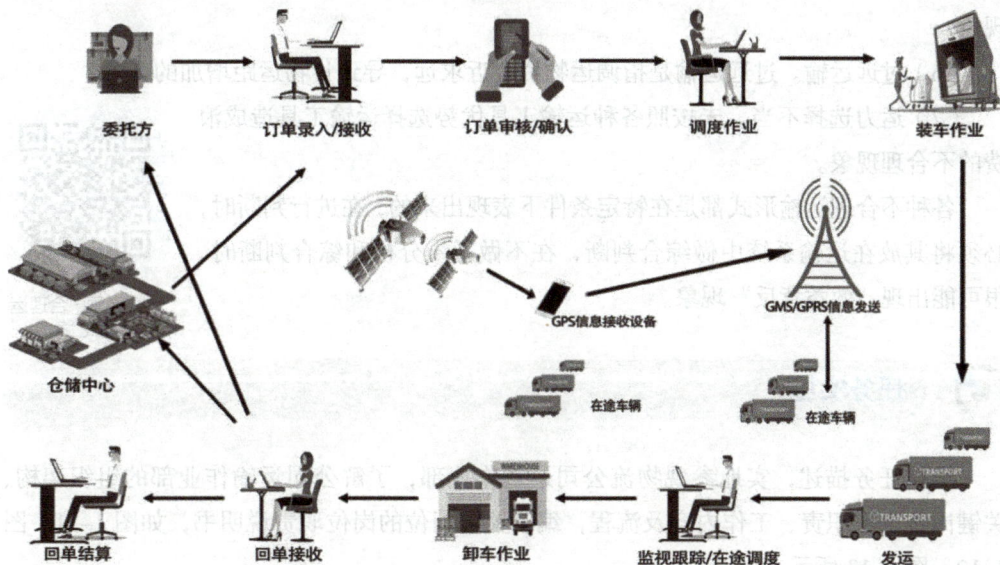

图 1-10 公路货物运输业务流程图

（二）合理化运输的组织

1. 运输合理化的含义

运输合理化是指从总体目标出发，以最少的运力、最快的速度、最短的线路、最优的服务、最少的费用，组织好货物的运输与配送，以获取最大的经济效益。

影响运输合理化的因素包括运输距离、运输环节、运输工具、运输时间和运输费用5个要素，即合理运输的"五要素"。

2. 不合理运输的表现形式

不合理运输是在现有条件下可以达到的运输水平而未达到，从而造成了运力浪费、运输时间增加、运费超支等问题的运输形式。常见的不合理运输形式有以下几种。

（1）返程或起程空驶。空车行驶，可以说是不合理运输的最严重形式。在实际运输组织中，有时候必须调运空车，从管理上不能将其看成不合理运输。但是，因调运不当、货源计划不周、不采用运输社会化而形成的空驶，是不合理运输的表现。

（2）对流运输。亦称"相向运输""交错运输"，指同一种货物，或彼此间可以互相代用而又不影响管理、技术及效益的货物，在同一线路上或平行线路上进行相对方向的运送，而与对方运程的全部或一部分发生重叠交错的运输称对流运输。已经制定了合理流向图的产品，一般必须按合理流向的方向运输，如果与合理流向图指定的方向相反，也属对流运输。

（3）迂回运输。本可以选取短距离进行运输时，却选择路程较长路线进行运输的一种不合理形式。

（4）重复运输。货物可以直接运到目的地，但在未达目的地之外的其他场所卸货，重复装运后送达目的地，或者是同品种货物在同一地点同时运进、运出。

（5）倒流运输。倒流运输是指货物从销地或中转地向产地或起运地回流的一种运输现象。

（6）过远运输。过远运输是指调运物资舍近求远，导致货物运距增加的现象。

（7）运力选择不当。未按照各种运输工具优势选择运输工具造成浪费的不合理现象。

各种不合理运输形式都是在特定条件下表现出来的，在进行判断时，必须将其放在运输系统中做综合判断，在不做系统分析和综合判断时，很可能出现"效益背反"现象。

教学动画：合理运输之路

⊙ 任务实施

根据任务描述，实地参观物流公司运输作业部，了解公司运输作业部的组织架构、关键岗位工作职责、工作内容及流程，编制关键岗位的岗位职责说明书，如图1-11、图1-12、图1-13所示。

运输经理岗位职责说明书

岗位名称	运输经理	所属部门	运输作业部
上　级	总经理	下　级	运输主管、调度主管、业务主管

任职资格	1. 学历、专业知识 大学本科及以上学历，交通运输、物流管理等相关专业
	2. 工作经验 5年以上相关工作经验，2年以上运输统筹、协调管理经验
	3. 业务了解范围 熟练掌握物流运输管理的专业知识，精通货物的运送路线的规划与 设计，熟悉降低物流成本的方法，了解物流运输业务需求状况

工作职责	职责细分
编制部门年度计划	(1) 根据公司发展战略，结合公司物流服务项目及服务能力，编制运输部门年度发展计划和部门预算，规划、评估和选择物流运输线路 (2) 组织年度部门计划的执行，并进行监督、检查
运输业务管理	(1) 根据公司发展目标，积极组织开发新线路、新运输方式 (2) 根据物流合同要求，与仓储、配送、财务等相关部门协调、沟通，设计物流运输路线和运作方案 (3) 组织人员跟踪货物在途运输情况及货物的交付情况，确保货物安全、及时到达目的地 (4) 做好运输单据和运输成本费用的统计、核算工作，严格控制公司运输成本，汇总年度、季度、月度运输成本统计表
突发问题处理	(1) 及时掌握运输事故发生情况，严格控制公司运输事故发生率 (2) 出现货物丢失、损毁等事故，应亲自到现场，积极制定解决办法，监督事故的处理进度，及时总结问题产生的原因 (3) 处理与货主之间，或与其他合作方之间发生的问题 (4) 处理因运价调整、油价调整、运输政策调整而产生的各种问题
运输安全管理	(1) 做好本部门运输业务中的安全管理工作，加强部门员工安全教育 (2) 认真落实各项运输任务，保证运输安全 (3) 做好运输安全培训工作，确保员工熟悉并遵守各项安全规范
部门采购管理	(1) 根据供应商服务质量以及公司成本预算，选择合适的供应商并签约，监督供应商的后续执行和服务情况 (2) 审核部门车辆采购计划，批准后向总经办申请，并监督采购进度 (3) 审核运输合作方案的合理性，并严格要求运输合作对象的运输资质
车辆管理监管	(1) 建立完整的自有车辆档案管理体系，监督车队运营 (2) 根据部门年度计划和成本预算，监督车队车辆购置、租赁、调配执行情况 (3) 严格控制车队车辆维修费用成本，监督车辆使用、耗损情况是否合理
部门管理与团队建设	(1) 认真贯彻执行国家有关运输管理方面的方针、政策，负责制定运输部各项规章制度，并组织执行与备案 (2) 严格审核运输部各项费用的报销，有效控制各项费用的支出 (3) 负责运输部员工的招聘、培训以及人员调配，组建运输团队，培养高素质、高效率的运输队伍

图 1-11　运输经理岗位职责说明书

运输主管岗位职责说明书

岗位名称	运输主管	所属部门	运输作业部
上 级	运输经理	下 级	押运员、驾驶员

工任职资格	1.学历、专业知识 　大专以上学历，交通运输、物流管理等相关专业
	2.工作经验 　3年以上物流行业从业经验，2年以上物流货物运输及团队管理经验
	3.业务了解范围 　熟练掌握物流运输管理的专业知识，精通货物运送路线的规划与设计，熟悉降低物流成本的方法，了解物流运输业务需求状况

工作职责	职责细分
运输路线规划	（1）根据公司物流合同的要求和货物特点，合理设计运输路线并选择最佳的运输方式，报部门经理审核后组织执行 （2）会同有关部门和人员对重点物流运输业务方案进行综合评选，报部门经理审批后组织执行
运输商选择	（1）根据物流运输业务需要以及公司的承运能力，寻找运输合作伙伴，编制合作方案 （2）将运输合作方案报部门经理审批后，签订运输合同，并监督、检查执行情况
货物运输管理	（1）选择最佳运输路线和运输方式，确保运输安全，提高服务质量 （2）组织做好货物包装、运输工作 （3）从托运方处提取货物时，要通知相关部门对货物进行检验、结算 （4）组织协助仓储部做好货物的交接、验收、入库工作
突发问题处理	（1）及时受理运输过程中的突发事件报告，积极制定问题解决措施 （2）出现货物丢失、损毁等事故，应亲自到现场，根据情况制定解决办法，及时上报部门经理审批后组织解决，并分析问题产生的原因
车辆管理	（1）建立自有车辆档案管理制度，并监督制度执行情况 （2）根据部门运输需要，组织编制和审核车辆采购计划，经总经理和部门经理审批同意后实施 （3）根据公司和部门发展计划以及车辆使用状况，监督车辆调配和到期报销的执行情况 （4）严格控制车辆维修费用成本，监督车辆使用、耗损情况是否合理
沟通协调	（1）就运输环节中与各部门产生的问题，及时上报部门经理，进行部门间的沟通协调，提高公司运输效率 （2）保持与长期客户的友好关系，聆听他们对运输环节的意见和要求，不断改进运输工作

图 1-12　运输主管岗位职责说明书

调度主管岗位职责说明书

岗位名称	调度主管	所属部门	运输作业部
上 级	运输经理	下 级	调度员

工任职资格	1. 学历、专业知识 　大学本科及以上学历，交通运输、物流管理等相关专业
	2. 工作经验 　2年以上运输调度管理工作经验
	3. 业务了解范围 　具备现代物流管理的理论基础，熟悉第三方物流运作的流程，熟悉本地周边交通状况，了解运输业相关的法律法规，了解特殊货物的运输要求

工作职责	职责细分
调度规划和计划管理	（1）根据物流公司的业务情况制订部门调度的年度、季度、月度工作计划，并对计划进行分解，监控计划实施 （2）根据客户订单或托运单制订合理的调度计划
运输调度管理	（1）根据货物调度计划组织货物调度，做好到达货物的按时配送及返程货物的及时提取工作 （2）组织人员做好运输过程中各种异常状况的处理，如车辆出现异常确实无法继续运输，要及时补派车辆
调度跟踪管理	（1）严格执行本公司的自有车辆管理制度，组织人员对驾驶员的提货、开票等业务知识进行培训和考核 （2）根据货物数量制定出车计划，准时、快捷地完成运输委托 （3）组织人员对运输计划进行跟踪，并监督驾驶员运费收取情况，一旦发现延迟或其他异常情况应及时通知运输主管查找原因，并上报部门经理 （4）对驾驶员在运输途中有怠工、拖延、公车私用的现象，应立即采取措施并进行责任追查 （5）若驾驶员在运输途中反映车辆出现异常状况时，应及时查明产生异常的原因及程度，并制定处理措施
运输成本控制	（1）熟悉物流运输中涉及的各项费用的使用情况，对运输成本进行分析、控制，参与运输成本标准制定 （2）负责车辆的过桥过路费、耗油等费用的审核，做好相关费用的控制
运输信息管理	（1）定期或不定期检查驾驶员填写的"车辆行程费用统计表"的规范程度，并于月底进行月度审核 （2）做好与外请运输商就发货清单、货物托运单等相关手续的交接工作，做好相关单据的保管，并监督其后续的执行情况 （3）组织人员对驾驶员提交的各项费用单据进行汇总统计，定期向部门经理提交运输成本汇总报表
下属人员管理	（1）负责下属人员包括调度员、驾驶员、押运员的招聘、培训工作，严格审核驾驶员是否具有货物运输相关资质 （2）制定人员管理制度，定期对下属工作人员进行考核，并作出相应奖惩

图 1-13 调度主管岗位职责说明书

任务总结

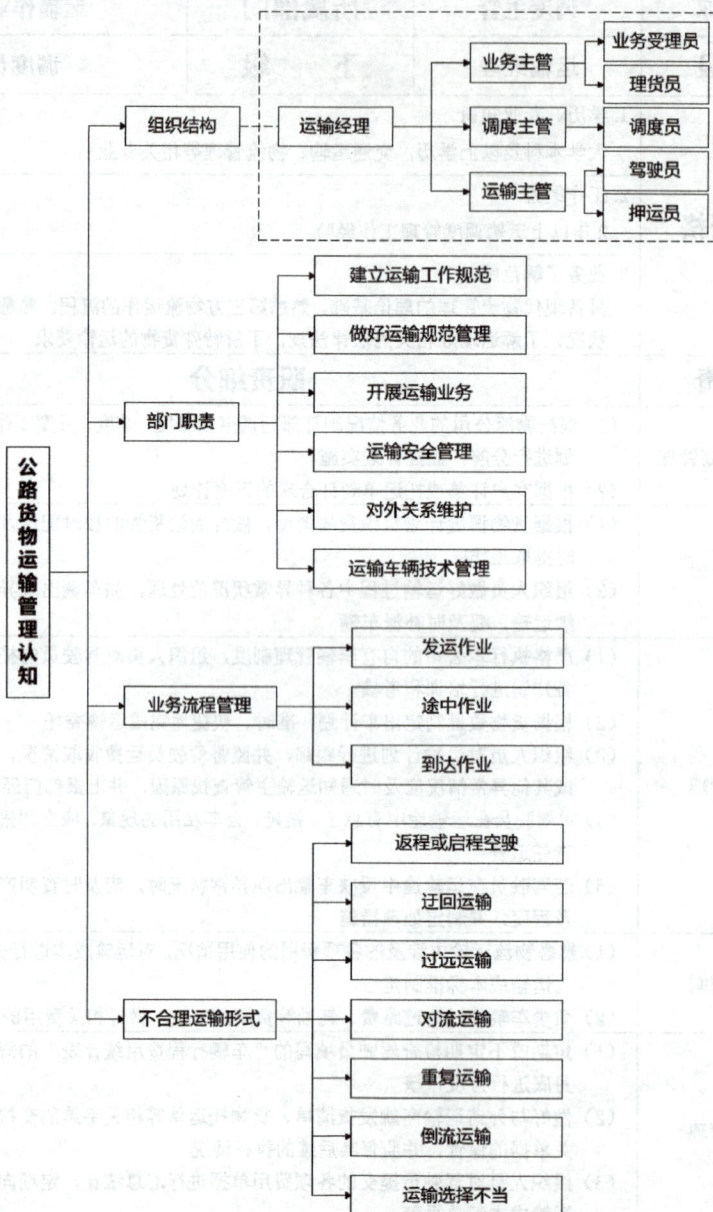

图 1-14　任务框架

在线测试

任务二在线测试

任务三
公路货物运输计划编制

任务描述

通达物流公司的南京集散中心有 5 条干线班车线路，终点分别为长春、太原、重庆、福州和乌鲁木齐，途径大连、沈阳、合肥，如表 1-7 所示。

表 1-7　干线班车线路一览表

班车线路	途经站	里程（千米）	往返时间（天）	发车时间
南京—长春	大连、沈阳	2050	4~5	18:30
南京—太原		1213	3~4	20:00
南京—重庆	合肥	1905	4~5	21:00
南京—福州		1116	3~4	22:00
南京—乌鲁木齐		3878	6~7	23:00

按照运输作业部要求，计划调度室需要在每周五编制下周车辆运行周计划。汪主管要求小张协助编制 4 月 24 日（周一）~30 日（周日）一周的车辆运行作业计划。

任务资讯

公路货物运输计划是根据过去一个时期内完成任务的历史实绩、计划期的运输需求、企业现有的运输能力，编制的运量与运力安排计划，是运输企业平衡货物运输量与运力的措施之一。

公路货物运输计划一般包括运输量计划、车辆计划、车辆运用计划和车辆运行作业计划等。通常，根据运输需求先编制运输量计划，明确全年和各季度要完成的货运量、周转量、分类别货运量等运输量计划指标，然后依次编制车辆计划（明确车辆、类型）、车辆运用计划（明确车辆的运用效率情况）、车辆作业计划（明确每辆车什么时间到什么地方干什么）。

一、运输量计划编制

运输量计划是运输企业对计划期内预计完成的货运量和货物周转量的安排，主要包括货运量、周转量、分类别货运量的年度、季度安排等内容，如表 1-8 所示。

表 1-8　运输量计划表

指标		单位	上年实际	本年度计划					本年度计划为上年实际
				全年合计	第一季度	第二季度	第三季度	第四季度	
货运量		万吨	1200	1800	300	500	500	500	150%
周转量		万吨千米	312000	504000	84000	140000	140000	140000	162%
分类别货运量	矿砂	万吨	183	248	41	69	69	69	136%
	水泥	万吨	226	385	64	107	107	107	170%
	建材	万吨	289	400	67	111	111	111	138%
	木材	万吨	256	378	63	105	105	105	148%
	其他	万吨	246	389	65	108	108	108	158%

运输量计划值的确定，通常有以下两种方法。

1. 当运力小于运输需求时，应以车定产

当运力不能满足社会运输需求时，可通过运输市场调查掌握公路货物运输的流量、流向、运距，结合运力情况，预测实载率和车日行程后，按照确保重点、照顾一般的原则，采取以车定产的办法确定货物运输量的计划值。

2. 当运力大于运输需求时，应以需定产

通过运输市场调查掌握公路货物运输的流量、流向、运距，结合上一年度的实际完成情况，科学预测计划期的运输需求量，采取以需定产的办法确定货物运输量的计划值。

里程利用率、吨位利用率和车日行程等车辆运用效率指标都会影响到货物运输量的完成情况，因此，在编制运输量计划表时还必须保证与车辆运用计划平衡后再确定。

小贴士

里程利用率是指车辆的载运行程在总行程中所占的比重，是反映营运车辆行驶里程利用程度的指标；吨位利用率是指车辆实际完成的运输周转量与额定吨位所能完成的周转量之比，是反映车辆额定吨位利用程度的指标；平均车日行程是指营运车辆平均每个工作车日行驶的里程数，是反映营运车辆在时间和速度两方面利用程度的综合性指标。

二、车辆计划编制

车辆计划即运输企业计划期内的运输能力计划，主要用于合理确定货运车辆构成，保证有效配置运力。其主要包括确定年初车辆数/标记吨位、增加与减少车辆数/标记吨位、年末车辆数/标记吨位、全年平均车辆数、平均吨位数，如表 1-9 所示。

其中：

（1）计划期平均营运车辆数 = 总车日 / 日历日数

（2）计划期营运车平均总吨位数 = 总车吨位日 / 日历日数

（3）计划期营运车平均吨位数 = 平均总吨位数 / 平均车辆数

表 1-9　车辆计划表

车辆类型	标记吨位	上年末		本年度								本年末		全年平均	
				增加车数 / 吨位				减少车数 / 吨位							
		车数	吨位	第一季度	第二季度	第三季度	第四季度	第一季度	第二季度	第三季度	第四季度	车数	吨位	车数	吨位
江铃	35	5	35						1			4	35	4.38	35
解放	28	9	28	1								10	28	9.63	28
…	…	…	…	…	…	…	…	…	…	…	…	…	…	…	…
合计	…	…	…	…	…	…	…	…	…	…	…	…	…	…	…

✏ **想一想**

运输能力计划指标为什么既要明确车辆数，还要明确吨位数，还要分车型？

✏ **小贴士**

增减车辆的时间通常采用"季中值"法确定，即不论车辆是季初还是季末投入或退出营运，车日增减计算均以每季中间的那天起算。这是因为在编制计划时很难预先确定车辆增减的具体日期。

三、车辆运用计划编制

车辆运用计划是运输企业计划期内全部营运车辆生产能力利用程度的计划，由车辆的各项运用效率指标组成，是平衡运力与运量计划的主要依据之一。车辆运用计划编制的主要内容如表 1-10 所示。

表 1-10　车辆运用计划表

指标		上年度实际	本年度计划					与上年度比较
			全年	第一季度	第二季度	第三季度	第四季度	
主车	平均营运车数							
	平均总吨位数							
	平均吨位数							
	车辆完好率							
	车辆工作率							
	工作车日数							
	营运速度							
	平均每日出车时间							
	平均车日行程							
	总行程							
	行程利用率							

指标		上年度实际	本年度计划					与上年度比较
			全年	第一季度	第二季度	第三季度	第四季度	
主车	载重行程							
	载重行程吨位公里							
	吨位利用率							
	货物周转量							
挂车	拖运率							
	货物周转量							
主挂车综合	货物周转量							
	平均运距							
	货运量							
	单车期产量							
	车吨期产量							

车辆的运用效率指标与具体计算方法如图 1-15 所示。

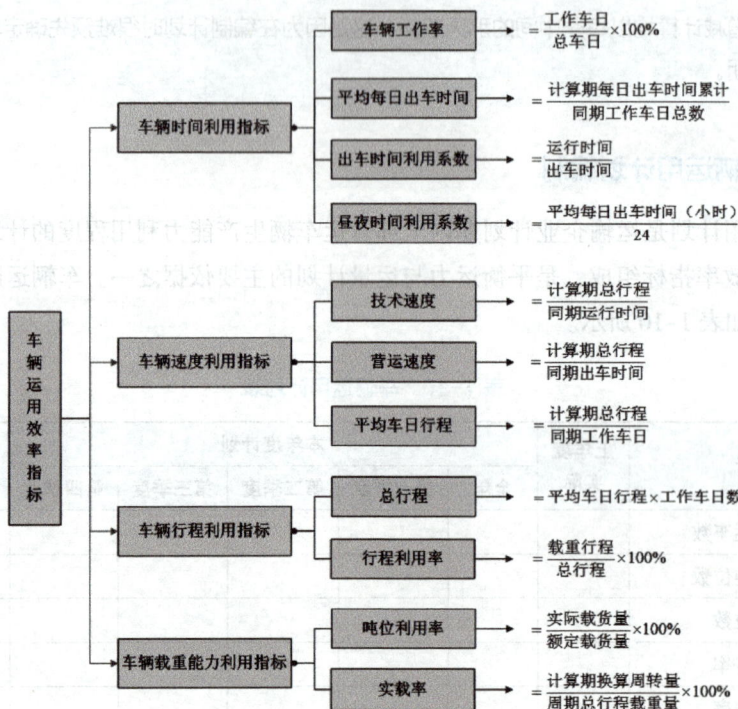

图 1-15 车辆运用效率指标

（1）反映车辆时间利用程度的指标，如车辆工作率、平均每日出车时间、出车时间利用系数、昼夜时间利用系数等。

（2）反映车辆速度利用程度的指标，如技术速度、营运速度、平均车日行程等。

（3）反映车辆行程利用程度的指标，如总行程、行程利用率等。

（4）反映车辆载重能力利用程度的指标，如吨位利用率、实载率等。

在具体编制时，还要注意车辆运用效率指标之间存在的内在联系（见图 1-16），比如总车日乘以车辆工作率可以得到工作车日，再乘以平均车日行程，则可以得到总行程等，最后，一定能得到完成的总产量（周转量）。尤其要注意根据车辆的各项运用效率指标计算所得的周转量应等于同期的运输量计划值，这样才能保证运输量计划的落实。

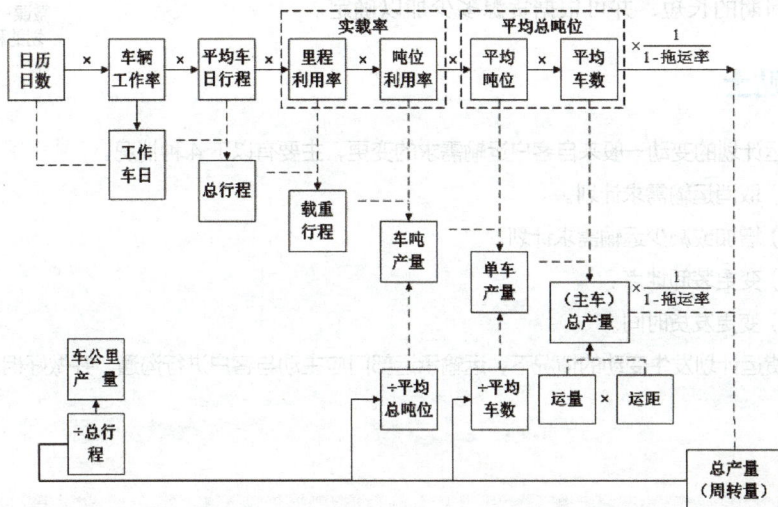

图 1-16 车辆运用效率指标之间关系图

四、车辆运行作业计划编制

车辆运行作业计划是运输企业为组织车辆运行所编制的实施计划，主要内容是每一辆车在一定时间内（月、旬、周、日）的具体运输任务，包括按日历顺序安排的车辆运行作业起止时间、运行线路、装卸货地点、应完成的运输量等。周车辆运行作业计划是安排日常运输任务的一种主要形式，如表 1-11 所示。

车辆运行作业计划根据时间长短，可以分为以下 4 种。

（1）长期运行作业计划。这种形式适用于经常性的大宗运输任务，并且运输线路、起讫地点、运送数量和品种都比较固定的班线。

（2）短期运行作业计划。这种形式适应性较广，对于起讫点较多、流向复杂、货物品类繁多的地区均能适用。

表 1-11 车辆运行作业计划表

年 月 日至 日

日期	作业计划具体内容							运量（T）	周转量（TKm）	执行情况检查
1										
2										
3										
4										
5										
指标	计划实际	工作率	车日行程	里程利用率	实载率	运量	周转量	说明		

（3）日运行作业计划。这种形式是在货源多变、临时性任务较多的情况下采用，例如城市地区的货运作业计划。

（4）运次运行作业计划。这种形式往往适用于临时性或季节性的、起讫点固定的短途运输。每日（班）往返运次和完成的运输工作量主要决定计划周期的长短，并可根据货源多少加以确定。

微课：货物运输计划的种类和编制

小贴士

货运计划的变动一般来自客户运输需求的变更，主要有以下4种情况。

（1）取消运输需求计划。

（2）增加或减少运输需求计划。

（3）变更装卸地点。

（4）变更发货时间。

在货运计划发生变动的情况下，运输承运部门应主动与客户进行沟通，并做好相应的准备工作。

任务实施

为了协助汪主管编制4月24日~30日一周的车辆运行作业计划，小张首先收集干线运输车辆资料、运输驾驶员资料等相关信息。

集散中心现有14辆双桥全封闭货车用于干线运输，各班车线路由固定的车辆执行运输工作，并安排1辆车作为机动，车辆具体信息如表1-12所示。

表1-12 干线运输车辆一览表

车牌号	品牌	长（m）	宽（m）	高（m）	体积（m³）	荷载（吨）	班车线路
苏A57901	江铃	17.5	2.4	2.7	110	35	南京—长春
苏A5202B	江铃	17.5	2.4	2.7	110	35	南京—长春
苏A9HV76	江铃	17.5	2.4	2.7	110	35	南京—长春
苏A90870	江铃	17.5	2.4	2.7	110	35	南京—乌鲁木齐
苏A8001B	解放	12.5	2.4	2.7	80	28	南京—太原
苏A1HV32	解放	12.5	2.4	2.7	80	28	南京—太原
苏A0091B	解放	12.5	2.4	2.7	80	28	南京—太原
苏A0906B	解放	12.5	2.4	2.7	80	28	南京—重庆
苏A7HV65	解放	12.5	2.4	2.7	80	28	南京—重庆
苏A8HV04	解放	12.5	2.4	2.7	80	28	南京—重庆
苏A00454	解放	12.5	2.4	2.7	80	28	南京—福州
苏A44078	解放	12.5	2.4	2.7	80	28	南京—福州
苏A9945B	解放	12.5	2.4	2.7	80	28	南京—福州
苏A4HV07	解放	12.5	2.4	2.7	80	28	调度

集散中心有干线运输驾驶员 15 名，实行 1 人 1 车制度。由于线路南京—乌鲁木齐运行时间长，配置 2 名驾驶员轮流执行出车任务。驾驶员基本信息如表 1-13 所示。

表 1-13　干线运输驾驶员一览表

驾驶员	身份证号	驾龄（年）	电话	住址	运营车辆
张宇	32011519800809××××	10	1536700××××	南京市江宁区天元东路 3 号	苏 A57901
程鑫	32012319850919××××	7	1870098××××	南京秦淮区大明路 32 号	苏 A5202B
刘杨	32010719771214××××	11	1786654××××	南京玄武区北京东路 4 号	苏 A9HV76
武名	61272719780903××××	9	1537809××××	南京市白下区光华路 1 号	苏 A90870
刘力	32110019820407××××	8	1899800××××	南京市江宁区竹山路 4 号	苏 A90870
王成	32110019721108××××	12	1760054××××	南京市江宁区东麒路 8 号	苏 A8001B
潘小强	32012319691017××××	20	1890067××××	南京市大明路 278 号	苏 A1HV32
李明达	32010719810101××××	9	1393987××××	南京市玄武区太平北路 8 号	苏 A0091B
马广东	32110019720205××××	11	1896700××××	南京市浦口区浦珠北路 36 号	苏 A0906B
葛鹏	32110019790808××××	10	1380000××××	南京市江宁区天印大道 6 号	苏 A7HV65
李达忠	32011519800919××××	9	1875609××××	南京市栖霞区栖霞大道 2 号	苏 A8HV04
王健	32012319740407××××	12	1897800××××	南京市秦淮区大明路 43 号	苏 A00454
张军	32010719760528××××	10	1390065××××	南京市雨花经济开发区滨江路 18 号	苏 A44078
吕小兵	32110019770722××××	11	1890909××××	南京市玄武区太平北路 1 号	苏 A9945B
陈晨	32110019840816××××	8	1360876××××	南京市江宁区龙眠大道 9 号	苏 A4HV07

同时，小张了解到集散中心每年同期的货运量相对比较稳定，货运量多集中在工作日，周六、周日货运量相对比较少。为减少货运中心工作人员的任务量，发车时间集中安排在周一、周三、周五。

为了解货运中心上年度 4 月同期货运量的基本情况，小张调阅了集散中心的历史数据（见表 1-14）。

表 1-14　上年度 4 月货运量一览表

目的地	4 月货运量（吨）	4 月日均货运量（吨）
大连	111	3.7
沈阳	108	3.6
长春	297	9.9
太原	393	13.1
合肥	96	3.2
重庆	318	10.6
福州	378	12.6
乌鲁木齐	147	4.9

掌握上述详细资料后，小张按照编制流程，着手编制 4 月 24 日~30 日一周的车辆运

行作业计划。

第一，根据上年同期各站点日均货运量，编制本期各线路日均货运量计划（见表1-15）。

表1-15　本期各线路日均货运量计划

班车线路	途经站	日均货运量（吨）
南京—长春	大连、沈阳	17.2
南京—太原		13.1
南京—重庆	合肥	13.8
南京—福州		12.6
南京—乌鲁木齐		4.9

第二，根据各班车线路车辆核定载质量和日均货运量计划，制定各班车线路的周出车次数（见表1-16）。以南京—长春的班车路线为例，日均货运量为17.2吨，班车车辆的额定载质量为35吨，两天的货运量则必须安排一辆车运输货物，考虑到周六、周日货运量相对较少，周六、周日暂不安排出车，因此，可以确定南京—长春的班车路线一周出车3次，依次可得出各条班车路线的周出车次数。

表1-16　各条班车路线的周出车次数

班车线路	南京—长春	南京—太原	南京—重庆	南京—福州	南京—乌鲁木齐
周出车次数	3	3	3	3	1

第三，根据集散中心的发车时间信息，发车时间集中安排在周一、周三、周五，确定各班车线路的发车时间（见表1-17）。

表1-17　各班车线路的发车时间

时间\班车线路	4月24日	4月25日	4月26日	4月27日	4月28日	4月29日	4月30日
南京—长春	18：30		18：30		18：30		
南京—太原	20：00		20：00		20：00		
南京—重庆	21：00		21：00		21：00		
南京—福州	22：00		22：00		22：00		
南京—乌鲁木齐			23：00				

第四，根据集散中心的车辆、驾驶员与班车线路信息，编制车辆运行计划表（见表1-18）。

表1-18　车辆运行计划表

时间\班车线路	4月24日	4月25日	4月26日	4月27日	4月28日	4月29日	4月30日
南京—长春	18：30 张宇 苏A57901		18：30 程鑫 苏A5202B		18：30 刘杨 苏A9HV76		

班车线路 \ 时间	4 月 24 日	4 月 25 日	4 月 26 日	4 月 27 日	4 月 28 日	4 月 29 日	4 月 30 日
南京—太原	20：00 王成 苏 A8001B		20：00 潘小强 苏 A1HV32		20：00 李明达 苏 A0091B		
南京—重庆	21：00 马广东 苏 A0906B		21：00 葛鹏 苏 A7HV65		21：00 李达忠 苏 A8HV04		
南京—福州	22：00 王健 苏 A00454		22：00 张军 苏 A44078		22：00 吕小兵 苏 A9945B		
南京—乌鲁木齐			23：00 武名、刘力 苏 A90870				

任务总结

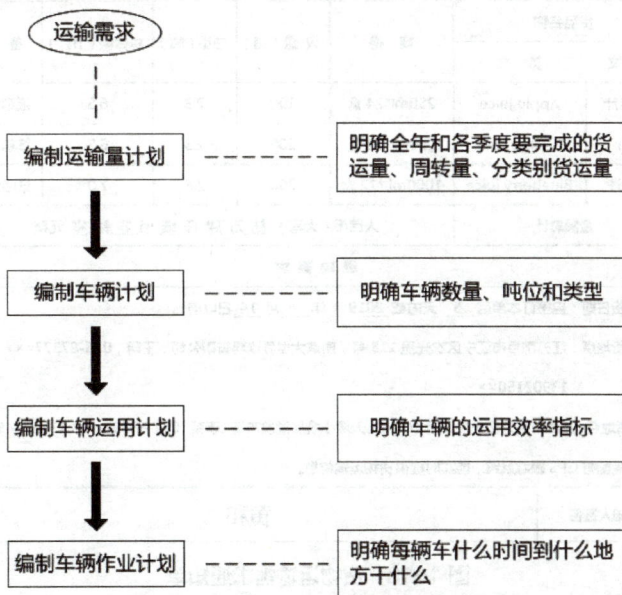

图 1-17　任务框架

在线测试

任务三在线测试

任务四
公路货物运输调度安排

6月9日上午8点，小张上班后，收到一份货物运输需求通知单（见图1-18），小张应如何安排此次运输任务，填写车辆调度单并下达运输调度指令呢？

货物运输需求通知单

编号：　　　　　　　　　　　　　　　　　　通知日期：2019年 6月 9日

客户名称	南京大世界饮料有限公司	联系电话	025-87377×××
地　址	江苏南京市江宁区农光里118号		

运输货品列表

货品名称		规　格	数　量（箱）	总重（吨）	总体积（m³）	备　注
中　文	英　文					
苹果汁	Apple juice	250ml*24盒	100	2.3	6.5	纸箱包装
橙汁	Orange juice	250ml*12盒	200	2.3	6.5	纸箱包装
蓝莓汁	Blueberry juice	1000ml *12盒	200	2.6	7.0	纸箱包装
金额总计	人民币（大写）陆万肆仟陆佰零拾零元整					

运输要求

1. 交货日期：自签订本单后 5 天内或 2019 年 6 月 14 日以前

2. 装货地点：江苏南京市江宁区农光里118号，南京大世界饮料有限公司，王明，025-87377×××，
　　　　　　13902150×××

3. 交货地点：天津市南开区光荣大街206号，天津小食品批发市场，李荣，022-63392×××，13920049×××

4. 车辆配有GPS跟踪系统，能实时提供货物运输信息。

通知人签名	黄和

图1-18　货物运输需求通知单

运输企业接到货物运输任务后，调度工作人员需要根据运输任务的要求，安排正确的车辆、正确的驾驶员和正确的路线。

一、运输调度工作内容

1. 车辆的调度

调度工作人员接到一项运输任务后，要根据运输任务的具体信息，调度安排合适的车辆去执行运输任务。在具体的车辆调度时，不仅要求车辆状况与货物状况相匹配，而

且还要求车辆状况与道路情况相匹配。

（1）车辆品牌的选择。主要考虑各品牌车辆的质量水平和性能是否符合运输任务的要求，尤其是道路情况。

想一想

如果运输作业部有东风、解放、五十铃等品牌的汽车，现要安排车辆将 20 吨货物运送到重庆，考虑到山路多、上坡多，应该选择哪个品牌的货车运送？

（2）车辆吨位的选择。尽量选择核定吨位与运送货运量相匹配的车辆，提高车辆的载重利用率，但注意不能超载。

（3）车辆容积的选择。对于一些轻泡货物、有包装的货物、形状不规则的货物，在选择车辆时，一定要考虑车辆的容积，提高车辆的容积利用率。

（4）车辆货厢形式的选择。车辆的货厢形式目前主要有平板车、低栏板车、高栏板车、篷布车、厢式车（普通厢、冷藏厢）等，要根据货物特性、气候等选择车辆的货厢形式。

想一想

如果是高附加值的纸箱包装货物，应安排哪种货厢形式的车辆？如果是大型超高机械设备类的货物，应安排哪种货厢形式的车辆？如果是易腐水果类的货物，应安排哪种货厢形式的车辆？

（5）车况的选择。如果是长途运输、复杂道路、重要客户、重要货物的运输，应安排车况较好的车辆。

在选择车辆时，除了要考虑上述五个方面的因素外，还要综合其他各个方面的因素，比如当天的运输任务情况、车辆归队情况、天气情况、驾驶员和道路情况等。

2. 驾驶员安排

对于"定车定人"的车队来说，车辆安排好了，驾驶员也就安排好了。所以调度人员在安排车辆的时候，要同时考虑驾驶员的情况。

（1）驾驶经验与技术水平。一般情况下，驾驶经验丰富、驾驶技术好的驾驶员应该安排执行情况复杂、任务难度大的运输任务，比如长途山路、城市道路的运输任务。

（2）维修技术水平。有的驾驶员具有一定的维修能力，一般的车辆故障能自行解决，这样的驾驶员宜安排驾驶车况较差的车辆或执行长途运输任务。

（3）工作态度。驾驶员往往会直接与客户接触，他们的工作态度会直接影响企业形象，也会影响到运输服务的质量。

（4）性格特点。运输任务的安排应尽可能兼顾驾驶员的性格特点，扬长避短。对于性格比较急躁、喜欢开快车的驾驶员，应该少安排其跑高速和城市道路；安排两个驾驶员跑长途时，要考虑两个驾驶员是否能够很好地配合。

（5）文化水平。有些运输任务需要用到一定的专业知识，比如涉及国际货运（转关运输、保税物流），可能环节多、单证多（甚至是英文单证），此时需要文化水平较高的驾驶员出车。

（6）身体状况。一是要考虑驾驶员本身的身体条件（身高、体重、有无病史等），二是要考虑驾驶员当前的身体状况。

（7）思想状况。要了解驾驶员是否愿意执行本次运输任务，有无思想包袱，不能强迫驾驶员出车。

（8）家庭情况。调度人员应该对驾驶员的家庭情况有所了解，以便合理安排出车任务。

3.运输线路安排

在线路规划时，调度员一定要考虑不同线路的经济效益，尽可能选择距离短、费用少的运输线路来完成运输任务。同时，也要考虑以下4个因素。

（1）道路情况。应该考虑同一辆车的货物是否同向。还要考虑道路的具体通行情况，比如高速公路是否封闭修路、是否有交通管制等。

（2）卸货点之间的距离。如果同一辆车的货物有多个卸货点时，不要出现大量的货物集中在前面的卸货点卸货，后面长距离运输时只有少量货物的情况，这会影响车辆的吨位利用率。

（3）每个卸货点的卸货时间。卸货速度慢的卸货点，应尽量放在后面到达，以免影响其他卸货点的到达时间。

（4）具体的到货时间。尤其是对有通行时间限制的大城市市区，要确保其具体到达时间不在受限时段内。

微课：货物运输调度的工作认知

二、运输调度工作流程

运输调度员接到运输计划指令后，需要按照规范的工作流程，调度合适的承运车辆、运输人员，并进行线路安排，确保在规定的时间内将货物安全、经济地运送到客户指定地点。运输调度工作包括以下流程。

（1）分析运输任务信息。根据收到的运输计划指令，调度员要认真分析货品属性、货品运量、货品包装、运输流向、运输距离等运输任务的关键信息，为车辆安排、人员调度、线路选择提供依据。

（2）安排车辆、驾驶员和线路。调度员登录运输管理系统，根据运输任务的分析结果完成车辆安排、人员指派、线路选择等工作。

（3）填制并打印运单。根据录入的车辆、驾驶员和线路信息，生成该任务的运单。

（4）制作并打印派车单。

（5）下达运输调度指令。调度员将运单和派车单等运输单据交给驾驶员，下达运输调度指令，完成调度安排。

作为一个合格的调度员，不仅能按照规范的工作流程，调度合适的承运车辆、运输人员，并进行线路安排，而且能熟练处理运输调度工作中出现的运输计划变动、车辆变动、人员变动等异常情况，如驾驶员找不到装卸地点、货物不能按时装卸、车辆装不下货物、车辆发生交通事故、车辆途中发生严重故障、车辆或证件因违章被扣等。同时还要做好车辆的回队管理，及时记录运输任务完成情况、车辆情况、驾驶员情况

微课：货物运输调度的工作流程

等信息，作为下一次调度的参考信息。

任务实施

第一步：根据货物运输需求通知单（见图 1-18），分析运输任务信息。

（1）货品属性：该批货物为苹果汁、橙汁、蓝莓汁等饮料类，属于普通货物，对运输、装卸等没有特殊要求。

（2）货品运量：该批货物总毛重 7.2 吨，总体积 20m^3，属于重货，应调度核定吨位与货品总质量基本匹配的车辆。

（3）货品包装：该批货物为纸箱包装，为防止运送途中纸箱受潮，应选择全封闭的厢式货车。

（4）运输流向：该批货物从南京到天津，属于干线、门到门运输。

（5）运输距离：通过查阅“公路里程表”得知，南京到天津的距离为 990 千米，运输距离较长，应选择车况较好的车辆、驾驶技术和经验比较丰富的驾驶员来承运。

第二步：安排车辆、驾驶员和线路。

登录运输管理系统，根据运输任务的分析结果完成车辆安排、人员指派、线路选择等工作。

根据货物质量、体积，安排一辆 7.2 米长的 8 吨东风牌货车。在运输管理系统中输入车牌号、车辆尺寸、车辆品牌、车辆类型等信息。

输入运输驾驶员信息：姓名、身份证、联系电话、家庭地址等。

输入运输线路信息：途径滁州、徐州、济南等到天津，总行程约为 990 千米，开车时间需要 11 小时左右，油费约 615 元，便于后期的成本核算。

第三步：填制并打印运单。

根据录入的车辆、驾驶员和线路信息，生成该任务的运单（见图 1-19）。

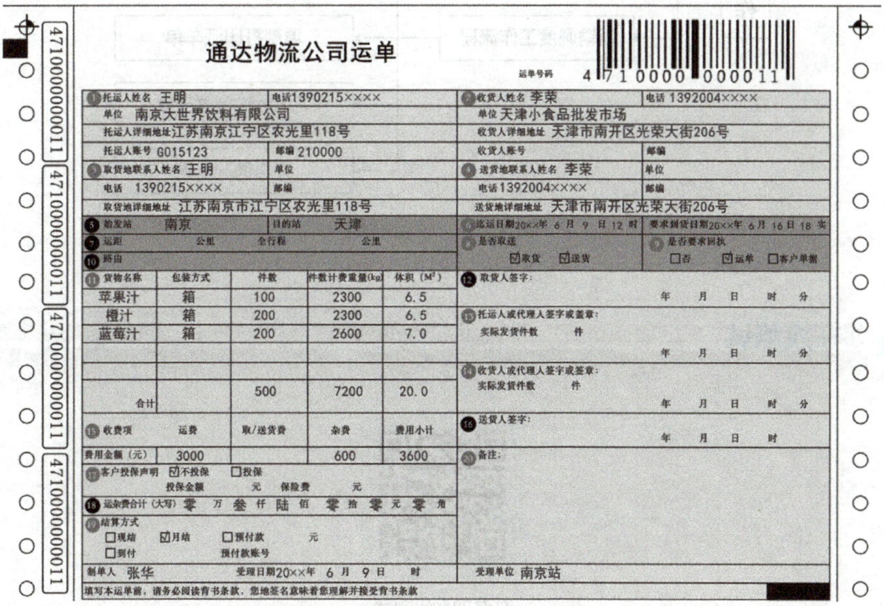
471000000011

通达物流公司运单

运单号码 4710000000011

① 托运人姓名 王明	电话 1390215××××
单位 南京大世界饮料有限公司	
托运人详细地址 江苏南京江宁区农光里118号	
托运人账号 G015123	邮编 210000
③ 取货地联系人姓名 王明	单位
电话 1390215××××	邮编
取货地详细地址 江苏南京市江宁区农光里118号	
⑤ 始发站 南京	目的站 天津
⑦ 运距 公里	全行程 公里
⑩ 路由	

⑪ 货物名称	包装方式	件数	件数计费重量(kg)	体积（M³）
苹果汁	箱	100	2300	6.5
橙汁	箱	200	2300	6.5
蓝莓汁	箱	200	2600	7.0
合计		500	7200	20.0
⑮ 收费项	运费	取/送货费	杂费	费用小计
费用金额（元）	3000		600	3600

⑰ 客户投保声明 ☑不投保 □投保 投保金额 元 保险费 元

⑱ 运杂费合计（大写）零 万 叁 仟 陆 佰 零 拾 零 元 零 角

⑲ 结算方式 □现结 ☑月结 □预付款 元 □到付 预付款账号

制单人 张华 受理日期 20××年 6 月 9 日 时

② 收货人姓名 李荣	电话 1392004××××
单位 天津小食品批发市场	
收货人详细地址 天津市南开区光荣大街206号	
收货人账号	邮编
④ 送货地联系人姓名 李荣	单位
电话 1392004××××	邮编
送货地详细地址 天津市南开区光荣大街206号	
⑥ 运送日期 20××年 6 月 9 日 12 时	要求到货日期 20××年 6 月 16 日 18 实
⑧ 是否取送 ☑取货 ☑送货	⑨ 是否要求回执 □否 ☑运单 □客户单据

⑫ 取货人签字： 年 月 日 时 分

⑬ 托运人或代理人签字或盖章： 实际发货件数 件 年 月 日 时 分

⑭ 收货人或代理人签字或签章： 实际发货件数 件 年 月 日 时 分

⑯ 送货人签字： 年 月 日 时

⑳ 备注：

受理单位 南京站

填写本运单前，请务必阅读背书条款，您地签名意味着您理解并接受背书条款

图 1-19 运单

第四步：制作并打印派车单（见图1-20）。

派 车 单

No. PT001

车属单位	通达物流	发货单位	南京大世界饮料有限公司
车牌号	苏A 1H832	货物名称	饮料
驾驶员姓名	张伟	装货地点	江苏南京市江宁区农光里118号
身份证号	32011519800809××××	派装吨位	20
驾驶员手机号	1536700××××	卸货地点	天津市南关区光荣大街206号
家庭住址	南京市江宁区天元东路7号	总运费	3600元
运费结算方式	月结	备 注	
责任协议	装车时，请驾驶员认真清点货物数量，如有异议应立即指出；发生车坏、堵车、道路塌方立即通知本部；如出现货损、货差及交通事故造成的经济损失，驾驶员应赔偿相应的经济损失。		

① 存根　② 车主　③ 客户

填单人：张华　　　　　　　　　　　　　填单日期：20××年6月9日

图 1-20　派车单

第五步：下达运输调度指令。

将运单和派车单等运输单据交给驾驶员，下达运输调度指令，完成调度安排。

任务总结

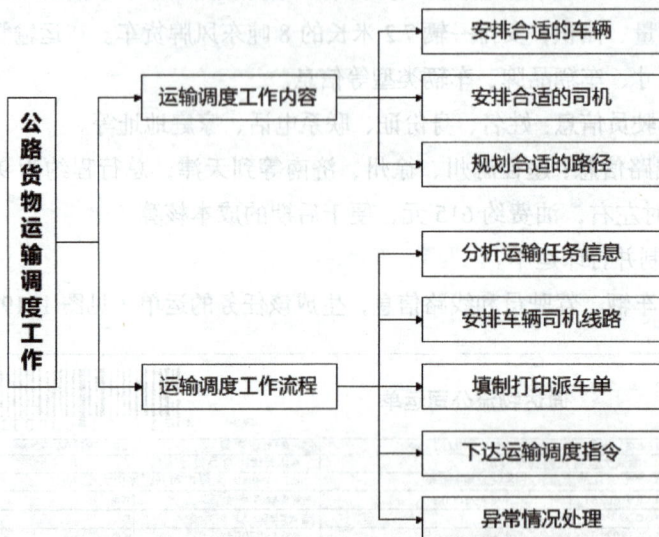

图 1-21　任务框架

在线测试

任务四在线测试

任务五
公路货物运输路径规划

任务描述

运输作业部与某品牌家电供应商签订了一份长期运输合同。该供应商分别在 A_1、A_2、A_3 3 个分厂完成加工，然后用卡车运送到 B_1、B_2、B_3、B_4 4 个分销中心，每周运送一次。3 个分厂的周产量分别为 70 件、40 件和 90 件，4 个分销中心的周需求量分别为 30 件、60 件、50 件和 60 件（见表 1–19）。表格内的数字为两地之间的单位运价（元 / 件）。汪主管要求小张为该供应商规划一个最佳调运方案，确保总的运输费用最低。

表 1-19 产销平衡表

单位运价（元 / 件）　　分销地　　　生产地	B_1	B_2	B_3	B_4	产量（件）
A_1	30	110	30	100	70
A_2	10	90	20	80	40
A_3	70	40	100	50	90
销量（件）	30	60	50	60	

任务资讯

运输调度工作除了合理安排车辆和驾驶员，还要科学地选择运输线路，尽可能缩短运输时间或运输距离，达到降低运输成本、提高运输服务质量的目标。运输线路的选择问题，就是要在四通八达的运输网络中，找出一条从出发地到目的地的最佳运输线路。

一、单一起讫点的路径规划

对于整车干线运输来说，大多都是门到门运输，所以整车干线运输线路的规划，可以归纳为单一起讫点运输线路的选择问题。

单一起讫点指在一次运输任务中，只有一个装货点和一个卸货点。在运输路径规划中，很多问题都可以归纳为单一起讫点运输线路的选择问题。

单一起讫点最佳路线选择一般可用标号法，这是一种快速寻求网络计算工期和关键线路的方法。每个标号中的第 1 位数值，表示从起点到该节点的累计运输距离。第 2 位字母，表示该线路段的前一个节点序号（见图 1–22）。

从起点到该节点的运输距离　　该线路段的前一个节点序号

累计距离

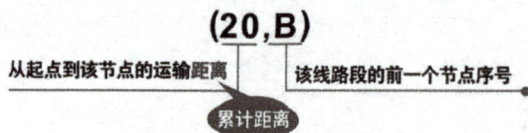

图 1-22　标号法示例 1

图 1-23 所示的 A 节点，标号为（18，O），表示距离为 18，前一个节点为起点 O。

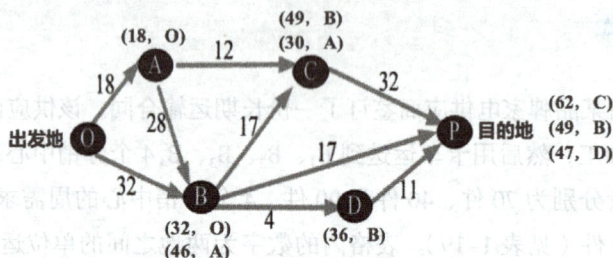

图 1-23　标号法示例 2

当某个节点有 2 条以上的线路到达时，就应该有 2 个以上的标号。图 1-23 所示的 B 节点，一条是从起点 O 直接到 B，应该记为（32，O）；另一条是从起点 O 经过节点 A 再到节点 B，距离应该是累计距离 18+28=46，所以标号为（46，A）。

当某个节点有 2 个以上的标号时，应选择数值最小的标号为该节点的最后标号，并作为后续节点的距离起始值。如 B 节点最后标号为（32，O）。从 B 节点到 D 节点，累计距离为 32+4=36，所以可以标号为（36，B）。而 C 节点通过 B 的累计距离为 32+17=49，所以可以标号为（49，B）（见图 1-24）。

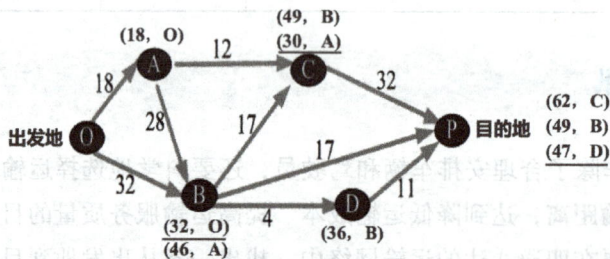

图 1-24　标号法示例 3

最后，按目的地的最后标号中第 2 位的字母，从目的地向出发地逆向推算出最佳线路，P→D→B→O，所以从出发地 O，经过节点 B、D，最后到达目的地 P 为最佳运输线路，其最短运输距离为 47 千米（见图 1-25）。

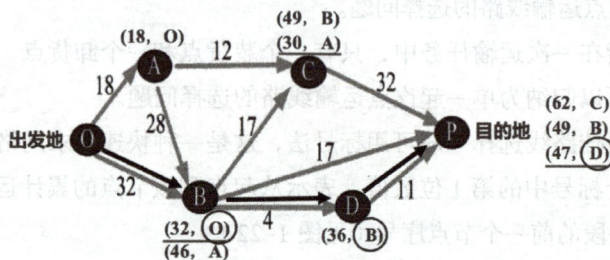

微课：用标号法规划单一起讫点的最佳运输线路

图 1-25　标号法示例 4

二、多个起讫点的路径规划

针对实际工作中遇到的多个起讫点的路径规划，可以采用表上作业法求得最佳运输方案。

第一步：建立最初调运方案。

按照最小元素法"优先调运运价最小的"基本思路，找出运价表中最小的元素，在对应格内填入允许调运的最大数，若某行（列）的产量（销量）已满足，则将该运价所在行（列）划去；找出未划去的运价中的最小数值，继续调拨其运量，直至满足所有的供需要求，求得最初调运方案。

第二步：判断是否得到最优解。

对于已确定的某一最初调运方案，采用闭回路法来检验并判断其是否为最优方案。从某一空格出发（无调运量的格子），沿水平方向或垂直方向前进，遇到某一个有调运量的格子就转向，继续前进，直至回到原来出发的空格，形成一条闭回路。用这个闭回路上所有奇数顶点的运价之和减去所有偶数顶点的运价之和，结果为 0 或正数，即为最优方案，如为负数，则为非最优方案，需进行调整。

第三步：调整调拨量，求得最优方案。

以闭回路中空格为起点（奇顶点），取偶顶点中的最小运量为调整量，奇顶点增加调整量，偶顶点减少调整量，得到新的调运方案，并继续使用闭回路法进行检验，直到求得最优方案。

三、循环取（送）货的路径规划

在进行运输路径规划时，除了考虑单一起讫点、多个起讫点之间最佳路线问题外，另一类常见的问题是多点循环取（送）货的最佳路线问题。例如，在很多零担集散中心的日常集（送）货活动中，集散中心的车辆一次要顺序到多个用户装（送）货，装（送）完货物后再返回到集散中心。这种运输方式有个显著特点，就是同一天有很多装（送）货点，而且装（送）货量都不是很大，需要好几家的货物才能装满一辆货车。

扫描法是一种先分群再寻找最佳路线的路线规划方法，一般分为两个过程：首先分配车辆服务的站点，最后确定每辆车的行车路线。具体分为以下 3 步。

第一步：在地图或方格图中确定所有站点（仓库）的位置。

第二步：自集货中心开始，沿任一方向向外画一条直线。沿顺时针或逆时针方向旋转该直线直到与某站点相交，判断增加该站点是否会超过车辆的载货能力。如果没有，继续旋转直线，直到与下一个站点相交，再次计算累计货运量是否超过车辆的运载能力，如果超过，就剔除最后的那个站点，形成第一个服务区域。随后，从不包含在上一条路线中的站点开始，继续旋转直线以寻找新的服务区域，直到所有的站点都被安排到服务区域中。

第三步：安排每个服务区域中的每个站点的装（送）货顺序，确保行车距离最短。

任务实施

因为该运输任务为多个起讫点的路径规划问题，因此，小张可以用表上作业法来规划最佳路径。

第一步：建立初始调运方案。

从运价最小的单元格（A_2B_1）开始，按生产量（40件）和分销量（30件）的最小值（30件）调拨运量（30件）（见表1-20）。

表1-20　求解初始调运方案分析表

单位运价（元/件）　分销地 生产地	B_1	B_2	B_3	B_4	产量（件）
A_1	30	110	30	100	70
A_2	10（30）	90	20	80	40 [10]
A_3	70	40	100	50	90
销量（件）	30 [0]	60	50	60	

再从运价次小的单元格（A_2B_3）开始，按生产量（剩余10件）和分销量（50件）的最小值（10件）调拨运量（10件）（见表1-21）。

表1-21　求解初始调运方案分析表

单位运价（元/件）　分销地 生产地	B_1	B_2	B_3	B_4	产量（件）
A_1	30	110	30	100	70
A_2	10（30）	90	20（10）	80	40 [0]
A_3	70	40	100	50	90
销量（件）	30 [0]	60	50 [40]	60	

重复前面的步骤，直到最后调运完成为止，求得初始调运方案（见表1-22）。

表1-22　初始调运方案

单位运价（元/件）　分销地 生产地	B_1	B_2	B_3	B_4	产量（件）
A_1	30	110	30（40）	100（30）	70
A_2	10（30）	90	20（10）	80	40
A_3	70	40（60）	100	50（30）	90
销量（件）	30	60	50	60	

总的运输费 =（30×10）+（60×40）+（40×30）+（10×20）+（30×100）+（30×50）=8600（元）。

第二步：检验最初方案。

初始方案满足了供需平衡，但是否为费用最低的最佳调运方案，还需要通过闭回路法进行检验。假设调运 1 件货物到无调运任务的任意一格（如 A_1B_1），那么 A_2B_1 就要减少 1 件，A_1B_1 就要增加 1 件，A_1B_3 就要减少 1 件，而 A_2B_3 就要增加 1 件，使得该闭合回路的供需继续保持平衡（见表 1–23）。

表 1–23　检验初始调运方案

单位运价（元/件）⟍分销地⟍生产地	B₁	B₂	B₃	B₄	产量（件）
A₁	30 （1）	110	30 （39）	100 （30）	70
A₂	10 （29）	90	20 （11）	80	40
A₃	70	40 （60）	100	50 （30）	90
销量（件）	30	60	50	60	

运费变化情况为 30–30+20–10=10（元），意味着每调拨 1 单位的货物，运费会增加 10 元。所以该回路的初始方案是最佳调运方案。

同理，检验 A_1B_2 空格所在的闭回路，运费变化情况为 110–100+50–40=20（元），意味着每调拨 1 单位货物，运费会增加 20 元。所以，该回路的初始方案也是最佳调运方案（见表 1–24）。

表 1–24　检验初始调运方案

单位运价（元/件）⟍分销地⟍生产地	B₁	B₂	B₃	B₄	产量（件）
A₁	30	110	30 （40）	100 （30）	70
A₂	10 （30）	90	20 （10）	80	40
A₃	70	40 （60）	100	50 （30）	90
销量（件）	30	60	50	60	

同理，检验 A_2B_4 空格所在的闭回路，运费变化情况为 80–100+30–20=–10（元），意味着每调拨 1 单位货物，运费会减少 10 元（见表 1–25）。所以，该回路的初始方案不是最佳调运方案，需进一步调整。

表 1–25　检验初始调运方案

单位运价（元/件）⟍分销地⟍生产地	B₁	B₂	B₃	B₄	产量（件）
A₁	30	110	30 （40）	100 （30）	70
A₂	10 （30）	90	20 （10）	80	40
A₃	70	40 （60）	100	50 （30）	90
销量（件）	30	60	50	60	

第三步：调整调拨量，求得最优方案。

以闭回路中空格 A_2B_4 为起点（奇顶点），取偶顶点中的最小运量（10）为调整量，奇顶点增加调整量，偶顶点减少调整量，得到新的调运方案，并继续使用闭回路法进行检验，直到求得最优方案（见表1-26）。

表 1-26 建立最优调运方案

单位运价（元/件）　　分销地 生产地	B_1	B_2	B_3	B_4	产量（件）
A_1	30	110	30（50）	100（20）	70
A_2	10（30）	90	20（0）	80（10）	40
A_3	70	40（60）	100	50（30）	90
销量（件）	30	60	50	60	

改进后的总运输费 = $(30 \times 10) + (60 \times 40) + (50 \times 30) + (20 \times 100) + (10 \times 80) + (30 \times 50) = 8500$（元）

也就是说，最优的调运方案是：A_1 分厂生产的70件产品，向 B_3 分销中心调拨50件，向 B_4 分销中心调拨20件；A_2 分厂生产的40件产品，向 B_1 分销中心调拨30件，向 B_4 分销中心调拨10件；A_3 分厂生产的90件产品，向 B_2 分销中心调拨60件，向 B_4 分销中心调拨30件。总的运输费用为8500元。

想一想

假设供需不平衡，怎么用表上作业法来规划最佳方案？

假设1个虚拟需求市场（供大于求）或生产市场（供小于求），虚拟的生产量或需求量为供需的差额，单位运价为0。在用最小元素法求初始调运方案时，要把运费表中库存一列的零运费排除，然后再逐次选取最小运费制定调运方案并检验。

任务总结

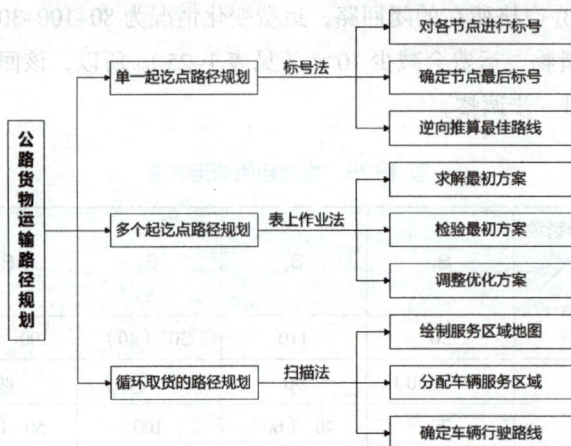

图 1-26 任务框架

任务五在线测试

项目同步测试

一、单选题

1. 车辆调度工作应以（   ）为依据。

A. 车辆计划 B. 车辆运用计划

C. 运输量计划 D. 车辆运行作业计划

2. 采用闭回路法来检验最初方案时，一个闭回路中可以有（   ）个空格。

A. 1 B. 2 C. 3 D. 4

3. 对于重货来说，车辆吨位选择应尽可能与所运货物的（   ）匹配。

A. 毛重 B. 体积 C. 包装 D. 净重

4. 对于轻泡货物来说，车辆容积选择应尽可能与所运货物的（   ）匹配。

A. 毛重 B. 体积 C. 包装 D. 净重

5. 可以用低栏板车来运输的货物是（   ）。

A. 散装水泥 B. 小型工程机械 C. 活牛 D. 精密仪器

6. 在运输线路安排时，卸货速度慢的卸货点，尽可能安排为（   ）到达。

A. 最先 B. 最后 C. 中间 D. 无所谓

7. 单一起讫点是指，一次运输任务中，（   ）。

A. 只有一个装货点、一个卸货点

B. 只有一个装货点，但可以有多个卸货点

C. 只有一个卸货点，但可以是多个装货点

D. 可以是多个装货点、多个卸货点

8. 对于大多数整车干线运输线路规划来说，一般可以归纳为（   ）的线路规划问题。

A. 循环取货 B. 多个起讫点 C. 单一起讫点 D. 共同配送

9. 标号法中的第一位数值，表示的是（   ）。

A. 从前一个节点到该节点的累计距离 B. 从前一个节点到该节点的距离

C. 从终点到该节点的累计距离 D. 从起点到该节点的累计距离

10. 采用闭回路法来检验最初方案时，用闭回路上空格所在对角线顶点的运价之和减去另一条对角线顶点的运价之和，结果（   ），即为最优方案。

A. 为 0 B. 为正数 C. 为 0 或正数 D. 为 0 或负数

二、多选题

11. 运输调度工作就是根据运输任务要求，安排正确的（　　　）。

A. 车辆　　　　　　B. 驾驶员　　　　　C. 线路　　　　　　D. 发车时间

12. 安排正确的车辆要求安排的车辆状况要与（　　　）相匹配。

A. 货物状况　　　　B. 驾驶员情况　　　C. 天气情况　　　　D. 道路状况

13. 运输线路规划技术包括（　　　）。

A. 标号法　　　　　B. 表上作业法　　　C. 扫描法　　　　　D. 闭回路检验法

14. 在安排驾驶员时，应考虑的因素包括（　　　）。

A. 驾驶经验　　　　B. 文化水平　　　　C. 身体状况　　　　D. 性格特点

15. 运输调度安排工作首先要分析的运输任务信息包括（　　　）。

A. 货品属性　　　　B. 货品运量　　　　C. 运输距离　　　　D. 运输流向

16. 运输调度工作中可能出现的异常情况包括（　　　）。

A. 运输计划变动　　B. 车辆变动　　　　C. 人员变动　　　　D. 线路变动

17. 标号法的具体步骤包括（　　　）。

A. 节点标号　　　　B. 标序号　　　　　C. 确定节点标号　　D. 确定最佳运输路线

18. "最佳的运输线路"可以是（　　　），这要根据运输任务的具体要求来确定。

A. 距离最短　　　　B. 费用最省　　　　C. 运量最少　　　　D. 时间最少

19. 用表上作业法规划多个起讫点的最佳运输路线中的多个起讫点是指（　　　）。

A. 多个中转点　　　B. 多个装货点　　　C. 多个集货点　　　D. 多个卸货点

20. 用表上作业法规划多个起讫点的最佳运输路线主要包括（　　　）等步骤。

A. 设计分析表格　　B. 绘制线路规划图　C. 检验最初方案　　D. 寻找最初方案

三、判断题

21. 迂回运输是指同一种货物或可以互相代用的货物在同一条运输路线或平行运输路线上做相对方向的运输。（　　　）

22. 用闭回路法优化方案时，取闭回路中最小调运量，空格所在的对角线顶点增加调整量，另一条对角线的顶点减少调整量，得到新的调运方案。（　　　）

23. 公路货物运输计划是，根据过去一个时期内完成的运输任务、计划期的运输需求预测值、企业的运输能力，制订出的运量与运力的安排计划。（　　　）

24. 按照最小元素法的基本思路是"优先调运运价最小的"。（　　　）

25. 表上作业法只能用来规划供需平衡的多个起讫点的最佳运输线路方案。（　　　）

26. 用闭回路法检验最初方案时，如果总的运输费用增加了，说明最初方案为非最优方案。（　　　）

27. 扫描法一般可以用于单一起讫点的最佳运输线路规划问题。（　　　）

28. 循环取货中，每个客户需要取货或送货的货物数量一般在 1 吨以下。（　　　）

29. 公路货物运输计划是，根据过去一个时期内完成的运输任务、计划期的运输需求预测值、企业的运输能力，制订出的运量与运力的安排计划。（　　　）

30. 标号法中，当某个节点有两个以上标号时，选择数值最小的标号为该节点的最后标号。（　　　）

四、技能训练

31. 某运输公司为其客户企业提供取货服务，货物运回仓库集中后，以更大的批量进行长途干线运输。所有取货任务均由载重量为 10 吨的货车完成。现在有 13 家客户有取货要求，各客户的取货量、客户的地理位置如图 1-27 所示。要求合理安排车辆，并确定各车辆行驶路线，使总运输里程最短。

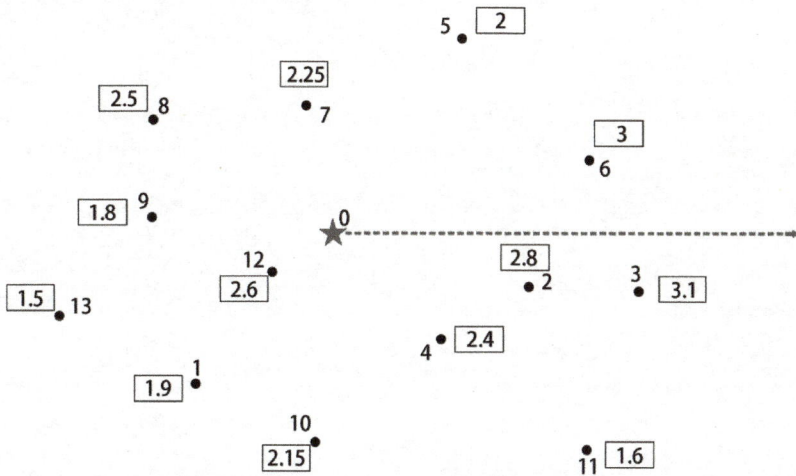

图 1-27

32. 假设某次运输任务中（见图 1-28），要求把节点 1 的 8 吨货物和节点 5 的 2 吨货物一起运到节点 10，如果用标号法规划其最佳路线，应该做如何变通？

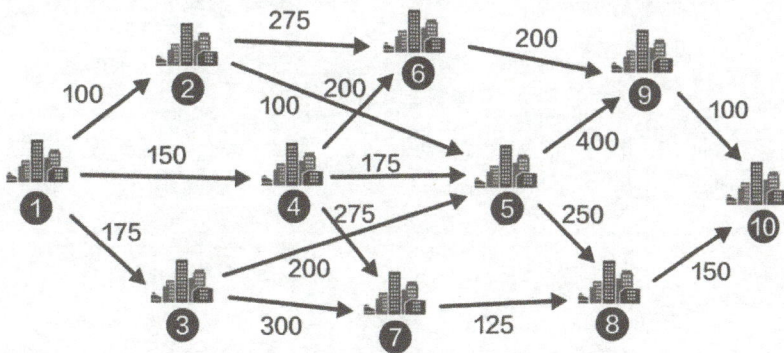

图 1-28

33. 运输作业部与某供应商签订了一份长期运输合同，需将 A_1、A_2、A_3 3 个分厂加工完成的产品，用卡车运送到 4 个分销中心 B_1、B_2、B_3、B_4，每周运送一次。3 个分厂的周产量、4 个分销中心的周需求量以及各地之间的单位运价如表 1-27 所示。汪主管要求小张为该供应商规划一个最佳调运方案，确保总的运输费用最低。

表 1-27　物资运输调配要求表

分销中心 加工厂	B_1	B_2	B_3	B_4	产量
A_1	2	11	3	4	7
A_2	10	3	5	9	5
A_3	7	8	1	2	7
需求量	2	3	4	6	15\19

项目二 零担货物运输业务管理

能力目标

1. 能制订零担货源组织方案；
2. 能辨识零担货物，并独立完成托运受理作业；
3. 能设计、填制和审核零担货物运输托运单；
4. 能计算零担货物运输的运费；
5. 能根据运输需求合理选择车辆并制订配载方案；
6. 能设计零担货物运输组织方案并组织实施；
7. 能独立完成零担货物的到达交付作业。

知识目标

1. 了解零担货物运输的含义；
2. 熟悉零担货源的组织方法；
3. 熟悉零担货物运输的作业流程；
4. 掌握零担货物运输托运受理作业的内容和要求；
5. 掌握零担货物运输装车配载的原则；
6. 掌握零担货物运输中转作业的方式及特点；
7. 熟悉零担货物运输到达交付作业的内容及要求。

零担物流企业如何借力移动互联玩创新

互联网正在变革着中国物流！无论是快递行业的龙头老大顺丰还是零担货运的后起之秀安能，都在接受着这场变革的洗礼。顺丰在互联网大潮下，通过嘿客、顺丰优选、顺丰速运服务号等逐渐完善自身线上线下的关系，构建属于自身的生态系统。而安能物流借力移动互联，创新 To C 端（个人客户）和 To B 端（大客户）的两大功能模块。

一、To C 端实现的功能

为了更好地服务于大多数的 C 端客户，安能有针对性地推出了安能物流微信服务号，借此提升 C 端客户的满意度。C 端客户通过微信端可以实现足不出户在线下单、等待收件员上门取件以及实现实时追踪、在线服务评价等。

功能 1：在线下单。

C 端客户通过微信端选择在线下单，填写相应的收发件信息后，即可与工作人员约定时间，等待相应人员上门取件（见图 2-1）。

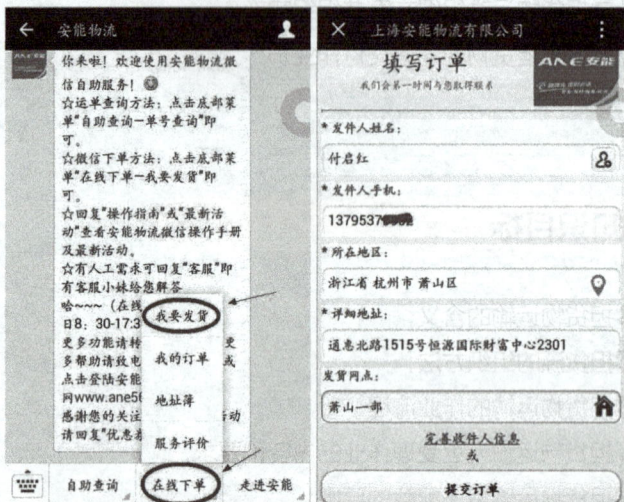

图 2-1　在线下单

功能 2：在途追踪。

货物发出后可以通过微信端实时查看货物状态，增加货物在途信息的透明度。

功能 3：在线微客服。

C 端客户可以通过自助查询的微客服与后台客服直接交流，进行在线咨询、在线下单发货、货物实时跟踪、异常问题跟踪解决（见图 2-2）。

功能 4：服务评价。

C 端客户在货物签收完成后，可以在线对此次服务进行评价。同时服务网点也会根据客户评价的内容不断进行完善、改进。

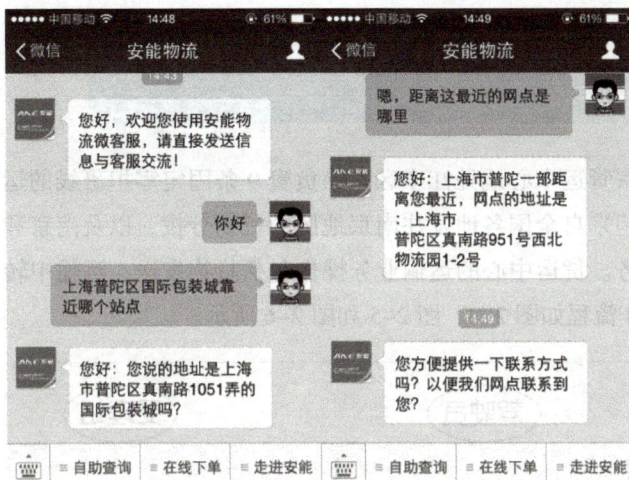

图2-2 客服功能

二、To B 端实现的功能

在 B 端大客户的服务方面，安能则推出了具有七大功能的 App。通过 App 营业网点不仅可以实现收件、拍照签收等，驾驶员还可以利用 App 搭载辅助便携式打印机，实现出去拉货就能现场开单。

功能1："驾驶员 + App+ 打印机＝现场开单"的这一功能，改变了传统的收件方式，实现了由"被动等件"到"主动取件"的转变，同时也提升了员工的工作积极性，减轻了企业的固定资产投入，促使企业轻资产运营。

功能2：利用 App 可以实现拍照签收，摒弃了传统收件后回网点才能确认签收的工作环节，减少了确认收货的等待时间，提升了整体的效率（见图2-3）。

图2-3 拍照签收

安能在移动端除了实现上述的功能外，还继续加大用来升级移动终端的投入。除了安能在移动端有所动作外，德邦、顺丰的物流企业也不断在移动端进行创新，但是物流企业的移动互联究竟应该怎么走？这一点还是值得大家深思的。

项目背景

通达物流南京货运中心地处江宁区，除负责 9 条固定零担班线的运行组织、货物的集货外，长年承担来自全国各地发往南京地区的货物分拨，以及南京和周边地区货物的中转、发运等业务。货运中心的运输业务操作包括货物发送、运输中转和货物到达等业务内容，具体操作流程如图 2-4、图 2-5 和图 2-6 所示。

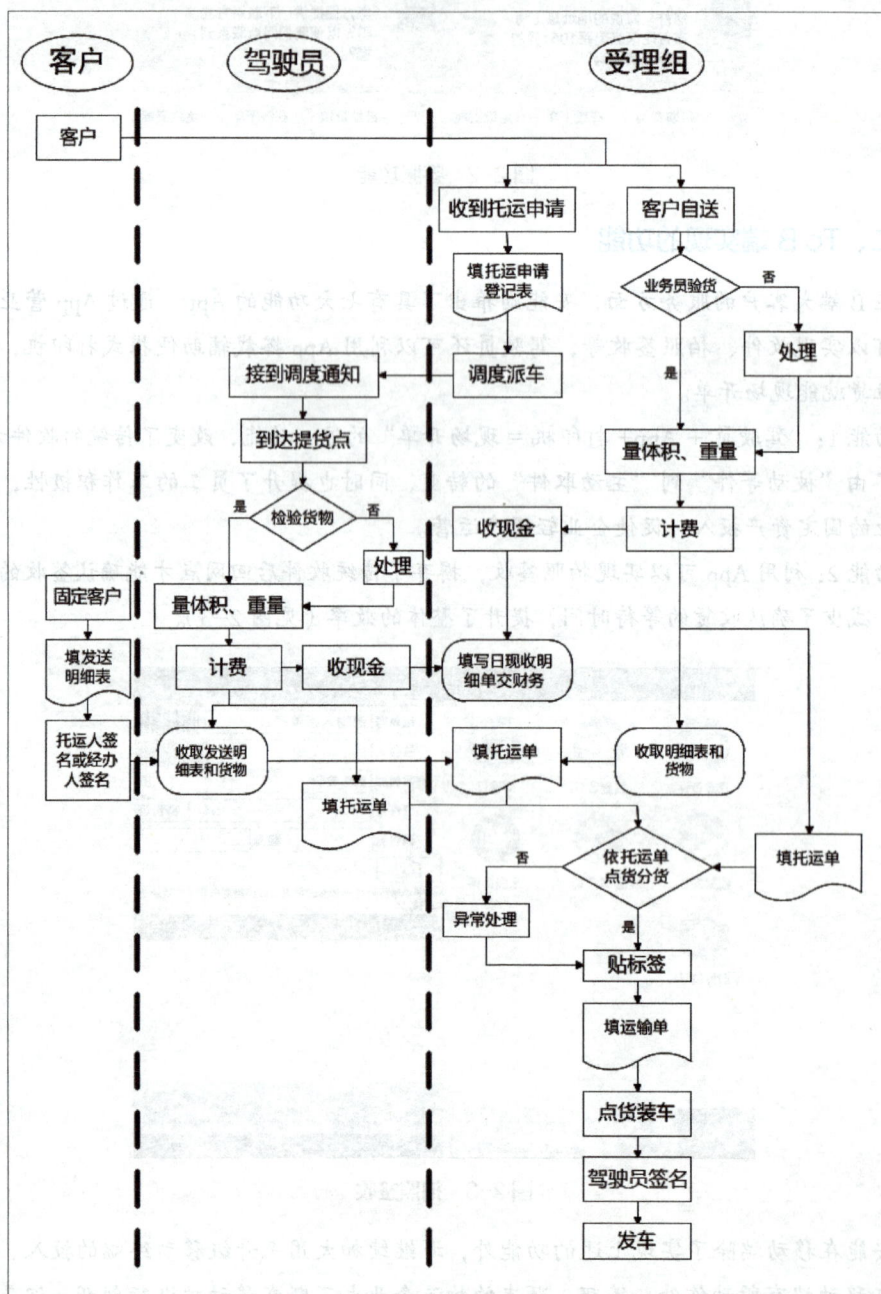

图 2-4　零担货物发运作业操作流程

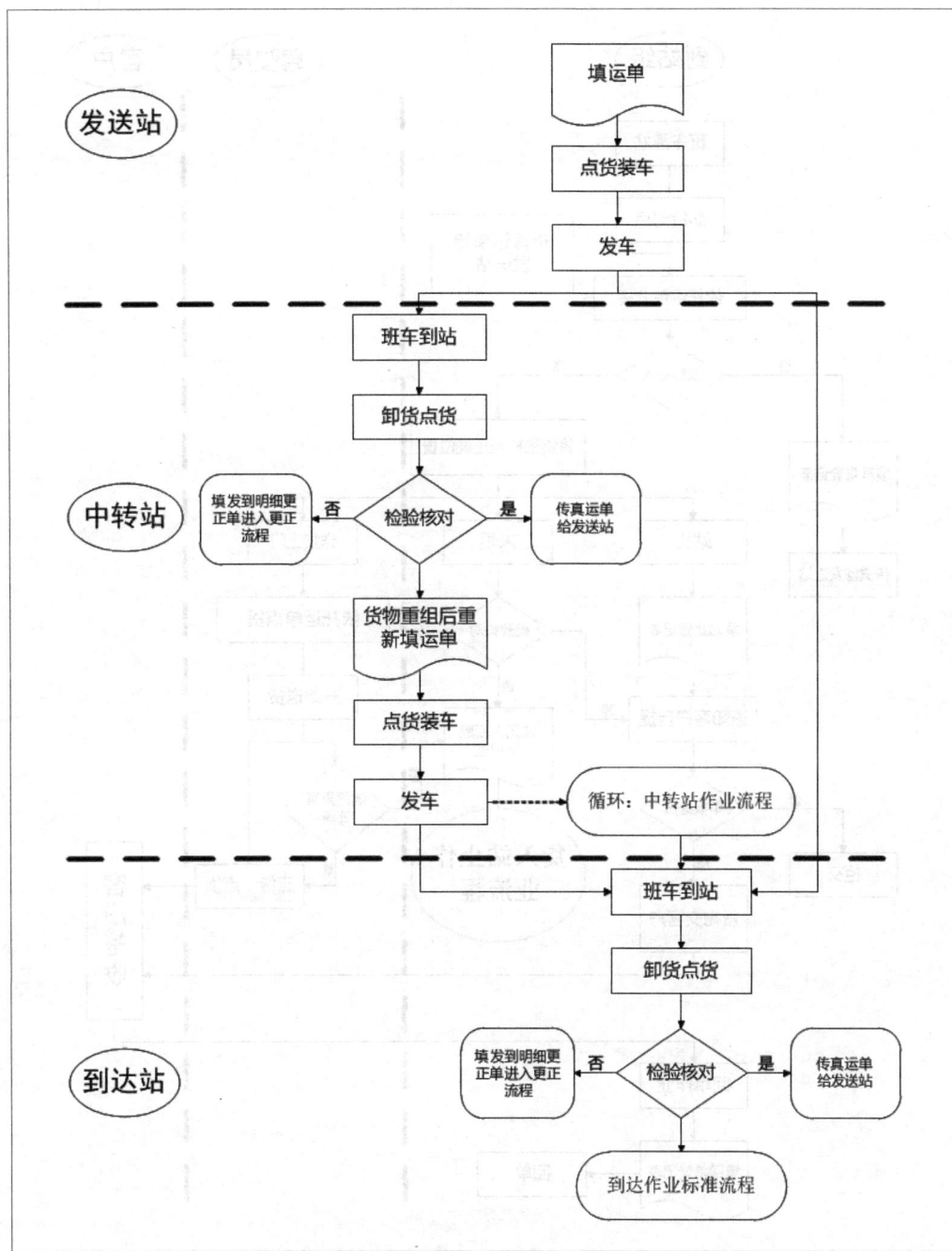

图 2-5 零担货物运输作业操作流程

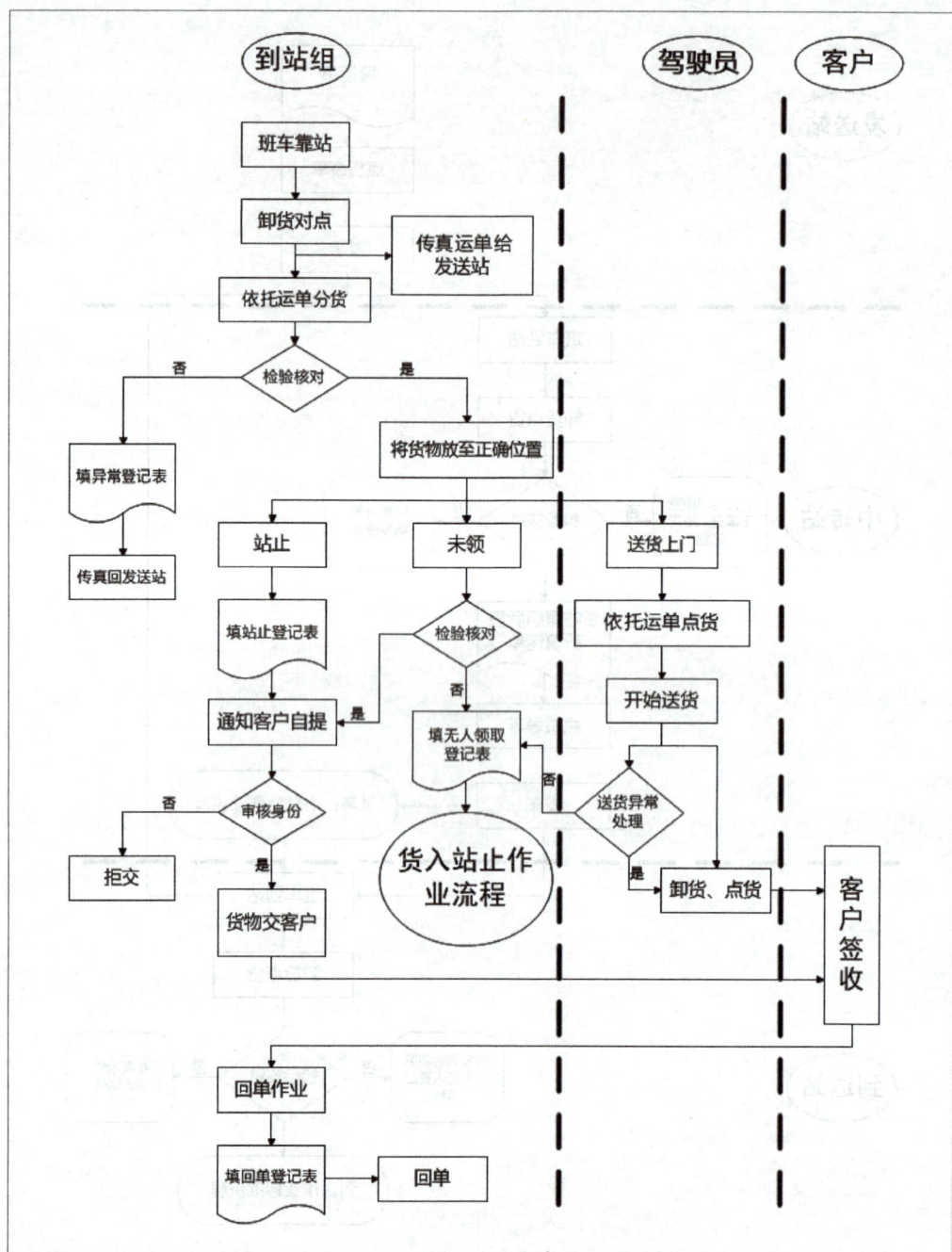

图 2-6 零担货物到达作业操作流程

公司按规定向社会公布了 9 条固定零担班线的站点、班期、运价信息（见表 2-1）。

表 2-1 通达物流零担班线及运费标准一览表

班线	起码运费	重货（元 /kg）	轻货（元 /m³）	运行时间（天）
南京	40 元 / 票	0.6	126	1~2
广州	50 元 / 票	1.85	389	4~5
上海	40 元 / 票	0.6	126	2~3

班线	起码运费	重货（元/kg）	轻货（元/m³）	运行时间（天）
石家庄	50元/票	1.3	273	3~4
郑州	50元/票	1.2	252	3~4
西安	50元/票	1.75	368	3~4
成都	50元/票	1.7	357	4~5
哈尔滨	50元/票	1.1	231	3~4
乌鲁木齐	50元/票	2.2	462	6~7

在公司醒目的位置张贴了托运须知、包装要求和限运规定（见图2-7）。

零担货物托运须知

（1）办理零担货物运输，由托运人填写托运单。托运单填写必须字迹清楚。托运人对货物自愿投保汽车货物运输险、保价运输的，应在托运单中注明。托运人注明的特约事项，经承运人同意后，承托双方签章生效。

（2）零担货物的包装必须符合国家和交通运输部门的规定和要求。对不符合包装标准和要求的货物，应由托运人改善包装。对不会造成运输设备及其他货物污染和货损的货物，如托运人坚持原包装，托运人应在"特约事项"栏内注明自行承担由此可能造成的货损。

（3）托运普通零担货物中不得夹带危险、禁运、限运和贵重物品。

（4）托运危险物品时，其包装应严格遵守交通运输部颁发的《公路危险货物运输规则》；按承托双方协议办理运输易污染、易破损、易腐烂和鲜活物品，其包装必须严格遵守双方协议的规定。

（5）托运政府法令禁运、限运以及需要办理公安、卫生检疫或其他准运证明的零担货物，托运人应同时提交有关证明。

（6）托运时，托运人应在每件货物两端分别拴贴统一规定、注有运输号码的货物标签。需要特殊装卸、堆码、储存的货物，应在货物明显处加贴储运指示标志，并在运单"特约事项栏"内注明。

图2-7 零担货物托运须知

任务一 零担货物托运受理作业管理

任务描述

20××年3月28日上午9点，南京大世界贸易有限公司业务员王明来到通达物流南京货运中心，要求办理一批货物托运手续，货物的基本信息如表2-2所示，要求所有货物在5天内运达相应目的地。

表2-2 托运货物基本信息表

货物名称	单位	数量	包装形式	包装规格（m）	总质量（kg）	目的地
日用品	箱	200	纸箱包装	0.40×0.20×0.15	300	郑州
湿猪毛皮	箱	8	纸箱包装	0.80×0.60×0.60	400	石家庄

货物名称	单位	数量	包装形式	包装规格（m）	总质量（kg）	目的地
日用品	箱	150	纸箱包装	0.40×0.25×0.10	270	乌鲁木齐
日用品	箱	100	纸箱包装	0.20×0.20×0.10	200	广州
日用品	箱	90	纸箱包装	0.40×0.30×0.20	150	呼和浩特

小张需规范完成该批货物的托运受理作业。

任务资讯

所谓零担货物，是指一张货物运单（一批）托运的货物质量或容积不够装一车的货物（即不够整车运输条件）。

小贴士

"零"指的是零散的，"担"古代指的是扁担，在这里指的是车，零担就是不够一扁担，即不够一整车的意思。

零担货物的托运受理是指零担货物承运人根据经营范围内的线路、站点、运距、中转站、各车站的装卸能力、货物的性质及受运限制等业务规则和有关规定，接受零担货物的托运，办理托运手续的活动过程。

按照公司的业务情况，可以将托运人分为固定客户和非固定客户，固定客户是指有签约的长期合作客户，而非固定客户是指没签约的或初次托运的客户。

一、托运受理的作业流程

托运受理的作业流程如图 2-8 所示。

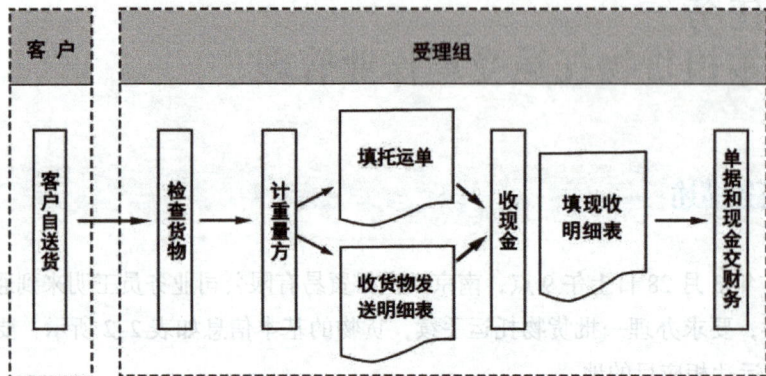

图 2-8　货主自送货的受理作业流程

（1）检查货物。检查货物中有无违禁品、包装是否完整、是否为易碎品等。

（2）计重量方。测量货物体积、磅称质量，判断质量、体积是否属于零担货物托运范围。

（3）填制并审核托运单。没签约的或初次托运的客户，应按规范要求填写托运单。

如果是固定客户，应随托运货物向承运人提交详细的货物发送明细表。

（4）核收运费。对现付的客户，由现场作业员计算并当场收取运费。每天完成收货作业后，将收取的运费及每日现收明细表交财务。

二、托运受理的作业管理

1. 受理托运的主要形式

在受理托运时，可根据受理零担货物的数量、运距及车站作业能力采用不同的受理方法，如随时受理制、预先审批制、日历承运制等，或站点受理、预约上门受理等。

（1）随时受理制

这种受理制度对托运日期无具体的规定，在营业时间内，托运人可随时将货物送到物流公司办理托运，为货主提供了极大的方便。但由于不能事先组织货源，缺乏计划性，货物承运入库后，可能需要比较长的集结待运时间。在实际零担货物运输中，作业量小的货运站、急运货运站，以及始发量小、中转量大的中转货运站通常会采用随时受理制。

（2）预先审批制

预先审批制要求发货人事先向物流公司提出申请，物流公司再根据各个发货方向及站别的运量，结合公司设备和作业能力加以平衡，分别指定日期进货集结，组成零担班车。

预先审批制对于加强零担货运的计划性，提高零担货运的组织水平有一定的作用，但不便于货主办理托运，仅适用于零担货物发送量较大且稳定的地区采用。

（3）日历承运制

日历承运制是指物流公司根据零担货物流量和流向规律，编写承运日期表，事先公布，发货人则按规定日期来物流公司办理托运手续。

采用日历承运制便于有计划、有组织地开展零担货物运输，便于将去向和到站比较分散的零担货物合理集中，组织直达零担班车；可以均衡安排货运站每日承担零担货物的数量，合理使用货运设备，便于物资部门安排生产和物资调拨计划，提前做好货物托运准备工作。

小贴士

物流公司编制承运日期表时需进行充分的调查研究，掌握切实的数据资料。由于准备工作量较大，编制程序也比较复杂，因此承运周期表一经编制完成后，原则上应保持相对稳定，当零担货源货流发生变化或其他原因需要调整时，应提前编制并及时公布。

（4）预约上门受理

预约上门受理是指货主通过电话、传真、网上传送等途径与承运方联系，事先预定托运货物，承运方根据约定托运货物名称、性质和数量等，派车到货主指定地点装车后运输。

采用预约上门受理方式时，托运受理员应根据货主通过电话、传真、网上传送等途径提供的托运需求申请信息，详细填制托运申请登记表（见图2-9）。

（5）站点受理

站点受理是指物流公司在货物托运集中地设立站点，受理货主托运货物的做法。

通达物流　　托运申请登记表

日期：20××年7月26日　　　　　站名：南京站　　　　　表单编号：TD20××072801

序号	托运人	电话	提货地址	要求收货时间	件数	重量（kg）	体积（m³）	填表人	司机
1	李丽	025-5226××××	南京市浦口区安龙路106号	14：00	80箱	1560	12	张华	
2	蔡华	025-5635××××	南京市浦口区泰山路1号	15：00	200件	2600	10	张华	
3	张军	025-5435××××	南京市大厂区通马路39号	16：00	40箱	2200	11	张华	
4									
5									

图2-9　托运申请登记表

2. 零担货物托运受理范围

考虑到零担车厢的结构和装卸条件，也为了便于拼装多个托运人交运的货物，使零担货车有限的容积得到充分利用。我国规定，按零担货物托运、承运的货物必须具备以下条件。

（1）每批零担货物不得超过300件。

（2）按件托运的零担货物，单件重量不得超过200kg。

（3）单件体积一般不得小于0.01m³（单件重量超过10kg的除外），不得大于1.5m³。

（4）货物长度、宽度、高度分别不得超过3.5m、1.5m和1.3m。

各类危险货物，易破损、易污染和鲜活易腐货物，在运输过程中对运输工具、仓储场所、运输时间和温度、装卸保管的条件都会有一些特殊的要求，不能与大多数普通货物配载在一起，一般不能作为普通零担货物办理托运。

不得按普通零担货物托运的主要有以下6类。

（1）需要冷藏、保温或加温运输的货物。

（2）规定限按整车办理的危险货物。

（3）易于污染其他货物的污秽品（例如未经过消毒处理或未使用密封不漏包装的牲骨、湿毛皮、粪便、炭黑等）。

（4）蜜蜂。

（5）不易计算件数的货物。

（6）未装容器的活动物。

在具体受理时，除了以上6类货物以外，还要注意不能受理国家法律、行政法规明令禁止运输的禁运品，比如毒品、有价证券等，以及限运品，比如枪支、稀有动物的皮毛等。当然也要考虑公司零担班线的开设、运输工具的配置等实际情况。

在实际工作中，我们必须严格对照质量轻、体积小、性质普通这3个限制条件来接收和拒收货物，尤其要注意在普通零担货物中严禁混装危险货物，否则可能面临3万元以上、10万元以下的经济处罚。

货物托运受理时，业务员一定要仔细查验货物。

（1）货物性质检查。检查货物是否为危险品、鲜活易腐货物、污秽品等不能作为普通零担托运的货物，检查是否夹带危险、禁运、限运和贵重物品等。

教学动画：公路零担
货物托运受理范围

（2）货物质量检查。单件质量是否超过 200kg，总质量是否超过 3 吨。

（3）货物体积检查。检查货物长度、宽度、高度是否超过 3.5m、1.5m 和 1.3m，单件体积是否小于 0.01m³（单件质量超过 10kg 的除外）、大于 1.5m³。

（4）货物件数检查。检查每批零担货物是否超过 300 件。

（5）货物包装检查。检查货物的包装是否符合国家和交通运输部门的规定和要求。对不符合包装标准和要求的货物，应由托运人改善包装。对不会造成运输设备及其他货物污染和货损的货物，如托运人坚持原包装，托运人应在"特约事项"栏内注明自行承担由此可能造成的货损。

最后，还要检查托运的货物流向是否在公司零担班线的开设范围内，货物的形状、性质是否符合公司运输工具的配置。对不符合托运受理要求的货物，承运人应向托运人做好耐心、细致的解说工作。

3. 零担货物运输托运单的填制与审核

（1）托运单的作用

公路货物托运单是货物托运人在向运输公司提出货物运输申请时，按要求填写的说明有关货物运输需求信息的单据。可以说是托运方与承运方之间对货物运输事项所签订的契约，也是运输公司开具货票、安排运输计划、制作运单的原始依据。

微课：公路零担货运受理

> **小贴士**
>
> 按照规定，公路货物托运单由托运方填写约定事项，再由承运方审核承诺。但在目前电子制单的情况下，也可以是承运方根据托运方提供的运输需求信息，制作并打印托运单，再由托运方签章认可。

经双方审核并签章认可的托运单，具有一定的法律效力。托运方需提前准备好等待运输的货物，并按规定的方式支付运费；而运输单位则应及时派车，将货物安全运送到托运方指定的卸货地点，交给收货人。货物托运单主要有以下 4 个作用。

①公路运输部门开具货票的凭证。

②调度部门派车、货物装卸和货物到达交付的依据。

③货主托运货物的原始凭证，也是运输单位承运货物的原始依据。

④在运输期间发生运输延迟、空驶、运输事故时判定双方责任的原始记录。

（2）托运单的内容

托运单一般一式两联，第一联为承运人存根；第二联为托运人托运回执，也可以是一式多联。目前，国家还没有对托运单的内容和格式做统一要求，各个物流企业在格式上会有差异，但主要包括以下 7 个部分的内容（见图 2-10）。

①托运人和收货人的信息，包括名称和地址、联系方式等。

②货物信息，包括货物的名称、性质、件数、质量、体积以及包装方式等。

③可选择的增值服务信息，包括保价服务、上门提货和送货服务、代收货款以及场站外搬运等其他服务。

④费用及付款方式。

通达公司零担货物运输托运单

托运单编号：

| 托运日期 | 年　　月　　日 | | 业务类型 | □普通 | □快件 |

| 托运点 | | 始发站 | |
| 中转站 | | 到达站 | |

托运人信息	单位		收货人信息	单位	
	姓名　　　　联系电话			姓名　　　　联系电话	
	地址			地址	
	身份证明　身份证□　其他合法有效证件□_____　证件号码_____			身份证明　凭身份证□　凭其他合法有效证件□_____	

货物名称	包装	件数	性质	质量（kg）	体积（m³）	计费质量（kg）	计费体积（m³）	运价
合计								

| 货物备注 | 货物/包装状态描述： |

增值服务项目（需要该项服务，请在对应得□中打"✓"，否则打"✗"）
- □不保价　　□保价　　　声明价值　　　　　费用：
- □代收货款￥____元（____万____仟____佰____拾____元）　费用：
- □等通知送货　费用：　□上门提货　费用：　□送货上门　费用：
- □包装　费用：　□场站外搬运　费用：　□其他服务　费用：

合计费用	运杂费合计金额大写____万____仟____佰____拾____元（￥____元　）
付款方式	□现付　　□回付　　□到付　　□月结
时间约定	货交承运人时间　月　日　时　分　货交收货人时间　月　日　时　分
特殊约定和要求	

特别提示

填写本单前，请务必仔细阅读本须知！
1. 请如实填写，确保托运人、收货人、货物等相关信息真实有效。
2. 托运的货物中不得夹带危险化学品、政府禁限运物品、有价证券等物品，违者将承担相关法律责任。
3. 付款方属"现付"，货物价值等于该货物的运输总费用，在收货人不付费的情况下，托运人有付费义务。
4. 办理保价运输，货物全部灭失或实际损失高于声明价格的，按货物保价声明价格赔偿；货物部分损坏或灭失，按实际损失赔偿；货物能够修复的，按修理费加维修送取费赔偿。保险运输按投保人与保险公司商定的协议办理。未保价或保险货物发生灭失、损毁或短少，按交通部门规定的赔偿标准赔偿；货物送达发生延误的，按受理点的公开承诺赔偿。货物运输发生争议的，可以向道路运输管理机构申请协调解决，协调不能解决的，可以申请仲裁或直接向人民法院提请诉讼。
5. 本合同自签订之日起，承运人按照要求将货物送达目的地，否则，由此产生的损失，由承运人承担赔偿责任。
6. 本单一式四联，红联为托运人保留，凭此联可于货物交付受理方之日起一个月内在受理点办理查询，逾期不予受理。

托运人签字：　　　　　　　年　　月　　日

业务电话：025-1234××××　　　　　　查询电话：025-8765××××

承运人（制单人）签字：　　　　　　年　　月　　日

白联　存根联　红联　签收联　蓝联　客户联　黄联　财务联

图 2-10　托运单样例

⑤时间信息，包括托运日期、提货日期、交货日期等。

⑥货物的路由信息，包括托运点、始发站、中转站、目的地等。

⑦相关说明，包括需要说明的特殊约定和要求、货物以及包装状态描述、特别提示等。

（3）托运单的填写规范

若是电子制单，可将相关信息录入系统后，打印托运单，客户在打印的运单上签字确认。若需要手工填单，则按规范填写，并要求书写工整、不得涂改（见图 2-11）。

微课：公路零担货物运输托运单

通达公司零担货物运输托运单

托运单编号：TYD20××0726003

① 托运日期 20×× 年 7 月 26 日			② 业务类型	☑普通	☒快件			白
托运点	南京浦口		③ 始发站	南京站				联
中转站			到达站	广州站				存
④ 托运人信息	单位	南京顺嘉地毯有限公司	⑤ 收货人信息	单位	顺嘉地毯广州分公司			根
	姓名	张军 联系电话 025-5435××××		姓名	钱秦 联系电话 020-4231××××			联
	地址	南京市大厂区通马路 39 号		地址	广州市海珠区文艺路 29 号			
	身份证☑ 其他合法有效证件□ 证件号码 32010119880627××××			身份证明	凭身份证☑ 凭其他合法有效证件□			

⑥ 货物名称	包装	件数	性质	质量(kg)	体积(m³)	计费质量(kg)	计费体积(m³)	运价	红
地毯	纸箱	40 件	普通	2200	11	3663	11	400 元/每 立方米	联
合计		40 件		2200	11	3663	11		签

⑦ 货物备注	货物/包装状态描述：纸箱，注意防潮					收
增值服务项目（需要该项服务，请在对应的□中打"✓"，否则打"✗"）	☒不保价	☑保价 ⑧ 声明价值 80000 元		费用 240 元		联
	☒代收货款￥ 元（ 万 仟 佰 拾 元） ⑨			费用		蓝
	☒等通知送货 费用：	☑上门提货 费用：100 元	☒送货上门 费用：100 元			联
	☒包装 费用：	☑场站外搬运 费用：200 元	☒其他服务 费用： ⑩			
⑪ 合计费用	运杂费合计金额大写 零 万 伍 仟 零 佰 肆 拾 零 元整（￥ 5040.00 元 ）					客
⑫ 付款方式	☑现付	☐回付	☐到付	☐月结		户
⑬ 时间约定	货交承运人时间 7 月 27 日 16 时 0 分		货交收货人时间 8 月 1 日 17 时 0 分			联
⑭ 特殊约定和要求	凭客户签字的送单作为回执；凭身份证提货和交货，货物不轻泡货，按轻泡货物收取基本运费					

填写本单前，请务必仔细阅读本须知！
1.请如实填写，确保托运人、收货人、货物等相关信息真实有效。
2.托运的货物中不得夹带危险化学品、政府禁限运货物和贵重物品、有价证券等物品，违者将承担相关法律责任。
3.付款方属"现付"，货物价值须大于该货物的运输总费用，在收货人不付费的情况下，托运人有付费义务。
4.办理保价运输，货物全部灭失或实际损失高于声明价格的，按货物保价声明价格赔偿；货物部分损坏或灭失，按实际损失赔偿；货物能够修复的，按修理费加维修返取费赔偿，保险运输按投保人与保险公司商定的协议办理。未保价或保险货物发生灭失、损毁或短少，按交通部门规定的赔偿标准赔偿；货物运送发生延误的，按受理点的公开承诺赔偿。货物运输发生争议的，可以向道路运输管理机构申请协调解决，协调不能解决的，可以申请仲裁或直接向人民法院提请诉讼。
5.本合同自签字之日起，承运人按要求将货物运达目的地，否则，由此产生的损失，由承运人承担赔偿责任。
6.本单一式四联，红联为托运人保留，凭此联可于货物交付受理方之日起一个月内在受理点办理查询，逾期不再受理。

特别提示

⑮ 托运人签字：张军 20×× 年 7 月 26 日

业务电话：025-1234×××× 查询电话：025-8765××××

⑯ 承运人（制单人）签字： 年 月 日

黄 联 财 务 联

图 2-11 托运单规范填写样例

①日期类信息的填写要求。

日期填写不得随意提前或推后，并且必须完整，如 20×× 年 7 月 26 日。注意货交承运人时间不得早于托运日期和填单时间，货交收货人时间不得早于货交承运人时间。

因为途中配载、到达部门的提送货一般会依据托运单上的时间判断紧急性，安排配载和送货，如填写时间随意提前或推后，就会造成货物实际提货或到达不及时，影响公司形象。

②地址类信息的填写要求。

地址信息填写必须正确完整，托运公司、托运人地址都应填写全称，而不能简写。送货上门的客户地址必须精确到某条路某某号。如：广州市海珠区文艺路 29 号。

字迹不清、到站名称不详细，会导致调度无法正确地进行分单配载，也会增加提货或派送人员工作量，增大沟通成本。

③人员类信息的填写要求。

必须正确完整填写托运单位、托运人姓名、电话、地址等信息，联系电话必须为手机号或是带有区号的固定电话号码，有多个号码时可用"/"隔开。

没有正确完整填写联系人名称及电话，会在货物出现问题的情况下，无法及时联系到相关人员。

④货物信息的填写要求。

必须正确、完整填写货物名称、包装、件数、质量、体积等信息。货物名称不得填写为"配件""食品"等货物类别性词语；有多种包装的时候，需在备注中详细说明；件数填写货物实际件数，不能将可分离的多件货物捆绑在一起作为一件；计费质量、体积以实际称重量方后的结果填写，质量以千克为单位，体积以立方米为单位。

如货物信息填写不规范，收货客户不能了解货物信息，增加到达部门通知提货和送货的沟通工作量；货物包装不写清楚，装卸人员不易在仓库找货和装卸清点；货物件数、质量填写不准确，会造成不同部门以及与客户之间交接不清，存在内部监守自盗和潜在的法律风险。

⑤运杂费填写的要求。

运杂费合计填写内容包括货物运费、保价费用、代收手续费、包装费、提货费、送货费、场外搬运费等。运费核算要准确，不得多加或少加费用。

⑥特殊约定和要求的填写。

注明客户签收货物存在的一些异常情况，如外包装破损、少货。外包装破损的货物可由客户开箱验货；针对限制承运的易碎物品，如陶瓷、玻璃制品、石材、工艺品、高档家具等，开单时在托运单备注栏注明"易碎品损坏，承运方免赔"或盖章后让客户签字；对于无法确认货物新旧、好坏的机械设备等货物，即使外包装良好，也须在托运单上注明"箱内货物好坏与承运方无关"等免责文字；不能将危险品、鲜活易腐、易溢漏的货物夹在普通货物中交运，也不能在普通货物中夹带贵重物品、货币、有价证券、重要票证等，并须在托运单上注明"出现这类情况而发生事故，后果完全由托运人负责"等免责文字；在大票货物分批配送、且不能同时到达卸货的情况下，要求客户先签收，并在备注上注明"已签收×件货"，待全部到货完成再增加备注"已全部签收完毕"。

不管是手写开单后，还是系统开单打印后，都要求托运人核对信息、确认运杂费，并签字确认。签字表示客户认同运输条款和开单内容，并为可能存在的风险担责。

（4）托运单审核及分发

收到货物托运人填写的托运单，或根据运输需求信息录入并打印托运单后，应对托运单的内容进行审核。

①托运单清洁性审核。

对手工填写的托运单，要检查核对托运单各栏目有无涂改，对涂改不清的，应重新填写。

②托运单完整性审核。

审核托运单各栏目填写是否完整；审核单位名称、收发货人及地址等信息填写是否完整。

③托运单准确性审核。

审核到达站与收货人地址是否相符，以免误写；审核费用项目计算是否正确，填写是

动画:托运单填制规范

否准确;审核各时间栏目填写是否符合逻辑;对一批货物多种包装的应认真核对,详细记载,以免错运错交。

④托运单匹配性审核。

审核托运单内填写的货物信息与货物实际是否相符;对货物的品名和性质进行鉴别,区别普通货物与笨重零担货物,普通货物与危险货物;审核笨重零担货物的长、宽、高能否适应公司零担货车的装卸及起运站、中转站、到达站的装卸能力;审核托运人在申明事项栏填写的内容,注意货主的要求是否符合规定,能否承担等。

托运单审定后,编制托运单号码,然后告知调度、运务部门,并将第二联交付给托运人。

4. 零担货物运输运费计算

货运受理人员在对货物检查、托运单的内容审核后,需要对货物运输的计费里程和货物的运杂费进行认定。

第一步:确定计费质量。

零担货物运输计费质量一般以千克为单位。起码计费质量为 1kg,质量在 1kg 以上,尾数不足 1kg 的,四舍五入。一般货物的计费质量均按毛重(含货物包装、衬垫及运输需要的附属物品)计算;轻泡货物以货物包装最长、最宽、最高部位尺寸计算体积,按每立方米折合 333kg 计算其计费质量。

教学动画:重货和轻泡货物

第二步:确定货物等级及运价。

普通货物分为一等货物、二等货物和三等货物 3 个等级(见表 2-3),并实行分等计价。以一等货物为计价基础,二等货物加成 15%,三等货物加成 30%。查阅《汽车运价规则》,确定货物等级和相应的加成率。

表 2-3 公路运输货物等级表

等级	货物名称
一等货物	1. 砂、片石、石渣、碎(砾)石、卵石 2. 土、淤泥、垃圾 3. 粉煤灰、炉渣、碎砖机 4. 空包装容器:篓、袋、箱皮、盒
二等货物	1. 木材、橡胶、沥青、油料 2. 水泥及其制品(袋装水泥、水泥制品、预制水泥构件) 3. 钢材、铁及铁件、有色金属材料、五金制品 4. 砖、瓦、水泥瓦、块石、条石、一般石制品、石膏、石灰石、生石灰等
三等货物	1. 橡胶制品、观赏用花木 2. 陶瓷、玻璃及其制品

续表

等级	货物名称
三等货物	3.装饰石料如：大理石、花岗岩、汉白玉、水磨石板等 4.粉尘品如：散装水泥、石粉等 5.油漆、涂料、环氧树脂 6.笨重货物、各种机器及设备
特等危险货物	货物长度十米以上，质量八吨以上（不含八吨）货物；炸药、雷管、香蕉水等易燃易爆物品

注：未列入表内的其他货物，除参照同类货物分等外，均列入二等货物；特等危险货物指交通运输部《危险货物运输规则》中列出的所有危险货物。

第三步：确定计费里程。

公路货物运输计费里程以 km 为单位，尾数不足 1km，以 1km 计费。计费里程以各地交通主管部门核定的营运里程为准，未核定的里程，由承托双方商定。同一运输区间有 2 条以上营运路线的，按最短路线计费。

图片：全国主要城市间公路里程表

第四步：确定运输的其他费用。

零担货物运输的其他费用主要包括以下几种。

①渡费：车辆如需过渡运行，由起运站代收渡费。

②标签费和标志费。

③联运服务费：通过 2 种以上的运输工具的联合运输以及跨省（市）的公路联运，核收联运服务费。

④中转包干费：联运中转换装所产生的装卸、搬运、仓储、整理包装劳务等费用，实行全程包干，起运站一次核收。

⑤退票费：受理承运后货主要求退运，按规定收取已发生的劳务费用及消耗票证的印制成本费用。

⑥保管费。

⑦快件费：应货主要求办理快件运输，收取快件费。

⑧保价（保险）费：对贵重物品实行保价运输，按货物价值制定收费标准。

第五步：计算运杂费。

零担货物运杂费（元）= 计费质量（kg）× 计费里程（km）× 零担货物运价（元/kg·km）+ 货物运输其他费用（元）

运杂费以元为单位，不足 1 元时，四舍五入。

①货物运杂费可在货物托运、起运时一次结清，也可按合同采用预付费用的方式，随运随结或运后结清。

微课：公路零担货物的运费计算

✐ 小贴士

运杂费付款方式通常有 4 种。①现付。在办理托运时支付。②到付。货物运送到达目的地时，由收货人支付。③签回单付。货物运送到达目的地，收货人收到货物后在运单上签字，由托运人支付。④月结。对于有长期合作关系的客户，每月定期结算支付。

②托运人或者收货人不支付运费、保管费以及按规定应收取的其他运杂费用的，承

运人对运输货物享有留置权，但当事人另有约定的除外。

③货物在运输过程中因不可抗力灭失，未收取运费的，承运人不得要求托运人支付运费；已收取运费的，托运人可以要求返还。

④运杂费累计及核对。现场作业员每日工作完毕，必须将当天收取的运杂费及每日现收明细单交财务（见图 2–12）。

________现收明细单

日期：　　　　站名：　　　　表单编号：

货主代号	托运人	到达站	收货人	件数	重量	体积	付款方式			运费	提货费	送货费	保价费	保险费	其他费用	小计	缴款金额
							现付	月结	到付								
			合计														

财务主管：　　　　财务：　　　　经办人：

图 2–12　现收明细单

5. 托运受理的要求

托运受理工作应做到以下几点。

①托运人和收货人名称、地址、电话要准确。

②起讫站名、装卸货物地址要详细。

③货物名称、规格、性质、状态、数量、质量应齐全、准确。

④零担货物的包装必须符合国家和交通运输部门的规定和要求。对不符合包装标准和要求的货物，应由托运人改善包装。对不会造成运输设备及其他货物污染和货损的货物，如托运人坚持原包装，托运人应在“特约事项”栏内注明自行承担由此可能造成的货损。

⑤托运普通零担货物中不得夹带危险、禁运、限运和贵重物品。

⑥托运政府法令禁运、限运及需要办理公安、卫生检疫或其他准运证明的零担货物，托运人应同时提交有关证明。

⑦托运时，托运人应在每件货物两端分别拴贴统一规定注有运输号码的货物标签。需要特殊装卸、堆码、储存的货物，应在货物明显处加贴储运指示标志，并在运单“特约事项栏”内注明。

任务实施

根据任务描述，结合所学知识，设计托运受理作业流程，协助小张规范完成该笔零担货物的托运受理工作，运输货品列表如表 2–4 所示。

表 2-4　运输货品列表

货物名称	单位	数量	包装形式	包装规格（m）	总质量（kg）	目的地
日用品	箱	200	纸箱包装	0.40×0.20×0.15	300	郑州
湿猪毛皮	箱	8	纸箱包装	0.80×0.60×0.60	400	石家庄
日用品	箱	150	纸箱包装	0.40×0.25×0.10	270	乌鲁木齐
日用品	箱	100	纸箱包装	0.20×0.20×0.10	200	广州
日用品	箱	90	纸箱包装	0.40×0.30×0.20	150	呼和浩特

设计托运受理作业流程（见图 2-13）。

第一步：查验货物。按照要求查验货物，分析审核托运货物是否属于零担货物受理范围和公司的承运范围，包装是否符合要求等。货物 2（湿猪毛皮）为污秽品，不能作为普通零担货物受理；货物 5 的目的地为呼和浩特，公司目前没有开通该班线，不能受理。

第二步：对拒收的货物标注拒收理由。

货物 2 拒收原因：湿猪毛皮为易于污染其他货物的污秽品，不能作为普通零担货物托运。

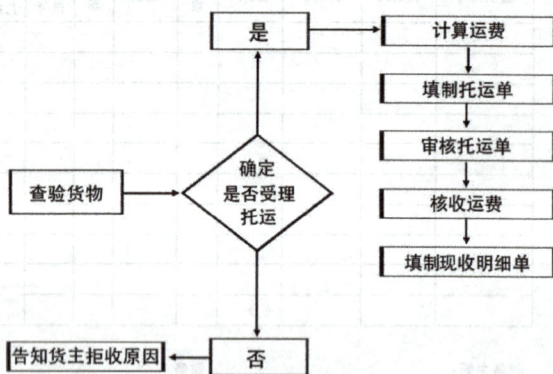

图 2-13　托运受理作业流程

货物 5 拒收原因：公司暂未开通该方向的运输班线。

第三步：与货物托运人沟通货物信息查验结果。向托运人耐心说明拒收的原因，对可以接受托运受理的货物，要根据托运单填写要求核实货物的详细信息。

第四步：计算运输费用。

货物 1：

（1）总质量 =300kg；

（2）总体积 =0.4×0.2×0.15×200=2.4m³；

（3）单位体积质量 =300/2.4=125 kg/m³，小于 333 kg，所以为轻货；

（4）查阅公司零担班线及运价表，南京至郑州的轻货单位运价为 252 元/m³，日用品为二等货物，加成 15%；

（5）基本运费 =2.4×252×（1+15%）=695.52 元，收取基本运费 696 元。

货物 3：

（1）总质量 =270kg；

（2）总体积 =0.4×0.25×0.10×150=1.5m³；

（3）单位体积质量 =270/1.5=180 kg/m³，小于 333 kg，所以为轻货；

（4）查阅公司零担班线及运价表，南京至乌鲁木齐的轻货单位运价为 462 元/m³，日用品为二等货物，加成 15%；

（5）基本运费 =1.5×462×（1+15%）=796.95 元，收取基本运费 797 元。

货物 4：

（1）总质量 =200kg；

（2）总体积 =0.2 × 0.2 × 0.1 × 100=0.4m³；

（3）单位体积质量 =200/0.4=500 kg/ m³，大于 333 kg，所以为重货；

（4）查阅公司零担班线及运价表，南京至广州的重货单位运价为 1.85 元 / kg，日用品为二等货物，加成 15%；

（5）基本运费 =200 × 1.85 × （1+15%）=425.5 元，收取基本运费 426 元。

所以，3 件货物的基本运费 =696+797+426=1919 元。

第五步：登录运输管理信息系统，分别填制货物 1、货物 3、货物 4 的托运单（见图 2-14、图 2-15 和图 2-16）。

教学动画：托运单的填制

通达公司零担货物运输托运单

托运单编号：TYD20××0328001

托运日期 20×× 年 3 月 28 日					业务类型		☑普通		☒快件	
托运点	南京江宁				始发站		南京站			
中转站					到达站		郑州站			
托运人信息	单位	南京大世界贸易有限公司			收货人信息	单位	郑州 L 公司销售中心			
	姓名	王明	联系电话	025-8737××××		姓名	王琪	联系电话	1390215××××	
	地址	南京市江宁区农光里 118 号				地址	郑州市崇安区解放南路 520 号			
	身份证明	身份证☑ 其他合法有效证件□ 证件号码 32010119780224××××				身份证明	凭身份证☑ 凭其他合法有效证件□			

货物名称	包装	件数	性质	重量（kg）	体积（m³）	计费重量（kg）	计费体积（m³）	运价
日用品（100A45）	纸箱	200 箱	普通	300	2.4	2.4		252 元/ m³
合计		200 箱		300	2.4	2.4		696

货物备注	货物/包装状态描述：纸箱，注意防潮						
增值服务项目（需要该项服务，请在对应得□中打 "✓"，否则打 "✗"）	☒不保价	☒保价		声明价值		费用	
	☒代收货款￥ 元（ 万 仟 佰 拾 元）					费用	
	☒等通知送货 费用：		☒上门提货 费用：		☒送货上门 费用：200 元		
	☒包装 费用：		☒场站外搬运 费用：100 元		☒其他服务 费用：		
合计费用	运杂费合计金额大写 零 万 零 仟 玖 佰 玖 拾 陆 元（￥ 996.00 元 ）						
付款方式	☑现付		□回付		□到付		□月结
时间约定	货交承运人时间	3 月 29 日 14 时 0 分		货交收货人时间		4 月 3 日 17 时 0 分	
特殊约定和要求	凭客户签字的运单作为回执；凭身份证提货和交货						
特别提示	填写本单前，请务必仔细阅读本须知！ 1.请如实填写，确保托运人、收货人、货物等相关信息真实有效。 2.托运的货物中不得夹带危险化学品、政府禁限运货物和贵重物品、有价证券等物品，违者将承担相关法律责任。 3.付款方属 "现付"，货物价值须大于该货物的运输总费用，在收货人不付费的情况下，托运人有付费义务。 4.办理保价运输，货物全部灭失或实际损失高于声明价值的，按货物保价声明价格赔偿；货物部分损坏或灭失，按实际损失赔偿；货物能够修复的，按修理费加维修送费用赔偿。保险运输按投保人与保险公司商定的协议办理。未保价或保险货物发生灭失、损毁或短少，按交通部门规定的赔偿标准赔偿；货物运送发生延误的，按受理点的公开承诺赔偿。货物运输发生争议的，可以向道路运输管理机构申请协调解决，协调不能解决的，可以申请仲裁或直接向人民法院提请诉讼。 5.本合同自签订之日起，承运人按照要求将货物运达目的地，否则，由此产生的损失，由承运人承担赔偿责任。 6.本单一式四联，红联为承运人保留，凭此联可于货物交付受理方之日起一个月内在受理点办理查询，逾期不再受理。 托运人签字 王明 20×× 年 3 月 28 日						

业务电话：025-1234××××　　　　查询电话：025-8765××××

承运人（制单人）签字 张华　　　20×× 年 3 月 28 日

白联 存根联

红联 签收联

蓝联 客户联

黄联 财务联

图 2-14 托运单 1

通达公司零担货物运输托运单

托运单编号：TYD20××0328002

托运日期 20×× 年 3 月 28 日				业务类型	☑普通	☒快件	
托运点	南京江宁			始发站	南京站		
中转站				到达站	乌鲁木齐站		

托运人信息	单位	南京大世界贸易有限公司		收货人信息	单位	乌鲁木齐 W 公司销售中心	
	姓名	王明	联系电话 025-8737××××		姓名	王华	联系电话 1380235××××
	地址	南京市江宁区农光里 118 号			地址	乌鲁木齐市华安区华南路 20 号	
	身份证明	身份证☑ 其他合法有效证件□_____ 证件号码 32010119780224××××			身份证明	凭身份证☑ 凭其他合法有效证件□_____	

货物名称	包装	件数	性质	重量（kg）	体积(m³)	计费重量（kg）	计费体积（m³）	运价
日用品（100A46）	纸箱	150 箱	普通	270	1.5		1.5	462 元/m³
合计		150 箱		270	1.5		1.5	797

货物备注	货物/包装状态描述：纸箱，注意防潮			
增值服务项目（需要该项服务，请在对应得□中打"✓"，否则打"×"）	☒不保价　☒保价	声明价值		费用
	☒代收货款￥　　元（　万　仟　佰　拾　元）			费用
	☒等通知送货 费用：	☒上门提货 费用：		☒送货上门 费用：100 元
	☒包装 费用：	☒场站外搬运 费用：100 元		☒其他服务 费用：
合计费用	运杂费合计金额大写 零 万 零 仟 玖 佰 玖 拾 柒 元（￥ 997.00 元 ）			
付款方式	☑现付	□回付	□到付	□月结
时间约定	货交承运人时间 3 月 29 日 14 时 0 分		货交收货人时间 4 月 3 日 17 时 0 分	
特殊约定和要求	凭客户签字的送单作为回执；凭身份证提货和交货			
特别提示	填写本单前，请务必仔细阅读本须知！ 1.请如实填写，确保托运人、收货人、货物等相关信息真实有效。 2.托运的货物中不得夹带危险化学品、政府禁限运货物和贵重物品、有价证券等物品，违者将承担相关法律责任。 3.付款方属"现付"，货物价值须大于该货物的运输总费用，在收货人不付费的情况下，托运人有付费义务。 4.办理保价运输，货物全部灭失或实际损失高于声明价格的，按货物保价声明价格赔偿；货物部分损坏或灭失，按实际损失赔偿；货物能够修复的，按修理费加维修送取费赔偿。保险运输按投保人与保险公司商定的协议办理。未保价或保险货物发生灭失、损毁或短少，按交通部门规定的赔偿标准赔偿；货物运送发生延误的，按受理点的公开承诺赔偿。货物运输发生争议的，可以向道路运输管理机构申请协调解决，协调不能解决的，可以申请仲裁或直接向人民法院提请诉讼。 5.本合同自签订之日起，承运人按照要求将货物送达目的地，否则，由此产生的损失，由承运人承担赔偿责任。 6.本单一式四联，红联为托运人保留，凭此联可于货物交付受理方之日起一个月内在受理点办理查询，逾期不再受理。			

托运人签字：王明 20×× 年 3 月 28 日

业务电话：025-1234××××　　　　　　　　查询电话：025-8765××××

承运人（制单人）签字：张华　　　20×× 年 3 月 28 日

图 2-15 托运单 2

通达公司零担货物运输托运单

托运单编号：TYD20××0328003

托运日期 20××年 3月 28 日		业务类型		☑普通	☒快件
托运点	南京江宁	始发站		南京站	
中转站		到达站		广州站	

托运人信息	单位	南京大世界贸易有限公司	收货人信息	单位	广州市远达公司销售中心
	姓名	王明 联系电话 025-8737××××		姓名	王小平 联系电话 1330245××××
	地址	南京市江宁区农先里 118 号		地址	广州市润庭区安华路 326 号
	身份证明	身份证☑ 其他合法有效证件□ 证件号码 32010119780224××××		身份证明	凭身份证☑ 凭其他合法有效证件□

货物名称	包装	件数	性质	重量（kg）	体积(m³)	计费重量（kg）	计费体积(m³)	运价
日用品（100A47）	纸箱	100 箱	普通	200	0.4	200		1.85 元/kg
合计		100 箱		200	0.4	200		426

货物备注	货物/包装状态描述：纸箱，注意防潮

增值服务项目（需要该项服务，请在对应得□中打"✓"，否则打"✗"）	☒不保价 ☒保价 声明价值 费用
	☒代收货款￥ 元（ 万 仟 佰 拾 元） 费用
	☒等通知送货 费用： ☑上门提货 费用： ☒送货上门 费用：100 元
	☒包装 费用： ☑场外搬运 费用：100 元 ☒其他服务 费用：

合计费用	运杂费合计金额大写 零 万 零 仟 陆 佰 贰 拾 陆 元（￥ 626.00 元 ）
付款方式	☑现付 □回付 □到付 □月结
时间约定	货交承运人时间 3月 29 日 14 时 0 分 货交收货人时间 4月 3 日 17 时 0 分
特殊约定和要求	凭客户签字的返单作为回执；凭身份证提货和交货

特别提示	填写本单前，请务必仔细阅读本须知！ 1.请如实填写，确保托运人、收货人、货物等相关信息真实有效。 2.托运的货物中不得夹带危险化学品、政府禁限运货物和贵重物品、有价证券等物品，违者将承担相关法律责任。 3.付款方属"现付"，货物价值须大于该货物的运输总费用，在收货人不付费的情况下，托运人有付费义务。 4.办理保价运输，货物全部灭失或实际损失等于声明价格的，按货物声明价格赔偿；货物部分损坏或灭失，按实际损失赔偿；货物能够修复的，按修理费加维修送取费赔偿。保险运输按投保人与保险公司商定的协议办理。未保价或保险货物发生灭失、损毁或短少，按交通部门规定的赔偿标准赔偿；货物运送发生延误的，按受理点的公开承诺赔偿。货物运输发生争议的，可以向道路运输管理机构申请协调解决，协调不能解决的，可以申请仲裁或直接向人民法院提请诉讼。 5.本合同自签订之日起，承运人按照要求将货物运达目的地，否则，由此产生的损失，由承运人承担赔偿责任。 6.本单一式四联，红联为托运人保留，凭此联可于货物交付受理方之日起一个月内在受理点办理查询，逾期不再受理。 托运人签字：王明 20××年 3 月 28 日

业务电话：025-1234××××　　　　查询电话：025-8765××××

承运人（制单人）签字：张华　　　　20××年 3 月 28 日

白联 存根联 红联 签收联 蓝联 客户联 黄联 财务联

图 2-16 托运单 3

第六步：向托运人收取现金，并编制现收明细单（见图 2-17）。

通达物流 现收明细单

日期：20××年 3 月 28 日　　站名：南京站　　　　　　表单号：TD20××0328

货主代号	托运人	到达站	收货人	件数	重量	体积	付款方式			运费	提货费	送货费	保价费	保险费	其它费用	小计	缴款金额
							现付	月结	到付								
TYD0328001	王明	郑州站	王琪	200	300	2.4	✓			696	200				100	996	996
TYD0328002	王明	乌鲁木齐	王华	150	270	1.5	✓			797	100				100	997	997
TYD0328003	王明	广州站	王小平	100	200	0.4	✓			426	100				100	626	626
			合计							1919	400				300	2619	2619

财务主管：　　　　　财务：　　　　　　　　经办人：张华

图 2-17 现收明细单

第七步：编制托运单编号，将托运单分发至调度、运务部门。

任务总结

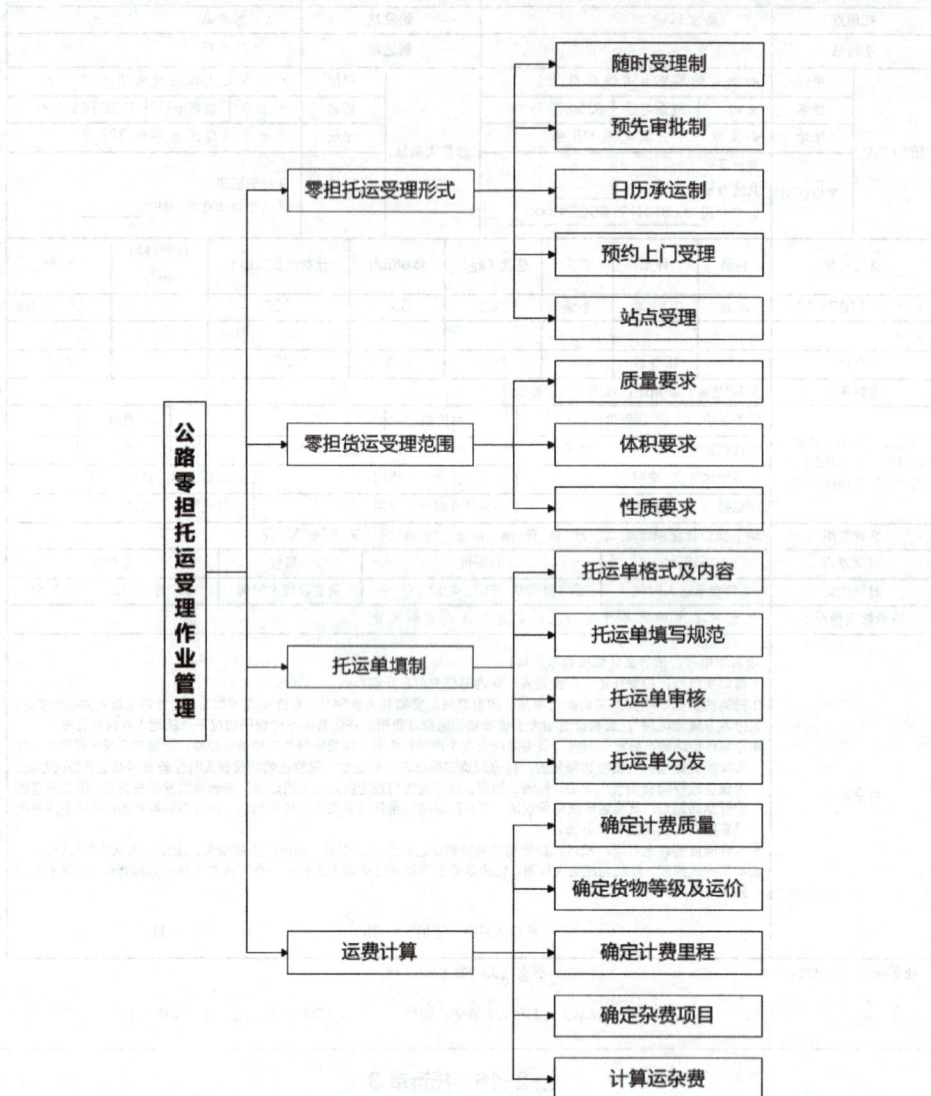

图 2-18　任务框架

在线测试

任务一在线测试

任务二
零担货物运输集货作业管理

任务描述

20××年7月27日上午8点，南京通达物流运输调度组收到业务受理组传递过来的一份托运申请登记表（见图2-19），需要调度组安排车辆到客户处提货。

通达物流　托运申请登记表

日期：20××年7月26日　　　　站名：南京站　　　　　　　　　　　　表单编号：TD20××072601

序号	托运人	电话	提货地址	要求收货时间	件数	重量（KG）	体积（M³）	填表人	驾驶员
1	李丽	025-5226××××	南京市浦口区安龙路106号	14：00	80箱	1560	12	张华	
2	蔡华	025-5635××××	南京市浦口区泰山路1号	15：00	200件	2600	10	张华	
3	张军	025-5435××××	南京市大厂区通马路39号	16：00	40箱	2200	11	张华	
4									
5									

图2-19　托运申请登记表

小张需要进入公司调度系统，根据公司的车辆、驾驶员信息以及托运申请登记表的信息，编制提货运输计划表，下达该托运需求所有货物的提货作业指令。

任务资讯

采用预约上门提货受理方式时，托运人通过电话、传真、网上传送等途径与承运方联系，约定托运货物的承运方根据约定托运货物名称、性质和数量等，派车到托运人指定地点取货，将取回的货物放入公司的零担仓库集货。

小贴士

零担货物在仓库的存放时间短、周转快，应注意控制货物的出入库效率和库内存放货位的管理，严格按货物种类、急缓要求、运输方向、到达站点分类码放。货物进出仓库严格执行照单入库或出库，做到以票对货、票票不漏、货票相符。

一、上门提货受理作业

上门提货的受理作业流程如图2-20所示。

（1）填写托运申请登记表。受理人员要根据货物托运申请的详细资料填写托运申请登记表。

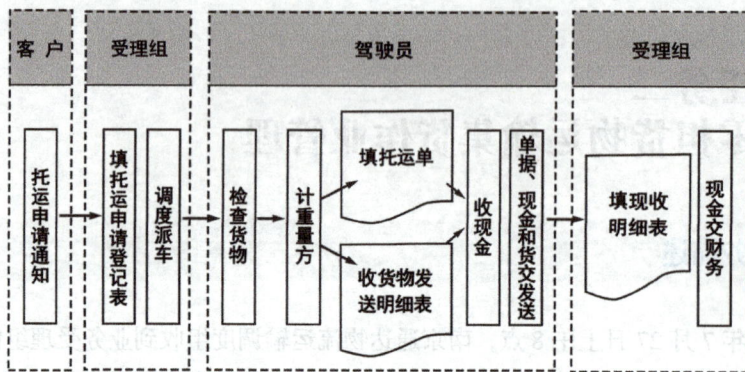

图 2-20　上门提货受理作业流程示意图

（2）调度派车提货。调度人员根据托运申请登记表内容，安排车辆、驾驶员上门提货。驾驶员应随身携带空白托运单。

（3）检查货物。驾驶员到达提货现场后，首先要按受理要求仔细检查货物。

（4）计重量方。测量货物体积，磅称货物质量，判断质量、体积是否属于零担货物托运范围。

（5）填制并审核托运单。没签约的或初次托运的客户，应按规范要求填写托运单。如果是固定客户，应随货向承运人提交详细的货物发送明细表（见表 2-5）。

（6）核收运费。对现付的客户，由现场作业员当场收取运费。完成收货作业后，将收取的运费、托运单及货物交受理组。

（7）填制现收明细表。当天托运受理业务结束后，托运受理组将当天收取的运费及每日现收明细表交财务部门办理现金缴款手续，日结日清。

表 2-5　货物发送明细表

客户名称：　　客户编号：　　日期：　年　月　日　　　　No：

序号	收货人名称	联系电话	地址	货物名称	件数	质量(kg)	体积(m³)	运费(元)	保费(元)	合计(元)
1										
2										
3										
4										
5										

运送契约：
1. 托运人必须如实填写货物名称、件数、货物价值、质量及收货人的详细地址及电话；2. 托运货物必须包装完好；3. 不得在托运货物中夹带危险品、易碎品、禁运物品，否则一切损失由托运人负责；4. 托运货物必须参加保价运输，如有毁坏、丢失，属本公司责任范围内的，按投保有关规定赔偿，未保价的须经本公司调查、取证核实，无论出现（毁坏或减少），最高按该单货物流费用之两倍赔偿；5. 如果包装完好，箱内物资数量短少及损坏的，本公司均不负责赔偿，如包装不良致货物磨损与本公司无关；6. 保价费：由客户自行申报货物价值 3‰收取，保险费：由客户自行申报货物价值的 3‰收取（保价金额和保险理赔金额总和不超过货物投保金额）；7. 提单有效期为 3 天，过期限每日计收保管费 2 元，超过 15 天返回托运人，并加收回程费用。

发货人：　　　　　　驾驶员：　　　　　　经办人：

二、货物包装检查

货物包装是货物在运输、装卸搬运、仓储和中转过程中保护货物品质必须具备的物质条件，直接关系到运输质量和货物自身的安全。因此，必须注意检查货物包装，确保包装符合货物的特性和相关要求，达到零担货物运输关于包装的规定。如发现应包装的货物没有包装或应有内包装而只有外包装的，应请货主重新包装。对包装不良或无包装但不影响装卸及行车安全的，应请货主在托运单中注明包装不良状况及损坏免责事项后方可受理。货物包装检查的方法主要有以下4种。

（1）看一看。检查包装是否符合相关规定，有无破损、异迹。笨重货物外包装上面是否用醒目标记标明重心点和机械装卸作业的起吊位置。检查外箱有无旧标签、旧地址，如有应先清除旧标签和旧地址，避免错运错发。

（2）听一听。检查有无异声。

（3）闻一闻。检查有无不正常的气味。

（4）摇一摇。检查包装内的衬垫是否充实，包装内的货物是否晃动。

三、拴（贴）标签和标志

计重量方后的货物，在每件货物两端，或正侧面明显处分别拴（贴）统一规定注有运输号码的零担货物标签（见图2-21）。对笨重货物、贵重货物、已损坏的货物以及其他易出危险的货物应打上醒目标志。

通达物流有限公司标签				
寄货日期		发送站		到达站
发货人名称		发货人电话		
发货人地址				
收货人名称		收货人电话		
收货人地址				
件数	共 件：	/	查货号码：	
备注	是否需要送货上门：是 □	否 □		

图 2-21 零担货物标签样例

零担货物标签有白底黑字和白底红字两种形式，一般白底黑字是普通标签，白底红字是保价或有投保的标签，应根据不同情况粘贴不同标签。零担标签、标志是货物本身与运输票据的联系物，是标明货物性质，也是理货、装卸、中转和交付货物的重要识别凭证，所以标签的各栏必须详细填写，并按要求拴（贴）。当同一批货物有多件货物时，需在标签上标注共几件，本件货物为第几件等信息，以免货物丢失。如"共3件：1/3"表示同一单共有3件货物，本件货物为3件货物的第1件。如果件数太多，必须最少在10件货物上贴上标签。

微课：零担货运之
集货作业管理

任务实施

进入公司车辆调度系统，根据公司的车辆、驾驶员信息以及托运单信息，编制编号为YSJH20××0727001的提货运输计划表（见图2-22）。要求货运员李玉7月27日12时从公司出发，18时前返回，按提（送）货计划表中的顺序号完成取货作业。

提（送）货计划表

编号：YSJH20××0727001　　　　　　　　　日期 20×× 年 7 月 27 日

车牌号	苏 A25867	车辆吨位	8 吨	车辆容积	37 m³	配载容积	34 m³
驾驶员	李玉	驾驶证号	SN4258	联系方式	1289364××××	家庭住址	南京市江宁洪运路 3 号
发车时间		20×× 年 7 月 27 日 12 时　分		返程时间		20×× 年 7 月 27 日 18 时　分	

货物详情：

序号	托运单号	货物名称	包装	件数	重量 kg	装货地点	卸货地点	联系方式
1	TYD20××0726001	VIDD 牌切纸机	木箱	80 箱	1560	南京市浦口区安龙路 106 号	公司零担仓库	李丽（025-5226××××）
2	TYD20××0726002	保暖内衣	纸箱	200 箱	2600	南京市浦口区泰山路 1 号	公司零担仓库	蔡华（025-5635××××）
3	TYD20××0726003	地毯	纸箱	40 箱	2100	南京市大厂区通马路 39 号	公司零担仓库	张军（025-5435××××）
	合计			320	6260			

调度员签名：王平　　20×× 年 7 月 27 日　　　　　调度主管签名：张赛　　20×× 年 7 月 27 日

图 2-22　提（送）货计划表样例

提（送）货计划表主要是提（送）货人员提（送）货的作业依据，由调度人员下达给提（送）货的具体作业人员，一般分为调度联、提（送）货联和统计联。

结合车辆作业计划中的作业路线安排，编制这 3 批货物的取货通知单（见图 2-23）。

通达物流公司取货通知单

编号：QHTZ20××0727002　　　　　　　填单日期 2019 年 7 月 27 日

南京恒昌商贸有限公司　：

根据托运单（编号：　TYD20××0726002　）的交货要求，现安排货运员

（姓名：　李玉　身份证号：　32010219680325××××　联系电话：　1289364××××

车牌号：　苏 A25867　）于　7　月　27　日　15　时　0　分上门提货，请按托运单条款内容提前做好准备，准时交货。

货物名称：　　　保暖内衣　　　：

包装规格：　　　纸箱　　　

货物总重：　　　2600kg　　　

货物件数：　　　200 箱　　　

货物体积：　　　10m³　　　

附加说明：　　　　　　　　　　　。

交货人签名		日期	年　月　日
承运人签名		日期	年　月　日
备注	1. 货运员签字前请认真核对、检查货物性质、包装状况、发货通知单货物数量、件数、规格、质量及托运方提供的信封单等相关货物信息。 2. 托运人保证承运人所运输的货物符合国家货物运输标准、所提供货物信息属实无误。 3. 货运员确认无误签字后，证明托运人提供的货物一切状况良好符合运输标准，已从托运方提货并开始对货物运输过程负责。		

图 2-23　取货通知单填写样例

货运员李玉携取货通知单和空白的托运单执行取货作业。7月27日14点，李玉到达序号1的取货地点收取货物。李玉按要求仔细点验所托运货物，查无包装及数量等异常后，请发货人在取货通知单回单联的"发货人签字"一栏中签字确认。填制编号为TYD20××0726001的公路零担运输托运单（见图2-24），并向托运人收取运杂费。

通达公司零担货物运输托运单

托运单编号：TYD20××0726001

托运日期 20××年 7 月 26 日				业务类型		☑普通		☒快件		
托运点		南京浦口		始发站		南京站				
中转站				到达站		上海站				
托运人信息	单位	南京顺达贸易发展公司		收货人信息	单位	上海A公司销售中心				
	姓名	李丽　联系电话　025-5226××××			姓名	王联　联系电话　021-6435××××				
	地址	南京市浦口区安龙路106号			地址	上海市崇安区解放南路520号				
	身份证明	身份证☑ 其他合法有效证件□_____ 证件号码 32010119780224××××			身份证明	凭身份证☑ 凭其他合法有效证件□_____				

货物名称	包装	件数	性质	重量（kg）	体积（m³）	计费重量（kg）	计费体积（m³）	运价
VIDD牌切纸机 VI-400	木箱	80件	普通	1560	12	1560	12	50元/件
合计		80件		1560	12	1560	12	

货物备注	货物/包装状态描述：木箱，注意防潮					
增值服务项目（需要该项服务，请在对应得□中打"✓"，否则打"✗"）	☒不保价	☑保价		声明价值	100000元	费用	300元
	☒代收货款￥　　元（　万　仟　佰　拾　元）					费用	
	☒等通知送货 费用：		☑上门提货　费用：150元		☑送货上门 费用：150元	
	☒包装　费用：		☑场站外搬运　费用：200元		☒其他服务 费用：	
合计费用	运杂费合计金额大写 李 万 肆 仟 捌 佰 零 拾 零 元（￥4800.00 元　）					
付款方式	☑现付	□回付	□到付	□月结		
时间约定	货交承运人时间 7 月 27 日 14 时 0 分		货交收货人时间 7 月 29 日17 时 0 分			
特殊约定和要求	凭客户签字的运单作为回执；凭身份证提货和交货					

填写本单前，请务必仔细阅读本须知！
1. 请如实填写，确保托运人、收货人、货物等相关信息真实有效。
2. 托运的货物中不得夹带危险化学品、政府禁限运货物和贵重物品、有价证券等物品，违者将承担相关法律责任。
3. 付款方属"现付"，货物价值须大于该货物的运输总费用，在收货人不付费的情况下，托运人有付费义务。
4. 办理保价运输，货物全部灭失或实际损失高于声明价格的，按货物保价声明价格赔偿；货物部分损坏或灭失，按实际损失赔偿；货物能够修复的，按修理费用维修送取费赔偿。保险运输按投保人与保险公司商定的协议办理。未保价或保险货物发生灭失、损毁或短少，按交通部门规定的赔偿标准赔偿；货物运送发生延误的，按受理点的公开承诺赔偿。货物运输发生争议的，可以向道路运输管理机构申请协调解决，协调不能解决的，可以申请仲裁或直接向人民法院提请诉讼。
5. 本合同自签订之日起，承运人按照要求将货物运达目的地，否则，由此产生的损失，由承运人承担赔偿责任。
6. 本单一式四联，红联为托运人保留，凭此联可于货物交付受理方之日起一个月内在受理点办理查询，逾期不再受理。

特别提示

托运人签字：李丽　20××年 7 月 26 日

业务电话：025-1234××××　　　　　查询电话：025-8765××××

承运人（制单人）签字：朱静　20××年 7 月 26 日

（白联存根联／红联签收联／蓝联客户联／黄联财务联）

图2-24　运单填写样例

随后，李玉依次到达序号2、序号3的取货地点收取货物。完成所有取货作业后，李玉将货物运到公司零担仓库，并将收取的现金和相关单据交接公司相关人员，告知调度人员已完成集货作业，无异常情况。

公司货运受理员编制现收明细单，将当天收取的运费及现收明细单交财务。

教学动画：零担货物运输之集货作业

任务总结

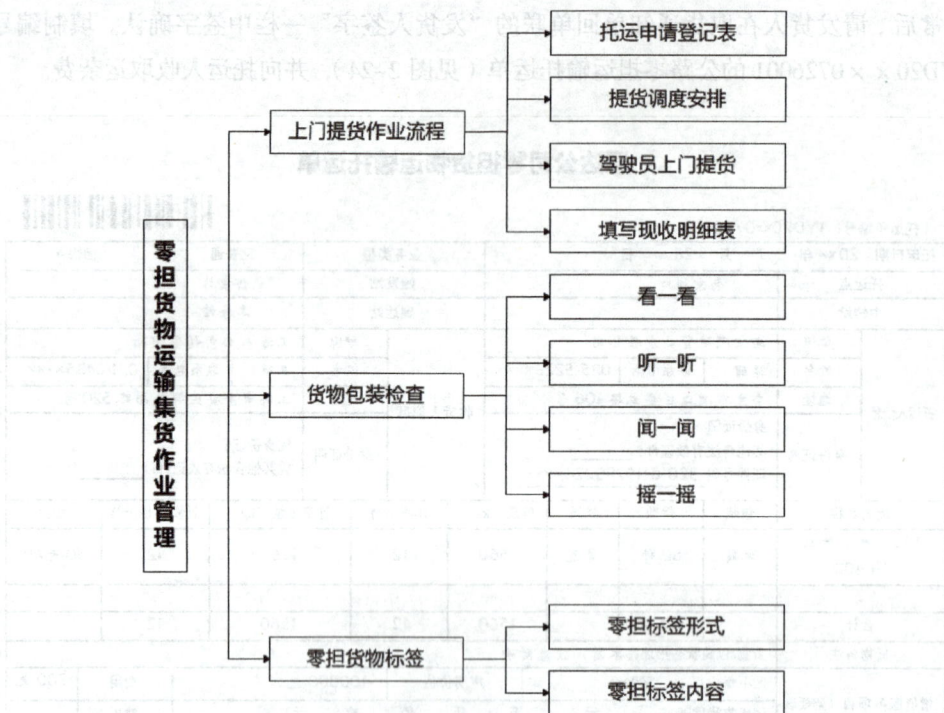

图2-25　任务框架

在线测试

任务二在线测试

任务三
零担货物运输发运作业管理

任务描述

20××年7月28日上午8点，运输调度室接到现场操作员发送的集货完毕信息。小张登录运输管理系统，仔细核对发运班车所有货物的具体信息，确认货物信息无误后，制定装车配载方案，打印货物运输交接单，并向现场操作员下达发运通知信息。

装车是零担运输起运的开始。装车前必须根据车辆核定吨位、车厢容积和起运货物的质量、理化性质、长度、大小和形状等货物性质以及货物运送方向、中转、直达等运输要求，做好货物装车配载方案，并遵守以下几点原则。

（1）中转先运、急件先运、先托先运、合同先运。

（2）尽量采用直达方式，必须中转的货物，则应合理安排流向。

（3）充分利用车辆载质量和容积。

（4）严格执行混装限制规定。

（5）及时了解中途各站的待运量，尽量使同站装上和卸下的货物在质量和体积上相匹配。

在实际工作中，可以利用直观的三维视图软件"装箱大师"来制定装车配载方案。只要输入货物的尺寸、质量等信息，设置货物承重级别大小、摆放方式、承载方式、堆码层数，以及最大悬空比例等，并输入承载车辆的车厢长宽高数值，设置具体的装车配载原则，就可以得到装车配载方案。

视频：装箱大师
操作

一、配载原则

配载是提高车辆载质量和容积利用率的关键，一般需遵循以下原则。

（1）轻重搭配、大小搭配

在车辆配载过程中不仅要考虑车辆的装载量，还要考虑车辆的容积，尽可能实现车辆满载，降低运输成本。这就要求在进行车辆配载时，必须遵循轻重搭配以及大小搭配的原则。

> **小贴士**
>
> 轻重搭配是为了尽可能利用车辆载质量，而大小搭配是尽可能利用车辆的容积。

（2）货物性质保持"三个一致"

拼装在一个车厢内的货物，要做到化学性质一致、物理属性一致、灭火方法一致，以保证运输安全。不能将散发臭味的货物与具有吸臭性的食品混装，也不能将散发粉尘的货物与清洁度要求高的货物混装。

（3）货物运输方向一致

拼装在一个车厢内的货物，其目的地方向应保持一致，并且同一到达地点、适合配载的货物应尽可能一次装车配载。

二、装车原则

车辆配载原则解决了什么样的货物能拼装在一起的问题，但拼装在一起的货物在具体装车时，还要遵循以下原则。

（1）先送后装

按照车辆运行线路，送货地点靠前的货物后装车，送货地点靠后的货物先装车，这样做的目的是方便卸货，避免途中倒货。比如，将车厢分为五个载货区，每个载货区对应相应的卸货点，根据先送后装的原则进行装载，将最后抵达 E 公司的货物，放在第五载货区，最先抵达 A 公司的货物，放在第一配载区（见图 2-26）。

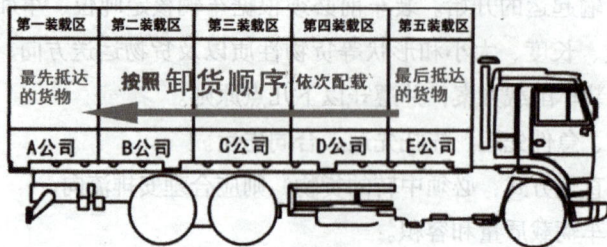

图 2-26　装车顺序示意图

（2）重不压轻

轻重搭配可以充分利用核定承载量，但在车辆装货时，要注意将重货置于底部，轻货置于上部，重心下移，确保稳固，同时避免重货压坏轻货，以保证运输安全。

（3）大不压小

大小搭配以减少厢内空隙，充分利用车厢的容积。对大小不一的货物，在具体装车时，要注意将大的货物置于底部，小的货物置于上部，确保运输途中稳固，同时避免大货压坏小货。

（4）确定合理的堆码层次与方法

可根据车厢的尺寸、容积及货物外包装的尺寸确定堆码层次。在具体堆码时，包装不同的货物应分开装载，如板条箱货物不要与纸箱、袋装货物堆放在一起。具有尖角或其他突出物的货物，应与其他货物分开装载或用模板隔离，以防止包装破损。

同时，为防止车厢内货物之间碰撞、玷污，货与货之间、货与车之间应留有空隙并适当衬垫。装载易滚动的卷装、桶装货物，应保证其垂直摆放。装货完毕，应在门端处采取适当的稳固措施，以防开门卸货时，货物倾倒造成货损或人身伤亡。

根据以上装车配载原则，再结合货物信息、客户信息和车辆尺寸，就可以制定出装车配载方案。按照方案合理装车，可以提高车辆积载率，减少倒货，节约配送时间，同时还可以大大降低货损，是物流企业装车操作的基本要求。

教学动画：货物装车配载原则

三、装车作业

1. 装车准备

调度员需按车辆容积和载重、货物的形状和性质进行合理配载，填制装车配载单和运输交接单。填单时应按货物先远后近、先重后轻、先大后小、先方后圆的顺序进行，以便按单顺次装车，对不同到达站和中转的货物要分单填制，并将整理后的各种随货单证分别附于运输交接单后面，移交给现场操作员，作为装车凭证和封箱记录依据。

现场操作员接到运输通知后，根据零担货物运输交接单的指示，按单核对货物堆放位置，做好装车标记。

2. 装车作业流程

（1）备货

货运仓库接到"货物装车交接清单"后，应逐批核对货物的台账、货位、货物品名、到站，点清件数，检查包装标志、票签和贴票。

（2）点交

待运输车辆到达后，将交接单上的所有货物全部提取至发车区，与驾驶员或随车理货员一起点货复核，按运输交接单的顺序和要求点件装车。

（3）监装

零担货物配运员或驾驶员根据零担货运配载计划监装，并以随货同行的托运单及附件为凭证按批点交。零担货物在具体装车时，还应注意如下几点。

①检查零担车车体、车门、车窗是否良好，车厢内是否干净。

②根据车辆容积和货物情况，将货物质量均衡地分布于车底板上，防止偏重；对某些集中货物和畸形偏重货物，下面应垫以一定厚度的木板或钢板，并使其重心尽可能位于车辆纵横中心线的交叉点。

③紧密地堆放货件，充分利用车辆载质量和车厢容积，巧装满载，防止车辆运行中因震动、冲击、颠簸等造成的货物倒塌、破损。

④同一批货物应堆放在一起，货件上的标签应向外，以便工作人员识别。

⑤装车完毕后应清查货位，检查有无错装、漏装，还应及时检查车辆的关锁及货物的遮盖捆扎情况。

⑥运送距离较短的货物，应堆放在车厢的上部或后端，以便卸货作业顺利进行。

⑦笨重的或包装结实、不易受损的货物，宜堆放于车厢的下层。

（4）施封

待货物装车完毕后，驾驶员或随车理货员对货物件数进行清点确认，确保实际装车件数与运输交接单数量一致，并上传扫描结果信息。现场操作员需要在干线驾驶员的监督下关闭车厢门，并在车门指定位置施加车辆封志。施封后，现场操作员和驾驶员共同检查封志，确认无误后，由现场操作员将施封枚数、封志号记录在货物运输交接单上，同时，两人在交接单上签字确认。

最后，现场操作员整理各种随货同行单据，包括运输交接单、提货单、托运单、零担货票及其他附送单据，按中转、直达分开，一并交给驾驶员，随车发运。

微课：公路零担货物之装车配载

任务实施

步骤一：确认货物信息。

登录运输管理系统，仔细核对发运班车所有货物的具体信息（见表2-6），确认发运货物。

表2-6 货物信息表

客户名称	送货地点	货物名称	箱数	单件（kg）	尺寸（mm）
长丰公司	常州	可乐年糕	50	8	450×300×250
		幸福方便面	30	8	595×325×180
		开心饼干	40	20	600×400×300

续表

客户名称	送货地点	货物名称	箱数	单件（kg）	尺寸（mm）
长荣公司	无锡	可乐年糕	70	8	450×300×250
		美心蜂蜜	100	4	400×300×300
长青公司	上海	可乐年糕	40	8	450×300×250
		怡然话梅糖	130	15	395×395×300

步骤二：调配运力资源。

登录运输管理系统运力平台后，运输作业部可调度的有5吨位的普通厢式货车，其车厢内尺寸：长3.6m、宽2.25m、高2.2m。

步骤三：设计配载方案。

根据货物信息和车辆信息，设计配载方案，绘制车辆配载方案图（见图2-27），验证货物的质量及体积是否超出装载车辆限制，车辆载重及容积利用率最高的为最优方案。

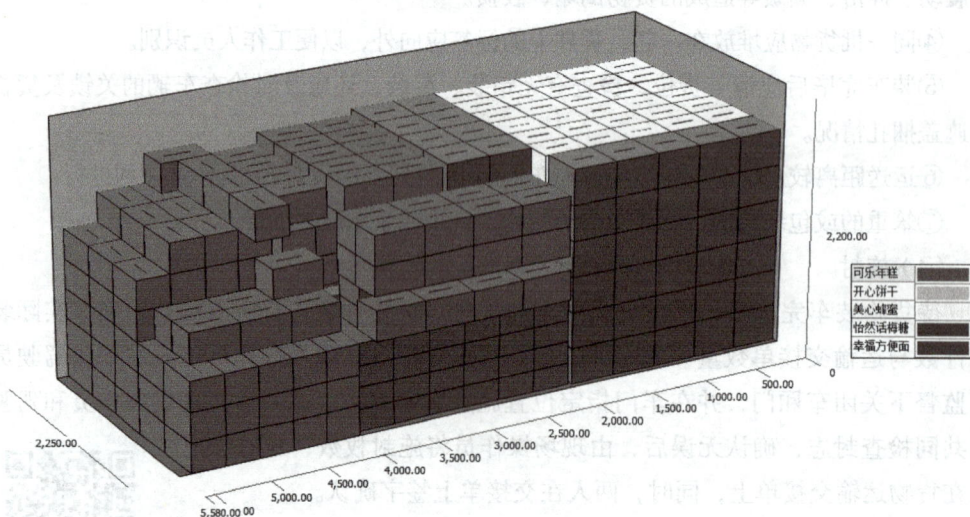

图 2-27　车辆配载方案图

步骤四：下达配载发运通知。

制定装车配载方案，打印货物运输交接单（见表2-7），并向现场操作员下达发运通知信息。

表 2-7　货物运输交接单

始发地	南京	车牌号	苏AJ7766	核载（t）	5	发车时间	20××-07-28 9:00
目的地	上海	车辆性质	公路	车容（m³）	27	预达时间	20××-07-28 18:00

序号	运单号	客户名称	包装	货物名称	件数（件）	体积（m³）	质量（kg）	备注
1	072701	长丰公司	纸箱	可乐年糕	50	1.685	400	常州
2	072701	长丰公司	纸箱	幸福方便面	30	1.044	240	常州
3	072701	长丰公司	纸箱	开心饼干	40	2.880	800	常州
4	072702	长荣公司	纸箱	可乐年糕	70	2.359	560	无锡
5	072702	长荣公司	纸箱	美心蜂蜜	100	3.600	400	无锡
6	072703	长青公司	纸箱	可乐年糕	40	1.384	320	上海

序号	运单号	客户名称	包装	货物名称	件数（件）	体积（m³）	质量（kg）	备注
7	072703	长青公司	纸箱	怡然话梅糖	130	6.240	1950	上海
合计					460	19.156	4670	

发站记事	施封：封锁	随车设备			发站调度	发货人	驾驶员	到站调度
到站记事		到达时间			张华		王洋	
	收货及货损描述	无货损 王洋						

任务总结

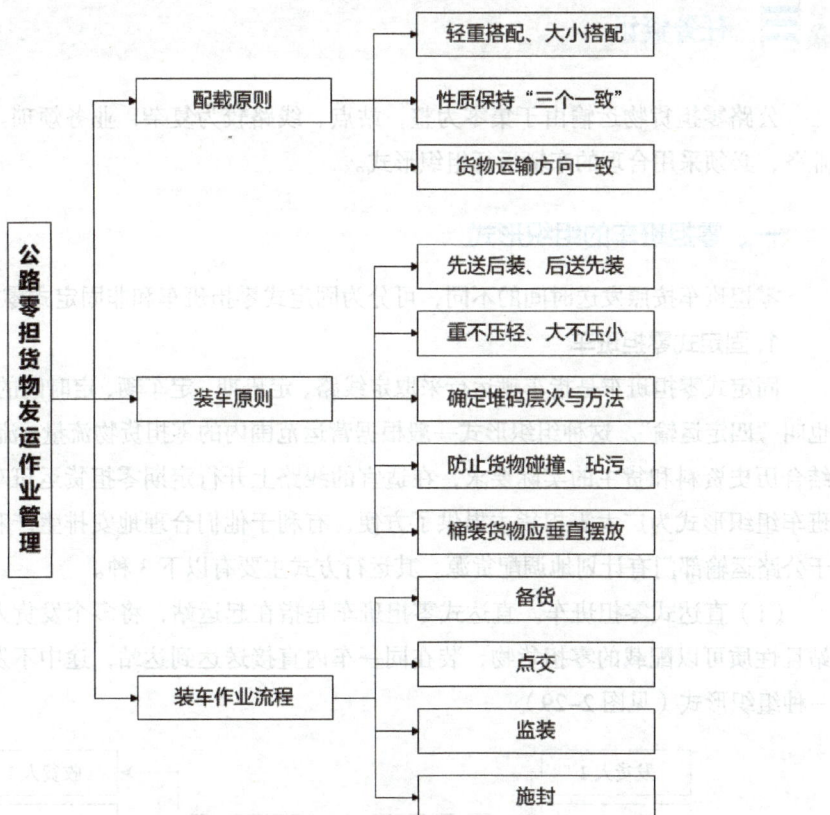

图 2-28 任务框架

在线测试

任务三在线测试

任务四
零担货物运输中转作业管理

任务描述

汪主管要求小张为任务三的车辆（见表2-7）配载方案，选择合适的零担班车组织形式和中转作业方式。

任务资讯

公路零担货物运输由于集零为整，站点、线路较为复杂，业务烦琐。开展零担货运业务，必须采用合理的车辆运行组织形式。

一、零担班车的组织形式

零担班车按照发送时间的不同，可分为固定式零担班车和非固定式零担班车。

1. 固定式零担班车

固定式零担班车是指车辆运行采取定线路、定班期、定车辆、定时间的一种组织形式，也叫"四定运输"。这种组织形式一般根据营运范围内的零担货物流量、流向等调查资料，结合历史资料和货主的实际要求，在适宜的线路上开行定期零担货运车。固定式零担班车组织形式为广大零担货主提供了方便，有利于他们合理地安排生产和生活，也有利于公路运输部门有计划地调配货源。其运行方式主要有以下3种。

（1）直达式零担班车。直达式零担班车是指在起运站，将多个发货人托运的同一到站且性质可以配载的零担货物，装在同一车内直接送达到达站，途中不发生装卸作业的一种组织形式（见图2-29）。

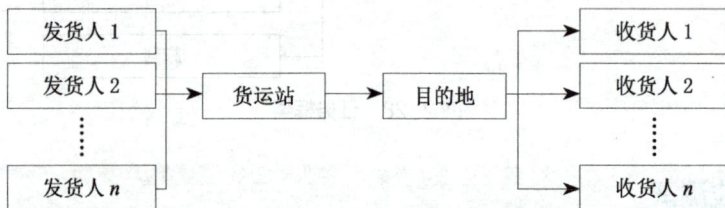

图2-29 直达式零担班车运行示意图

直达式零担班车的货物在中途无须倒装，因此经济性最好，是零担班车的基本形式，它具有以下4个特点。

①避免了不必要的换装作业，节省了中转费用，减轻了中转站的作业负担。

②减少了货物中转作业，有利于运输安全和货物完好，可减少事故，确保质量。

③减少了货物的在途时间，提高了零担货物的运送速度，有利于加速车辆周转和物资的调拨，特别适合季节性商品和贵重商品的运输。

④货物在仓库内的集结时间少，充分发挥仓库货位的利用程度。

（2）中转式零担班车。中转式零担班车是指在起运站将多个发货人托运的同一方向、不同到达站且性质允许配装的零担货物，装在同一车内运至规定中转站，卸车后再与其他货物拼装，重新组成新的零担班车，运往各到达站的一种组织形式（见图2-30）。

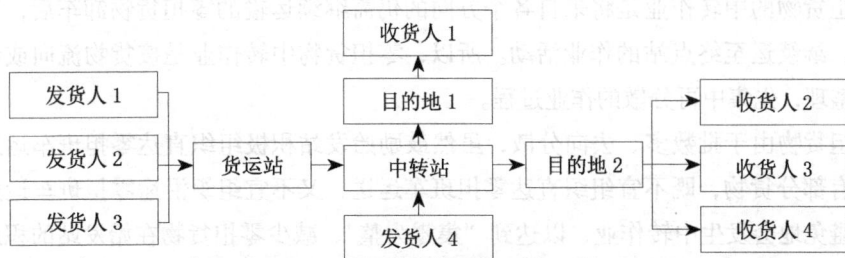

图2-30　中转式零担班车运行示意图

中转式和直达式是互为补充的2种不同组织形式。直达式效果较好，但易受到货源数量、货流及行政区域的限制，而中转式可使运量较小、流向分散的货物通过中转及时运送，所以中转式零担班车也是一种不可缺少的组织形式。但中转式零担班车耗费的人力、物力较多，作业环节也比较复杂。因此，必须根据具体情况，合理组织这两种运输方式，使它们各得其所，充分发挥各自的优势。

（3）沿途式零担班车。沿途式零担班车是指在起运站将多个托运人发往同一线路、不同到站且性质允许配装的各种零担货物，装在同一车内，按计划在沿途停靠站点卸下或装上零担货物继续运行到最后终点站的一种组织形式（见图2-31）。

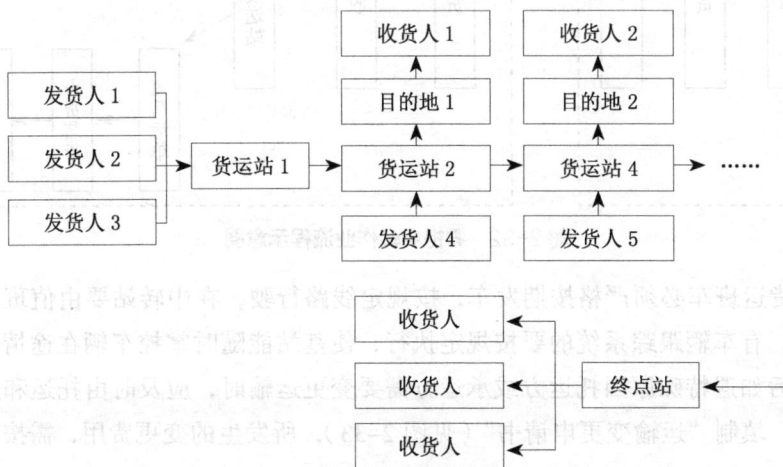

图2-31　沿途式零担班车运行示意图

沿途式零担班车的组织工作较为复杂，车辆在途中运行时间也较长，但能充分利用车辆的载重和容积，并更好地满足沿途各站点的需要，是一种不可缺少的组织形式。

在上述3种零担班车运行模式中，以直达式零担班车经济性最好，是零担班车的基本形式。

2. 非固定式零担班车

非固定式零担班车是指按照零担货流的具体情况，随时开行零担班车的一种组织形式。这种组织形式由于缺少计划性，会给运输部门和客户带来一定的不便。因此，只适宜于在季节性或在新辟零担货运线路上作为一项临时性的措施使用。

二、零担货运的中转作业

零担货物的中转作业是将来自各个方向的仍需继续运输的零担货物卸车后，重新集货待运，继续运至终点站的作业活动。所以，零担货物中转作业是按货物流向或到站进行分类整理，先集中再分散的作业过程。

零担货物由于批数多、去向分散，虽然鼓励始发站积极组织直达零担班车运送，但仍然会有部分货物，既不宜组织直达零担班车运送，又不宜组织沿途零担班车运送，这就不可避免地会发生中转作业，以达到"集零为整"，减少零担货物在始发站的积压，加快货物运送速度和提高车辆使用效率的目的。因此，中转作业是零担货物运输中的一个重要环节。

1. 零担中转作业流程

零担中转作业流程如图 2-32 所示。

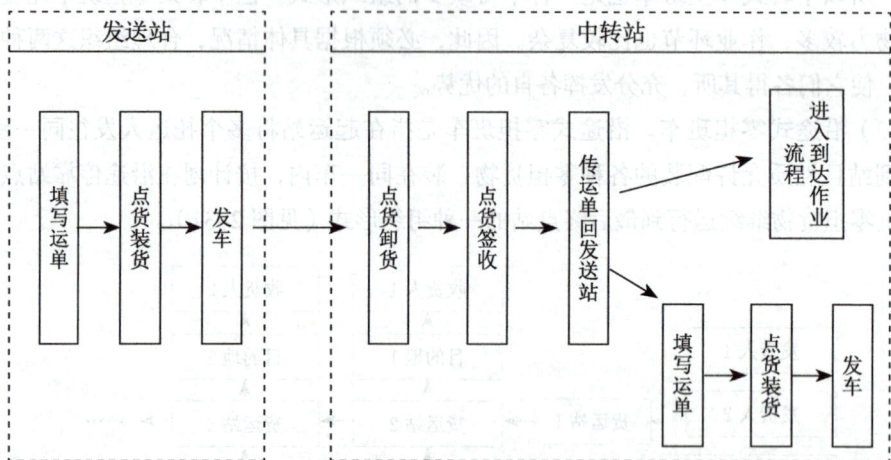

图 2-32　零担中转作业流程示意图

零担货运班车必须严格按期发车，按规定线路行驶，在中转站要由值班人员在路单上签证。有车辆跟踪系统的要按规定执行，使基站能随时掌控车辆在途情况。在货物起运前后如遇特殊原因托运方或承运方需要变更运输时，应及时由托运和承运双方协商处理，填制"运输变更申请书"（见图 2-33），所发生的变更费用，需按有关规定处理。

运输变更申请书

提出日期：　　年　月　日　时

原运单号码	
受理变更序号	

变更事项及原运单记载事项	
托运人记事及特约事项	
承运人记事及特约事项	

申请变更人名称：　　　经办人：　　　电话：　　　地址：

图 2-33 运输变更申请书

2. 零担中转作业方法

货物在中转过程中不但要消耗较多的人力、物力，而且还会影响货物的安全和完整，并使货物增加停留时间。这就要求我们合理选择中转方式，努力改善中转作业方法，尽可能减少货物的装卸和搬运。目前，零担货物的中转作业一般有以下 3 种方法。

（1）全部落地中转（落地法）

将整车零担货物全部卸下交中转站入库，由中转站按货物的流向或到达站重新集结，另行安排零担货车分别装运，继续运到目的地。这种方法简便易行，车辆载质量和容积利用较好，但装卸作业量大，中转站的仓库和场地的占用面积大，中转时间长。

（2）部分落地中转（坐车法）

由始发站开出的零担货车，有一部分货物在中转站卸下而转运至另一路线，其余货物则由原来车继续运送到目的地。这种方法中部分货物不用卸车，减少了作业量，加快了中转作业速度，节约了装卸工作量和货位，但对留在车上的货物的装载情况和数量不易检查清点。

（3）直接换装中转（过车法）

当几辆零担车同时到站进行中转作业时，将车内部分中转零担货物由一辆车向另一辆车上直接换装，中转货物不落地，不进中转仓库。组织过车时，既可以向空车上过，也可向装有后到站货物的重车上过。这种方法在完成卸车作业时即完成了装车作业，提高了作业效率，加快了中转速度，但对到发车辆的时间等条件要求较高，容易受意外因素干扰而影响运输计划。

零担货物的中转除了承担货物的保管作业外，还涉及一些与中转环节有关的理货、堆码和倒载等作业，因此零担货物中转站必须配备相应的仓库和货棚，并具备良好的通风、防潮、防火、采光和照明等条件，确保货物安全完好和适应各项作业的需要，以便及时准确地送达目的地。

微课：零担货物运输中转作业管理

任务实施

分析该次运输任务运输的货物为同一起运站，多个托运人发往同一线路、不同到站且性质允许配装的零担货物，可组织沿途零担班车，按计划在沿途停靠站点卸下货物，直至最后终点站（上海站）。利用 GPS 监控调度系统对运输车辆和货物进行监控，随时清楚地掌握车辆的行驶情况。调度人员在任意时刻通过 GPS 调度中心发出文字调度指令，并得到确认信息，查询货物在途信息，反馈至客户。

任务总结

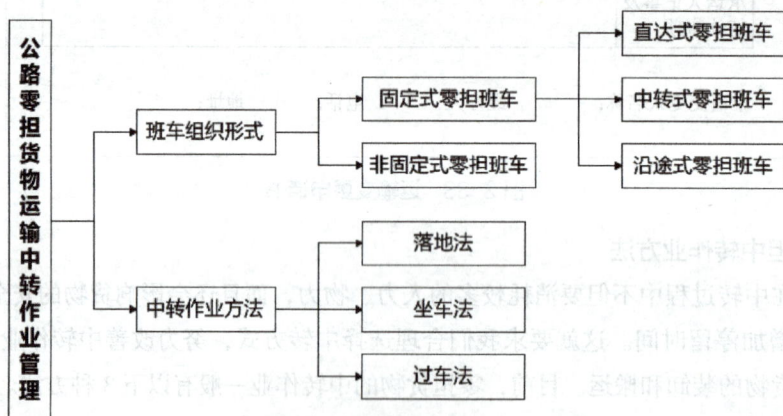

图 2-34　任务框架

在线测试

任务四在线测试

任务五
零担货物运输到达作业管理

任务描述

20××年 9 月 8 日，通达物流江宁货运中心收到北京站调度人员发送的到货预通知，预计车牌号为京 AK5566 的厢式车在 9 月 10 日 14 点左右到货运中心。具体货物信息如表 2-8 所示。

表 2-8　货物信息表

序号	运单号	客户名称	货物名称	包装	终点站	收货人地址	件数（件）	质量（kg）	体积（m³）
1	0789	康师傅	康师傅桶装方便面	纸箱	南京站	江宁鸿运大道 23 号	50	690	1.96
2	0769	蒙牛集团	蒙牛袋装纯牛奶	纸箱	南京站	浦口泰山路 39 号	40	1760	1.32

小张应如何组织和安排货物的到达作业呢？

任务资讯

一、班车到站作业管理

零担货运班车到站作业流程如图 2-35 所示。

零担班车到站后，到达站货运人员应首先查验货物车厢外观状况，无异常情况方可卸车。如有异常情况，应及时向驾驶员问明情况，并依据规定进行相应处理。

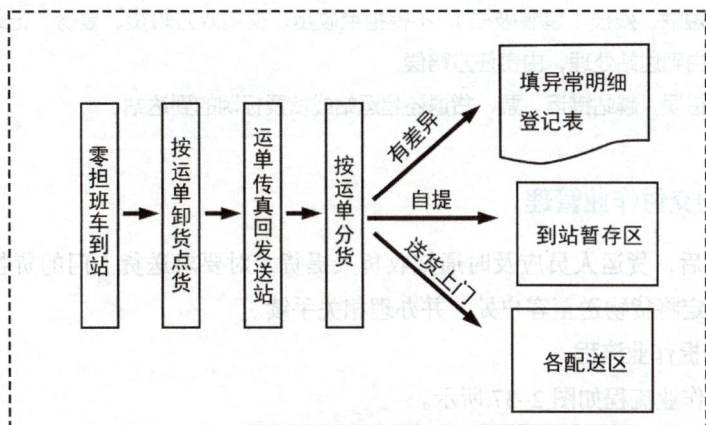

图 2-35　零担班车到站作业流程

卸车后，货运人员应向随车理货员或驾驶员索阅运单、货物交接单等随车文件，按照运单和货物交接单卸货、点货，检查核对货物情况。如无差异，交接双方在交接单上签字并加盖业务章。

到达站货运人员按托运单进行分货，将货主自提的货物放入到站仓库的暂存区，需要配送的货物移至相应的配送区域。分货结束后，货运人员应将托运单到达联按照发送日期装订成册，以备查验。

若发现货物有差异，或破损、污染等，须在随车文件运单上逐一记载，填写异常明细登记表（见图 2-36），作为货运事故追踪及归属责任的依据。

通达物流异常明细登记表

TO: ＿＿＿＿＿ 站　　FR: ＿＿＿＿＿ 站　　日期：　年　月　日

序号	托运单号	查货号码	收货人	发送站	到达站	数量	质量（kg）	体积（m³）	货物价值（元）	异常状况
1										
2										
3										
4										
5										

主管：　　　　　　　　　　　　　　　　制表人：

图 2-36　异常明细登记表

小贴士

货物起运、中转、到达都要严格履行交接手续。由起运站分别签制直达、中转"零担货物交接清单"，凭单件交件收，单货相符，交接双方签章。货物起运前发生短缺、残损，由起运站处理后方可起运；货物到达后发生票货差误，分别按下列办法处理。

①有票无货，到达站相符，交接双方在票单上签注，由到达站查询处理。到达站不符，交接双方在票单上签注，货票退回起运站。

②有货无票，到站相符，应予收货，交接双方在清单上签注，并通知起运站补发货票；到站不符，交接双方在清单上签注，货物退回起运站。

③货物短缺、残损（包装破损），不得拒绝收货。交接双方验货、复磅、记录签章、通知起运站，由到达站处理，由责任方赔偿。

④流向错误，越站错运，票、货退还起运站或货票标明的到达站。

二、货物交付作业管理

货物到站后，货运人员应及时通知收货人提货，对要求送货上门的货物，要及时联系客户，按规定将货物送至客户处，并办理相关手续。

1. 货主自提作业流程

货主自提作业流程如图 2-37 所示。

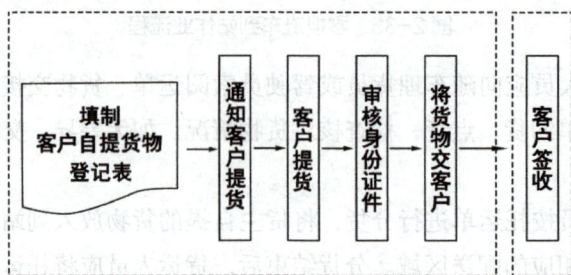

图 2-37　货主自提作业流程

（1）货物到站后，货运人员对客户自提的货物，要先填制客户自提货物登记表（见图 2-38），详细登记货物和收货人的信息。

通达物流　客户自提货物登记表														
序号	托运单号	查货号码	发货时间	到站时间	收货人	收货人电话	货物名称	数量	质量（kg）	体积（m³）	办理人	客户签名盖章	身份证号码
1													
2													
3													
4													

主　管：　　　　　　　　　　审核　：

图 2-38　客户自提货物登记表样例

（2）通知收货人取货，并告知货物保管的规定期限，逾期收取保管费。若客户提出需要送货上门，货运人员应重新登记货物交付信息并收取送货费。

（3）收货人领取货物时，货运人员应根据《客户自提货物登记表》资料核对身份证件、货物。若非收货人本人，必须出示委托书和相关身份证明文件。若符合，请收货人在客户自提货物登记表和托运单上盖章或签全名和身份证号码。

小贴士

①不得白条提货，信用交付；

②凭货票提货联交付时，收件人需在提货联上加盖与收货人名称相同的印章并提供有效的身份证件；

③凭到货通知单交付时，收货人需在到货通知单上加盖与收货人名称相同的印章并验看提货经办人有效身份证件，在货票提取联签字；

④凭电话通知交付时，凭收货单位介绍信经到达站认可后，由提货经办人在货票提货联上签字；

⑤委托其他单位代提时，应有收货人盖具有相同印章的委托书，经车站认可后，由代提单位在货票上签章交付。

（4）货物交付时，一定要注意运费是否为到付。

2. 送货上门作业流程

送货上门作业流程如图 2-39 所示。

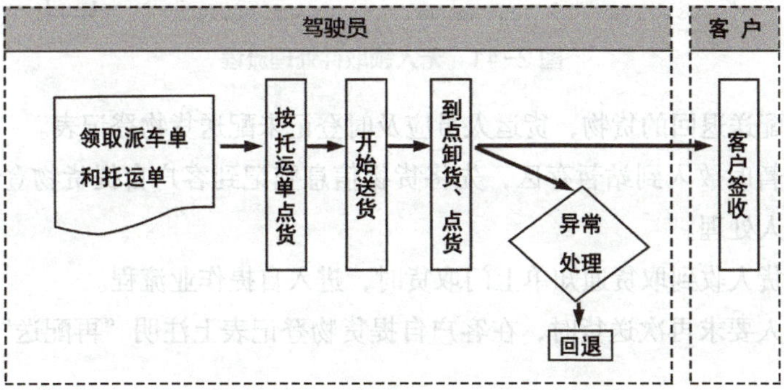

图 2-39　到站送货上门作业流程

（1）货物到站后，由调度员下达派车单。

（2）送货驾驶员根据派车单和托运单信息，到配送区点货装车，核对货物及托运单。

（3）客户收货时，验货以外包装为准，要注意是否已付。如客户拒收或无法联系收货人时，告知调度处理。如到收货地却无法联系收货人签收时，可留下"取货通知单"（见图2-40）。

取 货 通 知

_____您好：

我司工作人员于 _____年___月___日___时___分
送___件货到贵处，寄件人是_____，
因为您不在，所以无法交付，请您收到此书后，与我们联
系。

联系电话：_____ 联系人：_____
查货号码：_____

谢谢您的合作！

通达物流有限公司敬上

图 2-40 取货通知单样例

3. 无人领取件的处理

无人领取件的处理流程如图 2-41 所示。

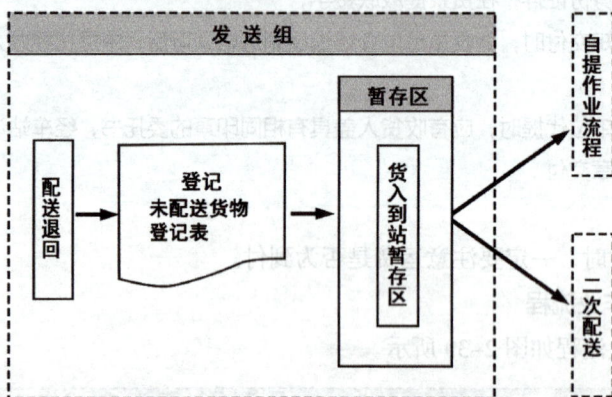

图 2-41 无人领取件处理流程

（1）对于配送退回的货物，货运人员应及时登记未配送货物登记表。

（2）货物暂时放入到站暂存区，先将货物信息登记到客户自提货物登记表，再联系收货人或托运人处理。

（3）当收货人收到取货通知单上门取货时，进入自提作业流程。

（4）收货人要求再次送货时，在客户自提货物登记表上注明"再配送"，进入二次配送流程。

（5）对"到货通知"发出一个月内无人领取的货物或收货人拒收的货物，到达站应向起运站发出货物无法交付通知单。

4.货物交付注意事项

（1）货物到达（入库）后，及时通知收货人凭提货单提货，或者按指定地点送货上门。收货人收到货物应在提货单上加盖印章，到达站交付货物后也应在提货单上加盖"货物付讫"戳记，以备存查。

（2）货物短损、包装破损等，由交接双方清点（有的需要复磅），做好记录，由责任方赔偿。

（3）遇到标签脱落的货物必须慎重查明，方可交付。

（4）提货单遗失的，收货人应及时向到达站挂失。经确认后，可凭有效证件提货。若在挂失前货物已经被他人持单领走，到达站应配合查找，但是不负责赔偿。

（5）超过一个月仍无人领取的货物，按照《关于港口、车站无法交付货物的处理办法》有关规定办理。

任务实施

步骤一：到车时间确认。

与驾驶员确认车辆到站的具体时间，做好车辆到站前的相关准备工作。

步骤二：货物到站作业。

调度人员核实货物运输交接单、运单的份数和记载内容是否一致，确认无误后交现场作业员，并登录运输管理系统的运达模块，处理货物进站信息。

步骤三：卸货作业。

核实车号、检查车辆施封情况，核对施封枚数和施封号是否与货物运输交接单记载一致。确定施封有效后，按规定进行拆封。现场货运员监督卸货作业。

步骤四：验收交接。

场站货运员持货物运输交接单（见表 2-9）验收货物，核对货运标签和实际货物、收货人、件数、品名等是否相符。

表 2-9　货物运输交接单

始发地	北京站	车牌号	京 AK5566		核载（t）	3	发车时间	20××-09-07
目的地	南京站	车辆性质		公路	车容（m³）	4	预达时间	20××-09-10
序号	运单号	客户名称	包装	货物名称	件数（件）	体积（m³）	重量（kg）	备注
1	0789	康师傅	纸箱	康师傅桶装方便面	50	1.96	690	
2	0769	蒙牛集团	纸箱	蒙牛袋装纯牛奶	40	1.32	1760	
		合计			90	3.28	2450	
发站记事	施封：封锁	随车设备			发站调度	发货人	驾驶员	到站调度
到站记事	施封：封锁	到达时间	20××年9月10日14时		张君		张洋	韩伟伟
	收货及货损描述	无货损　　余华						

检查货物包装外观有无破损、封口有无开裂、封条是否更换、包装是否有湿痕等。验收完毕后，填写货物运输交接单到站记事栏并签字确认后，将货运交接单交给调度员。

货运人员按托运单进行分货，将货主自提的货物放入到站仓库的暂存区，需要配送的货物移至相应的配送区域，货运标签一律朝外，货垛之间留足点货、拣货通道。

任务总结

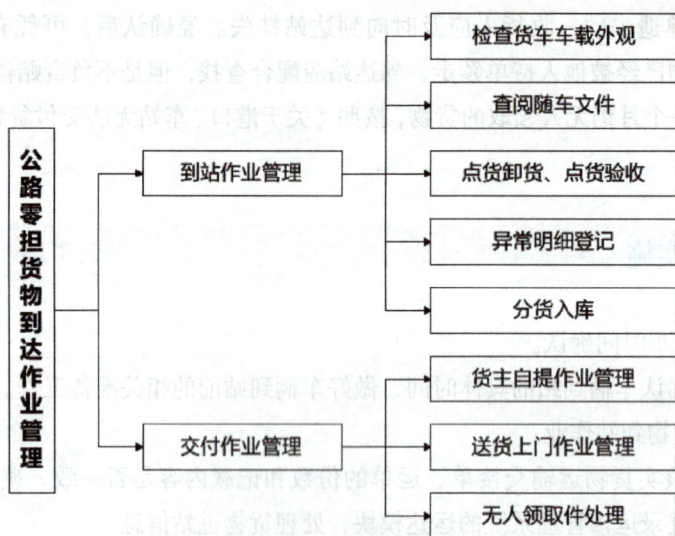

图 2-42　任务框架

在线测试

任务五在线测试

项目同步测试

一、单选题

1. (　　) 不能作为普通零担货物来受理。

A. 50 箱鸡蛋　　　　　　　　　　　B. 80 箱袋装方便面

C. 100 箱薯片　　　　　　　　　　　D. 120 箱奶粉

2. 零担货物运输主要是指托运人一次托运货物计费质量 (　　) 的货物运输方式。

A. 3t 以下   B. 3t 及以上

C. 5t 及以下   D. 5t 及以上

3. 公路零担运费计算的第一步是（   ）。

   A. 确定货物等级   B. 确定单位运价

   C. 选择正确的计算公式   D. 计重量方，判断轻货、重货

4. 有一批普通零担货物，重 300kg，体积 180cm×80cm×140cm，该货物应按（   ）计费。

   A. 300kg   B. 456kg   C. 569kg   D. 671kg

5. 煤、沙、石、土、炭都属于（   ）。

   A. 一等货物   B. 二等货物   C. 三等货物   D. 四等货物

6. （   ）是指直接送达目的地的零担班车。

   A. 直达零担班车   B. 中转零担班车

   C. 沿途零担班车   D. 临时零担班车

7. （   ）明确规定了承托双方在货物承运期间的权利和义务。

   A. 装车单   B. 货物托运单   C. 零担标签   D. 行车记录表

8. 车辆配装时，应遵循以下原则：（   ）。

   A. 重不压轻，后送后装   B. 重不压轻，后送先装

   C. 轻不压重，后送后装   D. 轻不压重，后送先装

9. 拼装配载货物正确的是（   ）。

   A. 大蒜油和茶叶   B. 牙刷和桶装方便面

   C. 冷藏奶与薯片   D. 大豆油与烟花

10. （   ）装卸作业量大，仓库和场地的占用面积大，中转时间长。

   A. 分卸法   B. 落地法   C. 坐车法   D. 过车法

二、判断题

11. 金银珠宝等贵重物品不能作为零担货物来受理。（   ）

12. 质量不足 3 吨的货物都可以作为公路普通零担货物受理。（   ）

13. 质量相同的轻货和重货，收取的运费也应该是相同的。（   ）

14. 托运人填写的托运单，一旦提交就具有一定法律效力。（   ）

15. 托运单只能一式两联，第一联为承运人存根；第二联为托运人托运回执。（   ）

16. 货票只在第三联右下端设"收货人签收盖章"栏。（   ）

17. 同一托运人不论托运多少种货物，都应该填制在一张运单内。（   ）

18. 装载易滚动的卷装、桶装零担货物，应平行摆放。（   ）

19. 过车法组织过车时，只可往空车上过，不能往重车上过。（   ）

20. 坐车法装卸作业量大，仓库和场地的占用面积大，中转时间长。（   ）

三、多选题

21. （   ）不能作为普通零担货物来受理。

A. 鲜活易腐货物 B. 污秽品

C. 活动物 D. 散装货物

22. 普通零担货物受理时必须满足（　　）限制条件。

A. 质量 B. 数量 C. 体积 D. 性质

23. 承运人应对托运单的（　　）内容进行审核。

A. 清洁性 B. 完整性 C. 准确性 D. 匹配性

24. 托运单应由（　　）签字确认。

A. 承运人 B. 托运人 C. 收货人 D. 驾驶员

25. 汽车货票是运输部门（　　）的原始凭证。

A. 运输统计 B. 财务管理

C. 货流货物分析 D. 车辆调度

26. 零担货物运输到达后发生票货差错的主要有（　　）。

A. 有票无货 B. 有货无票 C. 货物短缺 D. 流向错误

27. 零担货物交付收货人之前，托运人可提出（　　）等变更。

A. 中止运输 B. 返还货物 C. 变更到达地点 D. 变更收货人

28. 货物配载要做到（　　）。

A. 化学性质一致 B. 物理属性一致

C. 灭火方法一致 D. 货物品种一致

29. 固定式零担班车的运行方式主要包括（　　）。

A. 直达零担班车 B. 中转零担班车

C. 沿途零担班车 D. 临时零担班车

30. 零担货物的中转作业一般有（　　）等方法。

A. 分卸法 B. 落地法 C. 坐车法 D. 过车法

四、技能训练

31. 20××年7月26日，南京通达物流公司业务员朱静收到一份南京顺达贸易发展公司的货物托运需求，请按南京通达物流中心零担货运业务处理流程，规范处理这笔运输业务。货物托运需求信息如下：

（1）托运人：南京顺达贸易发展公司。

（2）联系人：李丽，025-5226×××，身份证号码为32010119780224××××，地址为南京市浦口区安龙路106号。

（3）货物名称：VIDD牌切纸机（VI-400），数量为80件，总质量为1560kg，总体积为12m³，包装方式为木箱。

（4）收货人：上海A公司销售中心，联系人为王琪，联系电话为021-6435×××，地址为上海市崇安区解放南路520号。

（5）其他事项约定：要求上门取货和送货，送货地联系信息与收货人联系信息相同；要求20××年7月29日17时之前送到上海崇安区解放南路520号；凭客户签字的运单作为回执；凭身份证提货和交货；该产品投保金额为10万元，保费率为3‰；取货和送货费用各为 150 元，场外搬运费 200 元；每件运费 100 元；结算方式为现结。

32. 假设运输车辆载质量为 4t，容积 20m³，现有货物 A，每件 0.4t、8m³，共 5 件；货物 B，每件 0.8t、2m³，共 8 件。请设计装车配载方案。

33. 运输作业部接到 4 个门店的送货请求，货物明细见表 2-10。目前运输作业部可调度的只有一辆 1t 的普通箱式货车，其车厢内尺寸：长 1.545m、宽 1.14m、高 1.16m。利用"装箱大师"绘制车辆配载图，验证货物的质量及体积是否超出装载车辆限制，车辆载重及容积利用率最高的为最优方案。

表 2-10 送货清单

客户名称	送货顺序	货物名称	箱数	单件重量（kg）	尺寸（mm）
百鄢公司	1	阿道夫丝滑洗发乳	4	5	400×210×185
		桂格即食燕麦片	4	5	460×265×205
		完达山加锌奶粉	5	5	410×310×155
		旺旺雪饼	2	5	250×300×290
		娃哈哈八宝粥	1	5	600×400×330
百莱公司	2	阿道夫丝滑洗发乳	4	5	400×210×185
		桂格即食燕麦片	4	5	460×265×205
		雀巢全脂营养奶粉	2	5	460×320×210
		完达山加锌奶粉	5	5	410×310×155
		迪森高尔夫男船袜	4	5	305×210×210
		三笑牙刷	2	5	400×305×210
		娃哈哈八宝粥	1	5	600×400×330
百麟公司	3	桂格即食燕麦片	6	5	460×265×205
		雀巢全脂营养奶粉	3	5	460×320×210
		旺旺雪饼	7	5	250×300×290
		三笑牙刷	3	5	400×305×210
		娃哈哈八宝粥	1	5	600×400×330
百福公司	4	阿道夫丝滑洗发乳	2	5	400×210×185
		桂格即食燕麦片	2	5	460×265×205
		雀巢全脂营养奶粉	3	5	460×320×210
		完达山加锌奶粉	3	5	410×310×155
		迪森高尔夫男船袜	4	5	305×210×210

项目三 整车货物运输业务管理

能力目标

1. 能完成整车货物运输业务的受理工作；
2. 能设计整车运输业务组织方案并组织实施；
3. 能设计和优化整车运输作业流程；
4. 能设计并组织双班运输；
5. 能设计并组织甩挂运输。

知识目标

1. 掌握整车货物运输作业流程和作业方法；
2. 熟悉整车运输受理工作内容和方法；
3. 掌握整车运输的运费计算；
4. 掌握双班运输的运行组织技术；
5. 掌握甩挂运输的运行组织技术；
6. 掌握驮背运输的运行组织技术。

项目导学

用服务赋能货运O2O 运帮找货或弯道超车

随着互联网＋物流模式的兴起，"网约车"风潮也开始入侵有着近3万亿规模的传统货运市场。作为中国智慧物流的领创者，运帮找货更是加快了在大宗商品整车运输领域的布局步伐。借鉴链家模式，运帮找货在全国范围内进行服务节点布局，建立可控的运力资源网络，打通线上线下，连接货主和运力。

大宗运输除了信息不对称、匹配效率比较低、驾驶员完成运单拿不到钱等传统物流常见问题外，还有一个容易被忽略的问题就是"驻站人员"的问题。"驻站"是大宗运输行业特有的岗位，岗位人员由货主派驻在收发货两地，协调装货到货工作、统计装卸货数据，甚至需要现场现金支付驾驶员运费。驻站人员长期外派，且权力大监管难，形成了"管理信息不对称"的情况。

另外，在大宗运输行业，超过90%的驾驶员实际上属于"个体户"，不具备开票能力，行业中不正规发票、保税等问题都无形中增加了驾驶员和货主的成本。国家对物流税务政策的收紧更是让税务成为货主的最大痛点。

针对以上痛点，运帮找货开发了其线上车货信息平台，分别有货主端、驾驶员端和驻站人员端的产品。货主在平台上发布货物后，需要先将运费交付给平台代管，驾驶员在运输过程中需要在平台上操作整个运输的流程，每个节点上下货物都需要更新，在完成运输后需要将运单拍照上传。货主可以为驻站人员开设OA账号，主要是代替货主做一些现场的验货、指挥等工作，不需要再接触现金。

由于大宗运输需要的服务较多，纯线上模式很难完全满足货主发货需求。因此一些针对货主的采购和运输的解决方案，针对驾驶员提供的租赁、保险等办理都由线下店的模式进行。

运帮找货通过精准匹配车源和货源，促进快速达成交易，减少车辆空驶及配货等待时间，极大提升货运效率。目前平台上驾驶员超过15000人，上线货主175个，订单数超过5万单，累积交易额2.3亿元。

视频：运帮找货

项目背景

通达物流作为国家"5A"级物流企业，主营国内公路运输业务，为客户提供安全、快捷、经济的"门到门"整车运输服务。为实现整车运输全过程一体化管控，有效提高整车运输的规范化、透明化、安全化及运营效率，公司引进了先进的运输管理系统（TMS），其业务操作流程如图3-1所示。

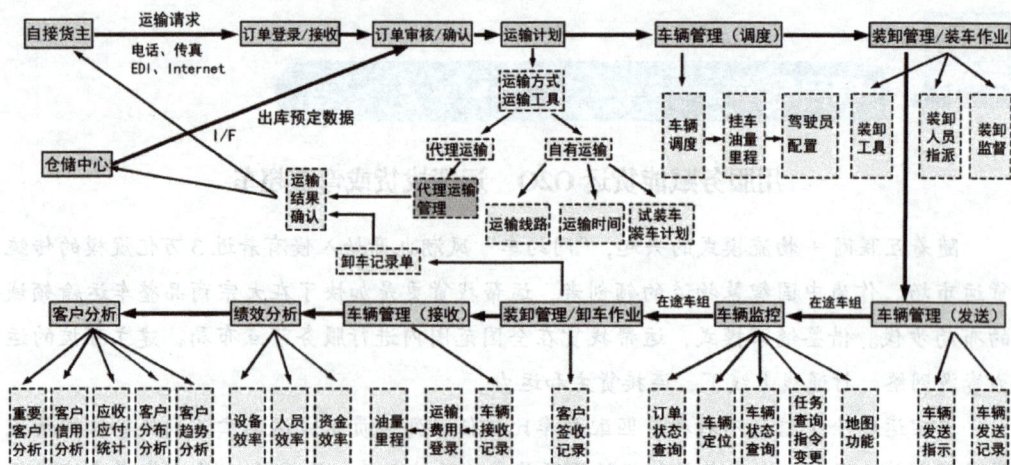

图 3-1 整车货物运输业务操作流程示意图

　　20×× 年 6 月 9 日，南京大世界饮料有限公司委托通达物流南京货运中心为其托运一批饮料到天津。业务员通过 E-mail 向南京集散中心的运输部发送运输需求通知单（见表 3-1），告知其托运的货物种类、数量、流向及相关运输要求。

视频：运输管理系统

表 3-1　货物运输需求通知单

编号：　　　　　　　　　通知日期：20×× 年 6 月 9 日

客户名称	南京大世界饮料有限公司	联系电话	025-8737×××
地　　址	江苏南京市江宁区农光里 118 号		

运输货品列表

货品名称		规　格	数量（箱）	总重（吨）	总体积（m³）	备　注
中 文	英 文					
苹果汁	Apple juice	250ml×24 盒	100	2.3	6.5	纸箱包装
橙汁	Orange juice	250ml×12 盒	200	2.3	6.5	纸箱包装
蓝莓汁	Blueberry juice	1000ml×12 盒	200	2.6	7.0	纸箱包装
金额总计	人民币（大写）陆万肆仟陆佰零拾零元整					

运 输 要 求

1. 交货日期：自签订本单后 5 天内或 20×× 年 6 月 16 日以前
2. 装货地点：江苏南京市江宁区农光里 118 号，南京大世界饮料有限公司（联系人：王明，025-8737×××，1390215×××）
3. 交货地点：天津市南开区光荣大街 206 号，天津小食品批发市场（联系人：李荣，022-6339×××，1392004×××）
4. 车辆配有 GPS 跟踪系统，能实时提供货物运输信息。

通知人签名	黄和

　　通达物流南京货运中心市场部经过调研，发现南京大世界饮料有限公司为南京地区饮料生产的龙头企业，每年有长期稳定的运输需求。为此，公司要求运输作业部设计合理的运输业务流程并组织实施，保质保量完成该运输项目，争取将该公司发展为长期稳定的客户。

任务一
整车货物运输流程管理

任务描述

汪主管安排小张协助办理南京大世界饮料有限公司的该项运输业务，要求小张为本次运输任务设计一份完整的运输作业方案。

任务资讯

根据公路货物运输的规定，一批托运货物计费质量在 3t 及以上或虽然货物质量不足 3t，但其性质、体积、形状不能与其他货物拼装，需要一辆 3t 及以上车辆运输的为整车运输。

一、整车货物的受理范围

普通整车货物与普通零担货物一样，在受理时必须满足质量、体积和性质方面的限制条件。

从货物质量来看，整批货物质量在 3t 及以上、单件货物质量在 200kg 以上的货物应该作为整车货物受理。

从货物体积来看，单件货物体积大于 1.5m³，或者长度超过 3.5m，或者宽度超过 1.5m，或者高度超过 1.3m 的货物也要作为整车货物受理。

判断一批货物是零担货物还是整车货物的依据不完全取决于货物数量、体积或形状的大小，还应考虑货物的性质。必须按整车办理的货物主要包括以下 5 类。

（1）需要冷藏、保温运输的鲜活易腐货物和活动物：如肉、鱼、蛋、水果、蔬菜、鲜活植物以及活的牛、羊、猪等。

（2）不能与其他货物拼装运输的危险货物：如炸药、烟花、化学品等。

（3）易于污染其他货物的不洁货物：如炭黑、皮毛、垃圾等。

（4）需用专车运输的货物：如粮食、粉剂类散装货、蜜蜂等。

（5）不易于计数的散装货物：如煤、焦炭、矿石、矿砂等。

想一想

南京大世界饮料有限公司的该项运输业务是否可以按整车运输办理？为什么？

二、整车货物运输的特点

整车运输通常是一车一张货票、一个发货人，而零担运输一般是多个装货人的货物拼装一辆车。为明确运输责任，运输企业会尽量安排额定载质量与托运量相匹配的车辆来运输整车货物，但当一个托运人的托运量明显低于车辆额定载质量时，为合理使用车辆的载重能力，也可以拼装另一托运人托运的货物，即一车两票或多票，但货物总质量不能超过车辆额定载质量。

无论是零担运输还是整车运输，其业务运作过程均分为托运受理、装车发运、在途跟踪和到站交付 4 个阶段，但在具体运作时仍存在许多不同之处（见表 3-2）。

表 3-2　整车运输和零担运输的比较

项目	整车运输	零担运输
承运人责任期间	装车/卸车	货运站/货运站
是否进站存储	否	是
货源与组织特点	货物品种单一，数量大、货价低，装卸地点一般比较固定，运输组织相对简单	货源不确定，货物批量小，品种繁多，站点分散，质高价贵，运输组织相对复杂
营运方式	一般为直达的不定期运输方式	定线、定班期发运
运输时间长短	相对较短	相对较长
运输合同形式	通常预先签订书面运输合同	通常以托运单或运单作为合同的证明
运输费用的构成与高低	单位运费率一般较低，仓储、装卸等费用分担，需在合同中约定	单位运费率一般较高，运费中往往包含仓储、装卸等费用

三、整车货物运输的流程

整车运输的流程与零担运输的业务流程基本相同，包括托运受理、运输调度、发运交接、在途跟踪、到站交付、回单签收等主要环节（见图 3-2）。

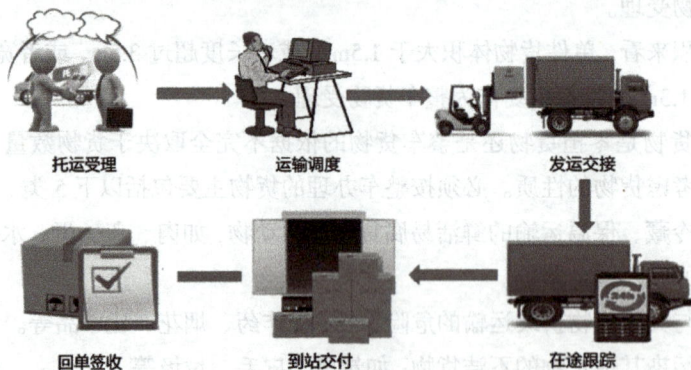

图 3-2　整车货物运输流程示意图

由于整车运输的特点，在具体业务操作时，其内容和要求与零担运输不同。主要表现在以下几个方面。

（1）在货物受理环节，整车运输由于是整批货物托运，所以一般是运输部门上门提货；而零担运输是零星地接收托运货物，可以是上门提货，也可以是货主自己送货到零担货运受理点。

（2）在运输组织环节，整车运输一般为门到门直达运输，货物从目的地直接运输到目的地，不需要最初一千米的集货作业和最末一千米的配送作业，一般也没有频繁的入库、储存、保管等中间环节；而零担货物运输往往需要集货、中转、入库、保管、配送等作业环节。

（3）在押运业务方面，整车货物运输的部分货物，如活的动植物和贵重物品的运输等需要安排押运；而零担货物运输一般不需要押运。

（4）在收付款方面，整车货物运输多数是预交30%~70%的运杂费，交付货物前再结清；而零担运输大多是先交清运杂费后，再实施货物运输。

微课：公路整车货物运输之认知

（一）托运受理

整车货物运输的托运受理作业包括托运单填制、运杂费计算、托运单审核与分发等主要内容。

1.托运受理方法

对于短期的、临时的整车货物运输的托运受理，主要可分为站内托运受理和站外托运受理2种方式（见图3-3）。

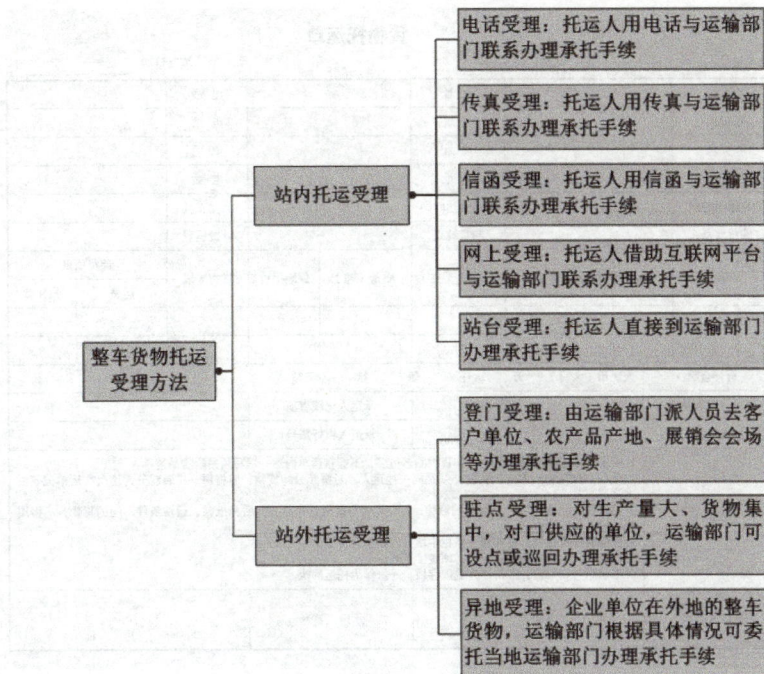

图3-3　整车货物运输的受理方法

对于长期的整车货物运输任务，承托双方可以签订一份长期的货物运输合同或运输协议，在每次提货时提交货物运输交接单，办理提货手续。

想一想

本次运输业务属于哪一种托运受理方法？如南京大世界饮料有限公司成为公司长期客户后，应选择哪种托运受理方法？为什么？

2.托运受理流程

（1）签填托运单

办理整车货物运输，由托运人填写货物托运单（见图3-4）。整车货物运输的托运单一般一式两联，第一联为承运人存根；第二联为托运人托运回执，也可以是一式多联。

整车货物运输的托运单主要包括以下 7 部分的内容。

①人员信息，包括托运人、发货人、收货人的名称和地址、联系方式等。

②货物信息，包括货物的名称、件数、质量、体积、货物等级以及包装方式等。

③时间信息，包括托运日期、起运日期、到达日期等。

④地点信息，包括装货地点、卸货地点等。

⑤计费项目，包括计费里程、运费、装卸费、保价费、杂费等。

⑥相关说明，需要说明的特殊约定和要求、记载事项、银行账号、特别提示等

⑦签名信息，包括托运人、承运人的签名。

教学动画：整车货物运输托运受理流程

货物托运单

运单编号：　　　　　　　　　　　　　　　　　　　　　　　　填写日期：＿＿年＿月＿日

托运人		地　址		电　话	
发货人		地　址		电　话	
收货人		地　址		电　话	
付款人		地　址		电　话	
约定起运时间	月　日	约定到达时间	月　日	运输工具	
装货地点		卸货地点		计费里程	

名称	包装形式	件数	体积（立方米）	件重（千克）	质量（吨）	保险保价	货物等级	计费项目	
								运费	装卸费

合计金额	人民币（大写）＿＿万＿仟＿佰＿拾＿元整
托运人记载事项	承运人记载事项
付款人银行账号	承运人银行账号

注意事项：	1. 货物名称应填写具体品名，如货物品名过多，不能在运单内逐一填写须另附物品清单。 2. 填在一张货物运单内的货物必须是同一托运人，对拼装分卸货物，应将每一拼装或分卸情况在运单记事栏内注明。 3. 易腐蚀、易碎货物、易溢漏的液体、危险货物与普通货物以及性质相抵触、运输条件不同的货物，不得用同一张运单托运。 4. 保险或保价货物，在相应价格栏中填写货物声明价格。 5. 托运人、承运人修改运单时，须签字盖章。 6. 本运单一式两份，一份作为受理存根，一份作为托运回执。

托运人签章	年　月　日	承运人签章	年　月　日

图 3-4　货物托运单样例

托运人应根据货物信息，规范填写托运单。整车运输托运单的填制要求及注意事项与零担运输托运单基本相同，应做到以下几点。

①托运人和收货人名称、地址、电话要准确。

②起讫站名、装卸货物地址要详细、准确。

③货物名称、规格、性质、状态、数量、质量等应齐全、准确。

④货物包装必须符合国家和交通运输部门的规定和要求。对不符合包装标准和要求的货物，应由托运人改善包装。对不会造成运输设备及其他货物污染和货损的货物，如托运人坚持原包装，托运人应在"托运人记载事项"栏内注明自行承担由此可能造成的货损。

⑤普通整车货物中不得夹带危险、禁运、限运和贵重物品。

微课：整车货物运输的托运受理

⑥托运政府法令禁运、限运以及需要办理公安、卫生检疫或其他准运证明的货物，托运人应同时提交有关证明。

（2）核算运杂费

货运受理人员在对货物检查、托运单的内容审核后，需要对货物运输的计费里程和货物的运杂费进行认定。整车货物运输的杂费主要包括调车费、延滞费、装货落空损失费、车辆货物处置费、装卸费、通行费、保管费及变更运输费等。

> **小贴士**
>
> 整车直达运输时，承运人一般可以按货物实际质量或车辆核定载质量和运输里程向托运人收费；整车分卸运输时，承运人按全程最大载质量或按车辆核定载质量和到达站最远里程数向托运人收费；货物由托运人自理装车，未装足车辆核定载质量时，可以按车辆核定载质量核收运费。而零担运输都是按货物本身的实际质量或者体积、实际运输距离核收运费。

①确定计费质量。

整车重货一般以起运地过磅质量为准，起运地不能或不便过磅的货物，由承、托双方协商确定计费质量；整车轻泡货物按车辆标记吨位计算计费质量，并且货物的长、宽、高要求不能超过公路交通安全规定的限度；散装货物，如沙子、石料、矿石、木材等，用实际体积参照统一规定质量换算标准，确定计费质量。

整车货物质量以吨为单位，尾数不足 100 千克时，四舍五入。

> **小贴士**
>
> 零担货物的最小计费质量为 1 千克，尾数不足 1 千克时，四舍五入。

②确定货物等级和计费里程。

查阅《汽车运价规则》确定货物等级和相应的加成率，二等货物加成 15%，三等货物加成 30%。

计费里程以各地交通主管部门核定的营运里程为准，未核定的里程，由承托双方商定；同一运输区间有 2 条以上营运路线的，按最短路线计费；整车拼装、分卸时，按从第一装货地点到最后一个卸货地点为止的总里程计费。

计费里程以千米为单位，不足 1 千米，四舍五入。

③计算运杂费。

整车运输运杂费 = 吨次费 × 计费质量 + 整批货物运价 × 计费质量 × 计费里程 + 货物运输其他费用。

运费尾数以元为单位，不足 1 元时，四舍五入。

对整批货物运输在计算运费时，可按货物质量加收吨次费。吨次费是基于短途运输中始发地、目的地作业成本的实际支出而加收的项目，是以吨为基本单位，以单程运输为次，按不同距离区间分别确定吨次费的收费标准，原则上只有在短途整车货物运输时，才能收取吨次费。江苏省规定：运距在 25 千米以内吨次费每吨 3 元，运距在 25 千米以上的，其吨次费每 15 千米递减 0.2 元，递减到 235 千米为止。运距超过 235 千

微课：整车货物运输之运费计算

米的长途整车运输，不计吨次费。

（3）托运单审核与分发

托运单填制完成后，业务员要从托运单的清洁性、完整性、准确性、匹配性 4 个方面，对整车运输的托运单进行审核签发。

小贴士

在办理货物托运时，如果客户是电话通知，托运受理人员一定要有书面记录，记录内容包括客户名称、货物名称、数量、规格、装卸地、发车时间等关键要素。最好要求客户通过传真、E-mail 等形式下达货运任务。如果是临时电话通知，要求以后补上书面的记录，因为这是运输的一个重要凭证。

（二）发运交接

整车运输的发运交接是指现场货运员按照调度指令，在规定的时间内到达指定装货地点，办理货物的交接签收等提货手续。

整车运输发运交接不仅要办理好货物的交接签收，还要做好随货同行单据的填制和交接。整车运输的随货同行单据主要有货运单、货票和货物交运清单。

教学动画：整车货物运输的发运交接

1. 货运单

承运人接收货物托运后应签发公路货物运单（简称货运单）（见图 3-5）。货运单是承运人接收货物并在运输期间负责保管和据以交付的凭证，也是记录车辆运行和行业统计的原始凭证。货运单是属于一次性的货运合同，须经承、托双方签章后，才具有法律效力。

图 3-5　公路货物运单样例

货运单分为甲、乙、丙3种。甲种运单适用于普通货物、大件货物、危险货物等整车货物运输业务；乙种运单适用于集装箱运输业务；丙种运单适用于零担货物运输业务。

整车货运单一式四联。第一联存根，作为行业统计凭据；第二联托运人存查联，交给托运人存查；第三联承运人存查联，由承运人存查；第四联随货同行联，作为载货通行和核算运杂费的凭证，货物运达经收货人签收后，作为交付货物的依据。

小贴士

丙种道路货物运单（公路零担货运单），第一联存根，作为行业统计的凭证；第二联托运人存查联，交托运人存查并作为运输合同当事人一方保存；第三联提货联，由托运人邮寄给收货人，凭此联提货，也可由托运人委托运输代理人通知收货人或直接送货上门，收货人在提货联收货人签章处签字盖章，收、提货后由到达站收回；第四联运输代理人（承运人）存查联，交运输代理人（承运人）存查并作为运输合同当事人另一方保存；第五联随货同行联，作为载货通行和核算运杂费的凭证，货物运达、经货运站签收后，作为交付货物的依据。

丙种道路货物运单与汽车零担货物交接清单配套使用。承运人接收零担货物后，按零担货物到站次序，分别向运输代理人签发道路货物运单（丙种）。已签订年、季、月度或批量运输合同的，必须在运单"托运人签章或运输合同编号"栏目注明合同编号，托运人委托发货人签章。批次运输任务完成或运输合同履行后，凭运单核算运杂费，或将随货同行联（第五联）汇总后转填到合同中，由托运人审核签字后核算运杂费。公路货物运输和运输代理经营者凭运单开具运杂费收据。

货运单的填制必须按托运单内容逐项如实填写，不得简化、涂改。货运单不同于托运单，主要表现在以下几个方面。

（1）填写时间不同。托运单是托运受理最初期填写，货运单是托运受理完成后，货物发运前填写。

（2）填写主体不同。托运单一般是由托运人填写，承运人审核，主要表述货物运输需求；而货运单是承运人根据托运单内容填写，主要表述运输任务及运力安排。

（3）填写目的不同。托运单主要是用来记录托运人的运输需求的，而货运单主要是记录需要完成的运输任务以及运力安排、完成过程的，是承运人接受货物并在运输期间负责保管和据以交付的凭证，也是记录车辆运行和行业统计的原始凭证。

因此，相对于托运单来讲，货运单除了记录运输的货物信息、托运人信息、收货人信息等信息外，主要增加了以下5点。

（1）运力安排信息。如驾驶员、车辆安排信息等。

（2）车辆线路规划信息。如运距、路由信息等。

（3）装车情况记录。如实际装车件数、货物包装有无破损等。

（4）交货情况记录。如实际收货件数、货物包装有无破损等。

（5）意外情况记录。运输过程中有无意外情况等。

2. 货票

货票是一种财务性质的票据，是根据货物运单填记的。发货人办理货物发运交接时，应按规定向承运人交纳运杂费，并领取凭证及货票。在始发站，货票是向发货人核收运费的收费依据；在到达站，货票又是与收货人办理货物交付的凭证之一。此外，货票也是企业统计完成货运量、核算营运收入及计算有关货运工作指标的原始凭证。

公路整车运输货票（见图 3-6）一式四联，用不同颜色区分，分别作为始发站存根、财务收据、托运人报销凭证、到达站存查。

通达物流公路整车运输货票

托运人：　　　　车属单位：　　、　　甲 No. 00001
自编号：
版照号：

装货地点				发货人			地址		电话		
卸货地点				收货人			地址		电话		
运单号			计费里程	付款人			地址		电话		
货物名称	包装形式	件数	实际质量（吨）	计费运输量		吨公里运价		运费金额	其他费收		杂费小计
				吨	吨公里	货物等级	运价率		费　目	金　额	
									装卸费		
运杂费合计金额（大写）：					¥						
备注						收货人签收盖					

开票单位（盖章）：　　开票人：　　承运驾驶员：　　年　月　日

[说明]：本货票一式四联：第一联（白色）存根；第二联（红色）运费收据；第三联（浅蓝色）报单；第四联（绿色）收货回单，经收货人盖章后送车队统计。

图 3-6　公路整车运输货票样例

3. 货物交运清单

已签订长期运输合同的整车货物在每次发运时，需要填制当次的货物交运清单（见图 3-7）。虽然承托双方签发了货运单，但由于整批托运的货物属于不同品名、不同规格、不同包装，在一张货运单上不能逐一填写时，也需要填写交运货物清单。交运货物清单与当次的货运单，作为随货同行单据配套使用。

货物交运清单

起运地点：　　　　运单号码：

编号	货物名称及规格	包装形式	件数	新旧程度	体　积（长×宽×高）	质量（吨）	保险、保价价格（元）

托运人签章：　　　　承运人签章：　　　　年　月　日

图 3-7　货物交运清单样例

交运货物清单主要是为了说明当次运输装车的货物信息，其具体内容较为单一，包括配套的运单编号、货物的名称规格、包装形式、件数、质量、体积以及价格等货物信息。交运货物清单作为货运单的补充，也需要承托双方签字后才有效。

微课：整车货物运输之发运交接

（三）在途跟踪

为便于划清企业内部的运输责任，货物在运输途中如发生拼装或分卸作业，驾驶员之间、驾驶员与站务人员之间，应规范办理货物的交接、检查手续。一般情况下，双方可按车辆现状及货物装载状态进行交接，必要时也可按货物件数和质量交接。如接收方发现异常情况，应由交出方填写记录备案。

驾驶员需及时反馈途中信息，保证货物运输过程安全、及时、有序。如遇交通堵塞、交通事故等延误到达目的地交货时间时，要通过电话通知公司或直接通知客户，以便采取措施。驾驶员或押运人员要定时检查车内货物，防止因路途不平、车辆颠簸而出现异常情况。

小贴士

货物押运是指在运输货物过程中，为了保证货物完好，对某些性质特殊的货物如活鱼、家畜等，派人跟随在运输过程中予以特殊照料与防护的活动过程。

调度人员应实时跟踪运输车辆和货物，定时接收驾驶员发回的行车、路况信息，及时登记、处理异常情况。

客服人员应结合运输管理系统进行实时查询，与收货客户电话联系送货情况，填写跟踪记录，有异常情况时及时与客户联系。

教学动画：整车货物运输之在途跟踪

（四）到站交接

到站交接作业包括车辆的卸货作业和货物的交接作业，货物的交接作业又涉及货物的验收和随货同行单据的交接。

1. 车辆的卸货作业

驾驶员应详细了解卸货地点、行车道路、卸车机械等情况。在车辆到达卸货地点后，应会同收货人员、卸车人员检查车辆装载有无异常，一旦发现异常应做好卸车记录，双方确认后再安排卸车作业。卸货时应根据货运单及货票所列的项目，对卸下的货物品名、件数、包装和状态做必要的检查。

2. 货物的交接作业

货物交接是到达作业最重要的内容，对包装货物要"件收件交"，点件清楚；散装货物要尽可能做到"磅收磅交"，计重准确；施封货物与集装箱凭铅封点交。

如发现货损货差，则应按有关规定编制货损货差记录并申报处理。收货人员可在记录或货票上签署意见，但无权拒收货物。交接完毕后，应由收货人在货票或货运单收货回单联上签字盖章，并将签收回单交由

教学动画：整车货物运输之到达交付

驾驶员带回公司。

回单签收及返回是运输作业的最后一个环节。当回单返回到承运人手中时，调度人应及时查看签收情况，确认是否如数实收，是否有破损、短少等异常情况出现。

任务实施

第一步：托运人填写公路整车货物托运单。

货物托运单

运单编号：20××060901　　　　　　　　　　　　　　　　　　　　填写日期：20××年6月9日

托运人	南京大世界饮料有限公司	地址	南京江宁农光里118号	电话	025-8737××××
发货人	王明	地址	南京江宁农光里118号	电话	1390215××××
收货人	李荣	地址	天津南开区光荣大街206号	电话	1392004××××
付款人	王明	地址	南京江宁农光里118号	电话	1390215××××
约定起运时间	6月11日	约定到达时间	6月11日	运输工具	
装货地点	南京江宁农光里118号	卸货地点	天津南开区光荣大街206号	计费里程	990千米

名称	包装形式	件数	体积（立方米）	件重（千克）	质量（吨）	保险保价	货物等级	计费项目	
								运费	4633
苹果汁	纸箱	100	6.5	2.3	2.3		三等	装卸费	80
橙汁	纸箱	200	6.5	115	2.3		三等	过路费	400
蓝莓汁	纸箱	200	7.0	1.3	2.6		三等		

合计金额	5113	人民币（大写）	零万　伍仟　壹佰　壹拾　叁元整
托运人记载事项	GPS实时跟踪	承运人记载事项	
付款人银行账号		承运人银行账号	

注意事项：	1.货物名称应填写具体品名，如货物品名过多，不能在运单内逐一填写须另附物品清单。 2.填在一张货物运单内的货物必须是同一托运人，对拼装分卸货物，应将每一拼装或分卸情况在运单记事栏内注明。 3.易腐烂、易碎货物、易溢漏的液体、危险货物与普通货物以及性质相抵触、运输条件不同的货物，不得同一张运单托运。 4.保险或保价货物，在相应价格栏中填写货物声明价格。 5.托运人、承运人修改运单时，须签字盖章。 6.本运单一式两份，一份作为受理存根，一份作为托运回执。

托运人签章	王明 20××年6月9日	承运人签章	刘青 20××年6月9日

图3-8　货物托运单填写样例

第二步：货运员审核托运单。

从托运单的清洁性、完整性、准确性、匹配性4个方面，对整车运输的托运单进行审核签发。

（1）审核货物的详细情况。

（2）检查有关运输凭证。不是超限运输，无须超限许可证；不是动植物，无须动植物检疫合格证；不是限运货物，无须准运证明等。

（3）审核有无特殊要求，如运输期限、押运人数或托运方议定的有关事项。

第三步：确定货物运输里程和运杂费。

（1）确定计费质量。

本批货物总质量 7.2 吨，因为是重货，所以计费质量也为 7.2 吨。

（2）确定货物等级和计费里程。

饮料为普货三级，计价加成 30%，运价 =0.5×（1+30%）=0.65（元 / 吨千米）

经查《全国主要城市间公路里程表》，并经双方协商按车辆实际运行里程 990 千米
计算。

（3）确定吨次费，双方经协商参照执行江苏省规定"运距超过 235 千米的，只按货
物全部的里程单价乘以计费里程计价，不计吨次费"，本批货物运距为 990 千米，超过
235 千米，所以不计吨次费。

（4）计算运杂费。

本批货物运杂费 =0.65×7.2×990+80+400=5113.2（元）

收取运费 5113 元。

第四步：托运单编号及分送。

托运单认定后，编制托运单的号码 20××0609001，开具包含各项费用的结算通知，
让托运人到财务处交费。

第五步：确定货物待运状态。

（1）托运单上的货物是否已处于待运状态。

（2）货物的包装是否符合运输要求。

（3）货物的数量准确与否，发运日期有无变更。

（4）装卸场地的机械设备、通行能力是否完好。

第六步：车辆调度。

调度员登录车辆调度系统，安排适宜车辆到装货地点装运货物。

第七步：货物监装。

车辆到达装货地点后，驾驶员和接货人员会同托运人，对货物包装、数量和质量等
进行清点和核实，核对无误后进行装车。

第八步：货物运送。

驾驶员应及时做好货运途中的行车检查和货物检查，有异常情况时及时与公司或客
户联系；调度人员应实时跟踪运输货物和车辆，及时登记和处理异常情况。

第九步：货物交付。

货物按时、准确到达指定卸货地点后，卸货并清点、检查货物，填写交接记录并交
付货物，由收货人签收后将签收回单交由驾驶员带回公司。

第十步：运费结算与统计。

与货主（托运人）进行运杂费结算，收取应收未收的运杂费。对已完成的运输任务
依据货运单及货票进行运输工作指标统计，生成统计报表，供运输管理与决策使用。

```
                          ┌─ 托运受理 ─┬─ 托运受理方法 ──┐     ┌─ 签填托运单
                          │           ├─ 托运受理范围   │     ├─ 核算运杂费
                          │           └─ 托运受理流程 ──┼─────┤
整                        │                             │     ├─ 托运单审核
车                        │                                   └─ 托运单分发
货                        │
物    ─┬─ 发运交接 ─┬─ 货物监装
运      │           ├─ 货运单填制
输      │           ├─ 货票填制
流      │           └─ 货物交运清单填制
程      │
管      ├─ 在途跟踪
理      │
        └─ 到站交付 ─┬─ 车辆卸货作业
                     ├─ 货物交接作业
                     └─ 随货同行单据交接
```

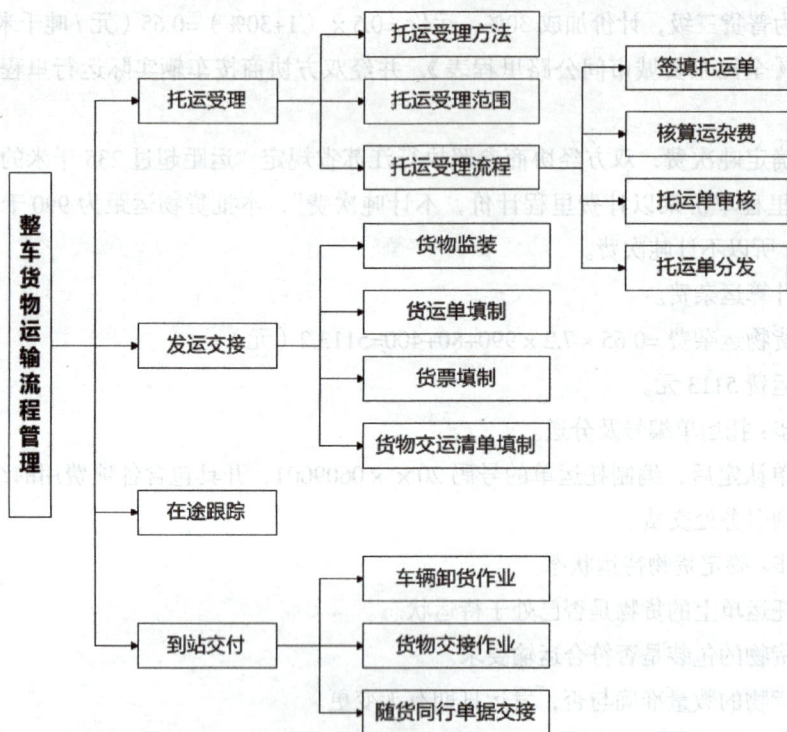

图 3-9　任务框架

任务一在线测试

任务二
整车货物运输合同管理

　　由于第一次的合作非常成功，南京大世界贸易有限公司与通达物流达成长期运输合作的意向。20××年6月20日上午9点，汪主管与小张到南京大世界贸易有限公司沟通有关长期合作的事项。双方约定一个星期内签订长期运输合同。

任务资讯

一、公路货物运输合同的主要内容

公路货物运输合同是指公路货物运输的承运人与托运人之间，按照平等互利、协商一致和等价有偿的原则，依法签订的明确相互权利和义务关系的协议。对于长期的整车货物运输需求，承托双方一般会签订长期的货物运输合同或运输协议，承托双方根据合同、协议办理货物运输。货物运输合同主要包括下列内容。

（1）托运人、收货人和承运人的名称（姓名）、地址（住所）、电话、邮政编码。

（2）货物的名称、性质、质量、体积、数量及包装标准或月、季、年度货物批量，批量货物运输起止日期。

（3）货物起运地点、货物到达地点和运距。

（4）货物装卸责任和方法。

（5）运输质量及安全要求。

（6）收货人领取货物及验收办法。

（7）货物承运日期与货物运到期限。

（8）运杂费计算标准及结算方式。

（9）变更、解除合同的期限。

（10）违约责任。

（11）双方商定的其他条款。

二、合同当事人各方应履行的义务

合同签订后，承托双方应按合同规定履行各自的义务。

1. 托运方的义务

（1）如实申报的义务。托运人在将货物交付运输时，有对法律规定或当事人约定的事项进行如实申报的义务。因托运人申报不实或者遗漏重要情况造成承运人损失的，托运人应当承担损害赔偿责任。

（2）托运人有按规定向承运人提交审批、检验等文件的义务。在货物运输中，根据运输货物的种类、性质及国家的计划安排等，有些货物的运输需要得到有关部门的批准，有些货物的运输需要先经过有关机关的检验方可进行运输。托运人对需要办理审批、检验手续的货物运输，应将办完有关手续的文件提交承运人。

（3）托运人的包装义务。需要包装的货物必须符合国家或国家主管部门规定的包装标准，国家未规定包装标准的货物，应在保证运输安全的原则下进行包装。托运人违反约定的包装方式，或者不按通用的包装方式或不足以保护运输货物的包装方式而交付运输的，承运人有权拒绝运输。

（4）托运人托运危险物品时的义务。托运人托运易燃、易爆、有毒、有腐蚀性、有放射性等危险物品的，应当按照国家有关危险物品运输的规定对危险物品妥善包装，粘贴危险物标志和标签，并将有关危险物品的名称、性质和防范措施的书面材料提交承运人。托运人违反规定的，承运人可以拒绝运输，也可以采取相应措施以避免损失，因此产生的费用由托运人承担。

（5）支付运费、保管费以及其他运输费用的义务。在承运人全部、正确履行运输义务的情况下，托运人或者收货人有按照规定支付运费、保管费以及其他运输费用的义务。托运人或者收货人不支付运费、保管费以及其他运输费用的，承运人对相应的运输货物享有留置权，但当事人另有约定的除外。货物在运输过程中因不可抗力灭失，未收取运费的，承运人不得要求支付运费；已收取运费的，托运人可以要求返还。

2. 承运方的义务

（1）安全运输的义务。承运人应依照合同约定，将托运人交付的货物安全运输至约定地点。运输过程中发生货物毁损、灭失的，承运人应承担损害赔偿责任。如果承运人证明货物的毁损、灭失是因不可抗力、货物本身的自然性质或者合理损耗以及托运人、收货人的过错造成的，可不承担损害赔偿责任。

（2）承运人的通知义务。货物运输到达后，承运人负有及时通知收货人的义务。如果因为托运人或收货人的原因，如托运人在运单上填写的收货人名称、地址不准确，或者收货人更换了填写地址或联系方式而未告知承运人的，承运人免除上述通知义务。

3. 收货人的义务

（1）及时提货的义务。收货人虽然没有直接参与货物运输合同的签订，但受承运人、托运方双方签订的货物运输合同约束，收货人应当及时提货。收货人逾期提货的，应当向承运人支付保管费等费用。

（2）支付托运人未付或者少付的运费以及其他费用。一般情况下，运费由托运人在始发站向承运人支付，但如果合同约定由收货人在到站支付或者托运人未支付的，收货人应支付。在运输中发生的应由收货人支付的其他费用，收货人也必须支付。

（3）收货人有在一定期限内检验货物的义务。货物运交收货人后，收货人负有对货物及时进行验收的义务，收货人应当按照约定的期限检验货物。收货人在约定的期限或者合理期限内对货物的数量、毁损等未提出异议的，视为承运人已经按照运输单证的记载交付。

三、运输合同的变更与解除

在承运人将货物交付收货人之前，托运人可以要求承运人中止运输、返还货物、变更到达地或者将货物交给其他收货人。变更运输时，应及时由托运和承运双方协商处理，填制“运输变更申请书”（见图 3–10），所发生的费用需按有关规定处理，原则要求变更方赔偿对方因此遭受的损失。

运输变更申请书

提出日期：　年　月　日　时

原运单号码	
受理变更序号	

变更事项及原运单记载事项	
托运人记事及特约事项	
承运人记事及特约事项	

申请变更人名称：　经办人：　电话：　地址：

图 3–10　运输变更申请书样例

四、违约责任的一般处理原则

1. 承运方的主要违约责任

（1）承运方过错造成货物逾期到达，应按合同规定支付违约金。

（2）从货物装运时起，至货物运抵到达地交付完毕时止，承运方应对货物的灭失、短少、变质、污染、损坏负责，并按货物实际损失赔偿。但有下列情况之一者除外。

①不可抗力。

②货物的自然损耗或性质变化。

③包装不符合规定（无法从外部发现）。

④包装完整无损而内装货物短缺、变质。

⑤托运方的过错。

⑥有押运人且不属于承运方责任的。

⑦其他经查证非承运方责任造成的损失。

（3）货物错运到达地或收货人，由承运方无偿运到规定地点，交给指定的收货人，由此造成的货物逾期到达，按规定处理。

（4）货物赔偿价格按实际损失价格赔偿。如货物部分损失，应按损坏货物所减低的金额或按修理费用赔偿。赔偿费用应专账支付，不得在运费内扣抵。

2.托运人的主要违约责任

（1）未按合同规定的时间和要求提供货物，应按合同规定支付给对方违约金。

（2）由于托运人发生下列过错造成事故，致使车辆、机具、设备损坏、腐蚀或人身伤亡以及涉及第三者的物质损失，应由托运人负赔偿责任。主要包括下列行为。

① 在普通货物中夹带、匿报危险品或其他违反危险品运输规定的行为。

② 错报笨重货物质量。

③ 货物包装不良或未按规定制作标志。

（3）货物包装完整无损而货物短损、变质，收货人拒收或货物运抵到达地找不到收货人，以及由托运方负责装卸的货物，超过合同规定装卸时间所造成的损失，均应由托运方负责赔偿。

（4）由于托运方责任给承运部门造成损失，或因慌报而造成他人生命财产损失时，除由托运方负责赔偿外，必要时应交有关部门处理。

（5）要求赔偿的有效期限一般从货物开票次日起，不得超过 6 个月。从提出赔偿要求次日起，责任承担方应在 2 个月内做出处理。

3.收货人的主要违约责任

（1）收货人逾期领取货物要承担货物的仓储保管费。

（2）收货人应当补交托运人未交或者少交的运费，迟交的要承担滞纳金。

（3）因收货人的提货行为而造成承运人其他财产损失的，应承担赔偿责任。

4.关于违约金和赔偿金

当事人可以约定违约金、赔偿金。但违约金一般最高不应超过违约部分运量应计运费的 10%，并在明确责任的次日起 10 日内偿付，逾期支付按日支付滞纳金。货物灭失、短少的，应按此部分货物价值赔偿；货物变质、污染、损坏按照受损货物所减低价值或者修理费赔偿。

按《中华人民共和国合同法》和《公路货物运输合同实施细则》的规定，公路货运合同应采用书面形式，并应具备合同规定的主要条款，否则为无效合同。签订的合同条款应有助于当事人双方明确自己的权利和义务，有利于合同的顺利履行，也便于当事人对合同问题发生争议时的协商和解决。

文件：公路货物运输合同范本

🎯 任务实施

实施步骤：

第一步：确定货物的名称、性质、质量、体积、数量、包装标准以及月、季、年度货物批量，批量货物运输起止日期。

第二步：确定货物起运地点、货物到达地点和运距。

第三步：确定货物装卸责任和方法。

第四步：确定运输质量及安全要求。

第五步：确定收货人领取货物及验收办法。

第六步：确定货物承运日期与货物运到期限。

第七步：确定运杂费计算标准及结算方式。

第八步：确定变更、解除合同的期限。

第九步：确定违约责任。

第十步：确定双方商定的其他条款。

任务总结

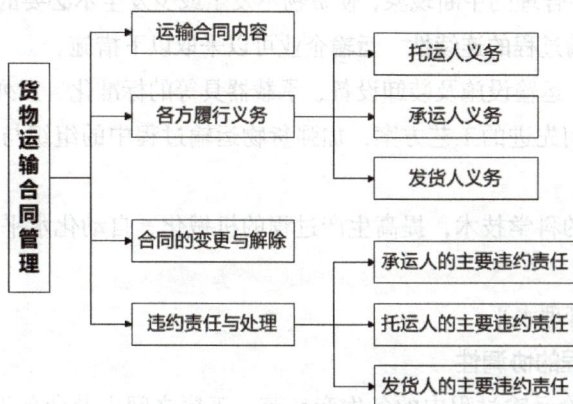

图 3-11 任务框架

在线测试

任务二在线测试

任务三
整车货物双班运输组织

任务描述

通达物流南京货运中心承接了客户企业南京与北京之间的长期货物运输任务，已知南京至北京运距为 1200km，行车平均速度为 70km/h。汪主管要求小张提交一份双班运输的组织方案，并绘制运行图。

一、运输生产过程组织原则

运输生产过程的组织要求尽可能做到运输生产过程的连续性、协调性和均衡性。

1.运输生产过程的连续性

连续性是指运输过程的各个生产环节、各项作业项目在时间上能够紧密衔接和连续进行，不发生各种不合理的中断现象，使货物不发生或少发生不必要的停留和等待现象。

为确保货物运输过程的连续性，运输企业可以采取以下措施。

（1）运输车辆、运输设施及装卸设备、承载器具等的标准化、系列化和通用化。

（2）尽可能采用先进的工艺方案，加强货物运输过程中的组织与控制手段，提高货物运输过程连续性。

（3）采用先进的科学技术，提高生产过程的机械化、自动化水平，以保证生产过程的连续性。

（4）提高经营管理水平。

2.运输生产过程的协调性

协调性是指货物运输过程中的各生产环节、工序之间以及业务发展与站场、仓储、服务设施等在数量上保持适当的比例。运输生产过程的协调性是运输生产系统运行的必然要求。

3.运输生产过程的均衡性

运输生产过程的均衡性又叫节奏性，是指运输生产过程的各生产环节、各项作业之间在相同时间内完成大致相等的工作量，避免出现时紧时松、前松后紧的现象。保持运输过程的均衡性，一是有利于充分利用车辆、站场、设备、仓库的生产能力，保持正常的生产秩序；二是能避免车辆等运输工具的不合理使用，造成经济损失。

从运输企业外部看，由于货物运输需求在时间和空间分布上的不均衡性，会对运输生产的均衡性带来不利的影响，所以应尽可能采用合同运输等方式，与货主建立长期、稳定的运输服务合作关系。从运输企业内部看，运输生产组织安排的不当也会直接影响运输生产的均衡性，需要通过加强运输组织管理，采取灵活的运输组织方式等，保持运输生产的均衡性。

二、双班运输组织方法

双班运输或多班运输是指车辆在一昼夜时间内，工作两个班次或三个班次的货运组织形式。其基本出发点就是"人停车少停"，尽可能增加车辆工作时间，提高车辆利用率，完成更多的运输生产任务。

组织双班运输的基本方法是根据双班运输的不同形式，每辆汽车配备一定数量的驾驶员，按计划分日、夜两班出车运输。这种组织方法比较简便易行，在货源、车辆技术状况、驾驶员等条件满足的情况下，不需要增添车辆设备就可增加运力，已成为运输企业常用的车辆运行组织方式。

1. 双班运输的组织形式

影响双班运输组织形式选择的因素，主要有运距长短、站点配置、货流分布、货源数量、驾驶员配备、装卸能力等。因此，在特定条件下，只有合理选择组织形式，才能发挥现有运力的潜力，彰显双班运输的优势。

根据车辆配备驾驶员人数的不同，双班运输主要有以下几种组织形式。

（1）"一车两人、日夜双班、起点交接"

每车固定配备 2 名驾驶员，分日夜两班，定时在运输起点完成车辆交接（见图 3-12）。每隔一定时间，日夜班驾驶员轮流调换。同时，为保证轮休时的运输任务不受影响，还需配备一名替班驾驶员，替班轮休。

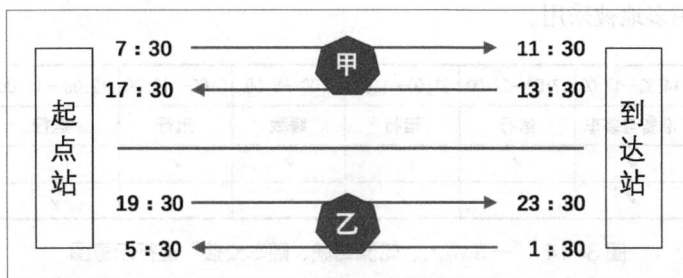

图 3-12 "一车两人、日夜双班、起点交接"运行示意图

这种组织形式有以下优点。

① 定人、定车，能保证车辆有比较充裕的维修时间。

② 驾驶员工作、学习和休息时间能得到正常的安排。

③ 车辆运行安排也比较简单。

④ 由于车辆运行时间较为合适，容易得到货主单位及有关部门的配合。

其缺点是车辆在时间上的利用还不够充分，驾驶员不能完全做到当面交接。同时，为方便起点交接，车辆运输活动范围受到一定限制，一般要求车辆在一个班次内可以往返一个或多个运次。

（2）"一车两人、日夜双班、中途交接"

每车固定配备 2 名驾驶员，分段驾驶，定点交接，一般选择中间点交接（见图 3-13）。每隔一定时间，驾驶员对换行驶路段，确保劳逸均匀。

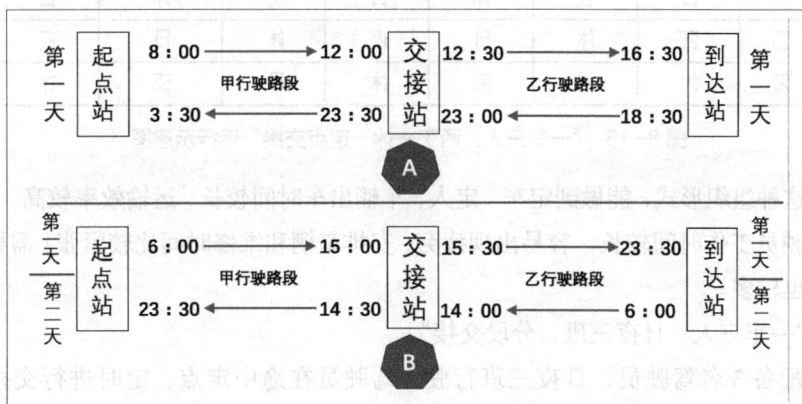

图 3-13 "一车两人、日夜双班、中途交接"运行示意图

这种组织形式一般适用于运距较长，车辆在一昼夜内可以到达或往返的运输线路上。这种组织形式的优点基本与第一种形式相同，但能保证驾驶员当面交接。图 3-13 中的 A 图为当天往返的运作示意图，B 图为当天到达的运作示意图。

（3）"一车两人、轮流驾驶、随车交接"

每车固定配备 2 名驾驶员，在车辆运输时间内，由 2 人轮流驾驶，交替休息（见图 3-14）。这种组织形式适用于运距超长、货流不固定的运输线路，或者是长途干线货运线路。

这种组织形式的优点是能定人、定车，最大可能地提高车辆时间利用。缺点是驾驶员在车上得不到正常的休息。随着道路条件的不断改善，车辆性能的不断提高，这种组织形式已越来越多地被采用。

时间		14:30—17:00	17:00—21:00	21:00—1:00	1:00—5:00	5:00—12:00	12:00—19:00	19:00—21:30
作业项目		准备与装车	运行	运行	睡眠	运行	运行	卸车交付
执行者	驾驶员 A	✓	✓		✓	✓		✓
	驾驶员 B	✓		✓	✓		✓	✓

图 3-14 "一车两人、轮流驾驶、随车交接"运行示意图

以上 3 种组织形式的共同点是每车固定配备 2 名驾驶员，不同点是车辆交接方式不同，或者说是适用的运输距离不同，当运距较短时，可选择起点交接；当运距较长，货流、货源稳定时，可在途中设交接站，选择中途交接；当进行超长途干线运输时，可由 2 名驾驶员轮流驾驶，随车交接。

当运输企业车辆技术状况能得到充分保障、驾驶员充足时，还可以采用每辆车配备 3 名驾驶员开展双班运输。

（4）"一车三人、两工一休、定点交接"

每辆车配备 3 名驾驶员，每个驾驶员工作 2 天、休息 1 天，轮流担任日夜班，并按规定地点，定时进行交接班（见图 3-15）。这种组织形式适用于一个车班内能完成一个或几个运次的短途运输线路上。

日期	一	二	三	四	五	六	七
甲	日	夜	休	日	夜	休	日
乙	夜	休	日	夜	休	日	夜
丙	休	日	夜	休	日	夜	休

图 3-15 "一车三人、两工一休、定点交接"运行示意图

采用这种组织形式，能做到定车、定人，车辆出车时间较长，运输效率较高。缺点是：每车班驾驶员工作时间较长，容易出现疲劳；安排车辆和维修时间比较紧张；需要配备驾驶员数量也较多。

（5）"一车三人、日夜三班、分段交接"

每车配备 3 名驾驶员，日夜三班行驶，驾驶员在途中定点、定时进行交接（见图 3-16）。途中交接站一般会设在离终点站较近，约为全程的 1/3 左右处，确保在一个车班

时间内能往返一次。在起点站配备驾驶员2人，上1天，休1天，交接站配备驾驶员1人，每隔一定时间3名驾驶员轮流替换。

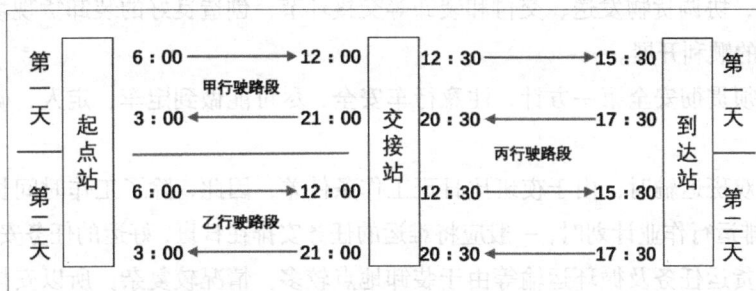

图3-16　"一车三人、日夜三班、分段交接"运行示意图

这种组织形式，能做到定车、定人，并能充分利用车辆时间，运输效率较高，比较适宜于一昼夜能往返一次的行驶线路上。但驾驶员的工作时间不均衡，需要驾驶员的人数也较多，车辆几乎全日行驶，须确保车辆维护和修理的技术力量能适应快速维修的需要。这种组织形式一般会在维修力量很强，驾驶员充足，或者为完成突击性运输任务时采用。

（6）"两车三人、日夜三班、分段交接"

每2辆车配备3名驾驶员，分段驾驶。其中2名驾驶员各负责驾驶1辆车，固定在起点站与交接站之间行驶，另一名驾驶员每天交换驾驶2辆车，固定在交接站与到达站行驶，并在固定交接站定时交接（见图3-17）。交接站同样会设在离终点站较近，约为全程的1/3处，这种组织形式适用于两个昼夜可以往返一次的行驶线路上。

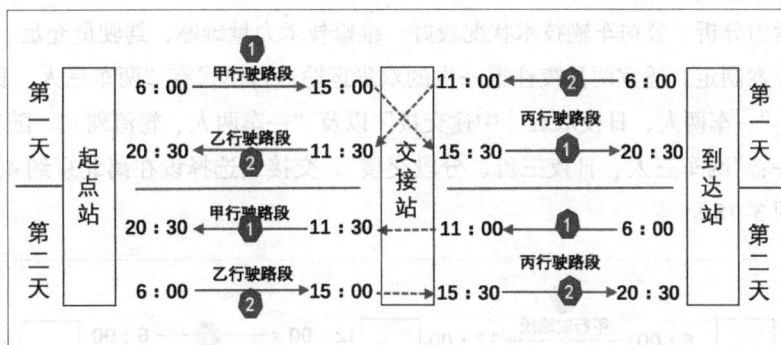

图3-17　"两车三人、日夜三班、分段交接"运行示意图

与"一车三人、日夜三班，分段交接"的方式相比，这种组织形式能做到定人、定车运行，需配备的驾驶员较少，但车辆利用时间仅较单班车提高50%，运行组织工作要求严格，行车时间要求正点。一般仅在运输能力比较紧张时采用。

2. 双班运输组织的基本要求

组织双班运输时，原则上应满足以下几点要求。

（1）最大限度地发挥车辆的运输效能，努力提高驾驶员的劳动生产率，尽量满足货物运输的需要，争取最大的经济效益。

（2）加强劳动组织，科学地安排好驾驶员的工作、学习和休息时间，保证劳逸结合；

加强技术管理，合理地安排好车辆的维修时间，保证有较高的完好率。

（3）加强企业内外的协作与配合，特别是与物资部门、装卸部门以及其他运输部门之间的联系，协调货物发送、交付和装卸等交接环节，创造良好的装卸货现场条件，保证双班运输的顺利开展。

（4）必须贯彻安全第一方针，注意行车安全，尽可能做到定车、定人，确保作业计划的执行。

在组织双班运输时，由于夜班比日班工作条件差，因此，除了工作时间长短有所不同外，在安排运行作业计划时，一般应将难运的任务安排在日班，好运的任务安排在夜班。例如零星的货运任务及循环运输等由于装卸地点较多，情况较复杂，所以安排给日班运输；而大宗货物运输和组成往复式的货运任务，由于任务比较稳定，变动少，涉及的装卸点也较少，因而适合安排给夜班完成。

开展双班运输会使单车产量有所提高，但企业所开支的各项费用与工作人员数量也会随之增加。只有全员劳动生产率提高，单位成本下降，才是双班运输的最优化方案。

微课：整车货物运输之双班运输

🎯 任务实施

实施步骤如下。

（1）运距分析。南京至北京全程 1200km，行车平均速度为 70km/h，行驶时间为 17 小时，约为两昼夜往返一次。

（2）货源分析。公司已签订长期运输合同，货源、货流稳定，适宜采用双班运输。

（3）运力分析。公司车辆技术状况较好，维修技术力量雄厚，驾驶员充足。

（4）方案制定。适宜两昼夜往返一次的双班运输运行模式有"两车三人、日夜三班、分段交接""一车两人、日夜双班、中途交接"以及"一车两人、轮流驾驶、随车交接"。

方案一："两车三人、日夜三班、分段交接"，交接站选择设在离北京约 400 千米的德州（见图 3-18）。

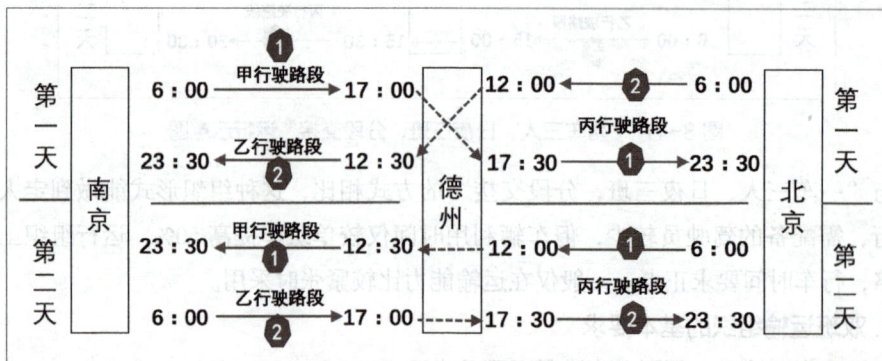

图 3-18　方案一

方案二："一车两人、日夜双班、中途交接"，交接站选择设在南京到北京的中间点——泰安（见图 3-19）。

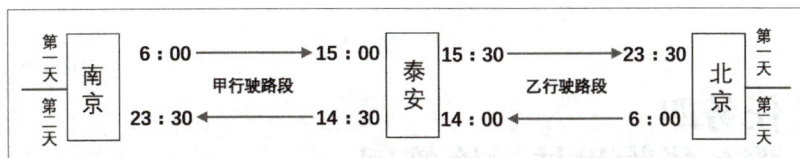

图 3-19　方案二

方案三:"一车两人、轮流驾驶、随车交接"(见图 3-20)。

时间	14:30—17:00	17:00—21:00	21:00—1:00	1:00—5:00	5:00—9:30	9:30—14:00	14:00—16:30
作业项目	准备与装车	运行	运行	睡眠	运行	运行	卸车交付
执行者 驾驶员 A	✓	✓		✓	✓		✓
执行者 驾驶员 B	✓		✓	✓		✓	✓

图 3-20　方案三

(5)方案比较。方案一能做到定人、定车运行,但每个驾驶员工作时间过长,并且运行组织工作要求严格,行车时间要求正点。方案二做到定人、定车运行,劳逸结合,并能做到当面交接;方案三也能做到定人、定车运行,最大可能地提高车辆时间利用,但驾驶员在车上得不到正常的休息,一般用于临时性的超长距离的运输线路。

(6)建议方案。综合考量后,选择方案二作为执行方案。

任务总结

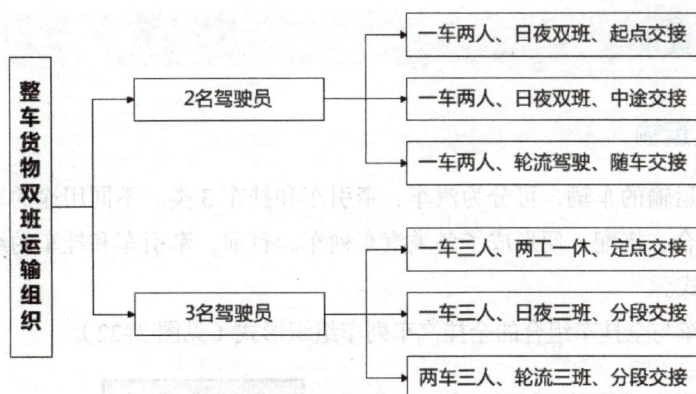

图 3-21　任务框架

在线测试

任务三在线测试

任务四
整车货物甩挂运输管理

任务描述

通达物流公司业务遍布全国，运输的货物主要为普货，如塑料粒子、电子成品（导光板）、液晶显示器、纸类、机械设备、汽车零部件、电子产品、农产品等。经调研，公司长期承担 3 条线路的运输任务，具体情况如表 3-3 所示。

表 3-3　运输线路基本情况

序号	线路	货物类型	运距（千米）	运输时间（小时）
1	镇江—宁波	塑料粒子	300~400	5~6
2	宁波—苏州	电子成品	200~300	3~4
3	苏州—镇江	普货	100~200	2~3

由于 3 条线路一头一尾的待装待卸时间严重影响车辆运用效率，公司拟在这 3 条线开展甩挂运输，旨在降低运输成本，提高运输效益，现需小张协助制定合理的甩挂运输方案。

任务资讯

一、拖挂运输

公路货物运输的车辆，可分为汽车、牵引车和挂车 3 类。不同用途的车辆按照一定的要求进行组合、搭配，便形成了各类汽车列车。目前，牵引车和挂车的组合形式主要有以下几种形式。

全挂牵引车与全挂车组合的全挂汽车列车组织形式（见图 3-22）。

图 3-22　牵引车 + 全挂车

半挂牵引车与半挂车组合的半挂汽车列车组织形式（见图 3-23）。

图 3-23　牵引车 + 半挂车

半挂牵引车与半挂车组合后，再与全挂车组合的双挂汽车列车组织形式（见图3-24）。

图3-24 半挂牵引车+半挂车+全挂车

以汽车列车形式参加生产活动的运行方式称为汽车运输列车化，也称为拖挂运输。拖挂运输的经济性极为显著，具体表现在以下5点。

（1）相同运输条件下，采用拖挂运输可大大增加载货汽车（或牵引车）的拖载量，能使原有的生产能力成倍增加。

（2）挂车结构简单，制造比较容易，耗用金属材料也较少，适用于企业自行设计和制造，增加运输能力更为直接。

（3）拖挂运输不需要增加额外驾驶员，维修作业比较简单，有助于提高劳动生产率。

（4）拖挂运输的行车燃料消耗、挂车的初次投资以及维修费用，均比使用同等载质量的单个汽车要低，拖挂运输的单位运输成本会有较大幅度的下降。

（5）汽车列车便于采用多种灵活、先进的运行方式，能满足社会的需要，经济效益比较理想。

拖挂运输一般又可分为定挂运输和甩挂运输。

二、定挂运输

定挂运输是指汽车列车在完成运输和装卸作业时，汽车与全挂车、牵引车与半挂车不分离的定车定挂形式。这种定车定挂的组织形式，在运行组织和管理上与单车相仿，易于推广，是拖挂运输开展之初被采用的一种主要形式。

在定挂运输中，增加的挂车能增加货物的载运量，但同时也会增加货物的装卸作业量，如果不改善装卸条件，提高装卸作业效率，就会使汽车列车的装卸作业停歇时间大大延长。所以，组织定挂运输时，应加强现场调度与指挥工作，合理组织装卸作业，尽可能采用机械化装卸，压缩汽车列车的停歇时间。

同时，定挂运输中，汽车列车总长度比单车明显增加，所以汽车列车的运行容易受道路条件的限制，还必须保证有足够长度的装卸作业线，有利于拖车同时进行货物的装卸作业。装卸现场要求有平坦且宽阔的调车场地和畅通的出入口，否则会增加汽车列车的调车作业时间，甚至可能造成货场拥挤和堵塞。

鉴于汽车列车行驶稳定性不如汽车，挂车上货物的装载高度和质量应加以适当限制，以确保汽车列车行驶的安全性。

总之，汽车列车的运输组织工作与单车相比，必须在货物装卸和车辆运行调度方面尤加注意，否则不能收到预期的效果。

微课：整车货物运输之拖挂运输

三、甩挂运输

甩挂运输是指汽车列车按照预定的计划，在各装卸作业点甩下并挂上指定的挂车后继续运行的一种组织方式，最早起源于 20 世纪 40 年代的美国，是为配合滚装运输和驮背运输而发明的一种运输组织方式。由牵引车将装满货物的挂车直接开上铁路平板车或滚装船，摘挂后离去。挂车由铁路平板车或滚装船运至目的地，再由目的地的牵引车开上平板车或滚装船，挂上挂车直接运往收货人仓库。后来这种方式被欧美国家的大型货运企业所借鉴，用以解决公路短途运输装卸能力不足问题，并逐步发展成为目前的主流运输组织模式。

甩挂运输是拖挂运输的特殊形式，与定挂运输不同的是，汽车列车在完成运输和装卸作业时，可以按照预定的计划，将汽车与全挂车或牵引车与半挂车进行分离，缩短载货汽车的停歇时间，最大限度地利用牵引能力，发挥运输效能。

小贴士

简单来说，所谓"甩"就是把拖车的承载装置"留"在某个目的地，然后很快又"挂"上别的已经提前装满货物的承载装置返回原地，或者拖向别的目的地。这种一辆带有动力的主车（也叫牵引车，俗称"拖头"），连续拖带两个或以上承载装置的运输模式，叫作甩挂运输。"承载装置"可以是半挂车、全挂车（罐式、平板、集装箱全挂车），还可以是可甩挂的货箱/集装箱等。

1. 甩挂运输作业原理

甩挂运输的基本原理实质上是平行作业原则的最大应用。牵引车拖带挂车 A 从装卸点出发，到达目的地后，按照运行计划甩下拖带的挂车 A 装卸货物，换上预先装卸完货物的另一辆挂车 B，继续运行到下一个目的地，一直到完成所有的运输任务（见图 3-25）。

教学动画：甩挂运输运行作业

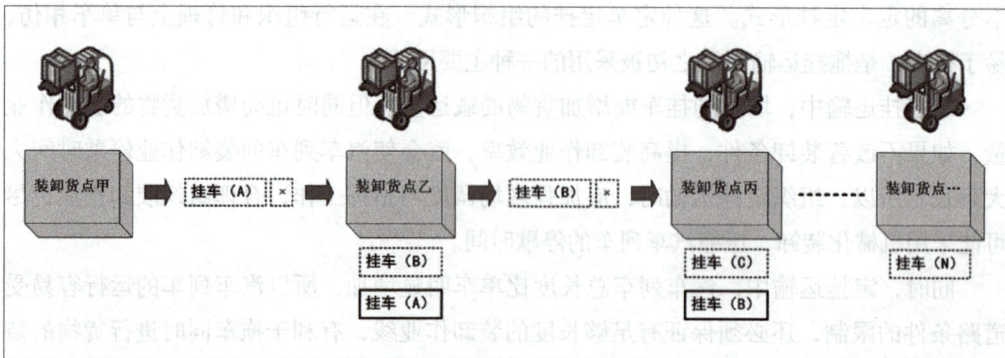

图 3-25　甩挂运输运行作业示意图

牵引车与挂车之间的有计划的分离与组合，使牵引车的途中运行和挂车装卸作业平行进行，在牵引车途中运行时间内完成挂车的装卸作业，缩短因装卸挂车货物而造成的牵引车停滞时间，从而加速车辆周转，提高运输效率。在同样的条件下，甩挂运输可比定挂运输取得更高的运输效率。

以在往复式行驶路线上运送散装货物为例，假设单程运距 20 千米，技术速度 40 千米/小时，装车作业时间定额 6 分钟/吨，卸车作业时间定额 4.5 分钟/吨，摘挂作业 6 分钟/次，载货主车、全挂车的装载量分别为 4 吨、4 吨。

（1）甩挂运输情况下：

每运次的作业时间 = 汽车列车途中运行时间 + 主车卸车时间 + 主车装车时间 + 挂车摘挂作业时间 $=20/40 \times 60+4 \times 4.5+4 \times 6+6=30+18+24+6=78$（分）。

（2）定挂运输情况下：

每运次的作业时间 = 汽车列车途中运行时间 + 主、挂车卸车时间 + 主、挂车装车时间 $=20/40 \times 60+8 \times 4.5+8 \times 6=30+36+48=114$（分）。

可见，在相同载质量的情况下，甩挂运输可比定挂运输取得更高的运输效率。

2. 甩挂运输作业要求

甩挂运输一般适用于短距离运输，运距太长情况下如采用甩挂运输，汽车列车装卸作业时间在其出车时间中所占比重相对较小，挂车待挂时间反而较长，不仅影响甩挂运输效果，也会增加作业的复杂性。当运距大到一定程度时，即使甩挂运输可减少汽车列车装卸作业停歇时间，但汽车列车的技术速度低于同等载质量的汽车，使得汽车列车生产率不一定高于同等载货量载货汽车生产率。所以，甩挂运输一般适用于装卸能力不足、装卸时间占汽车列车运行时间比重较大的运输任务。

采用甩挂运输的关键，是要在装卸货现场配备足够数量的周转挂车。在汽车列车运行期间，装卸工人预先装好甩下的挂车，列车到达装货地点后先甩下挂车，装卸人员集中力量装好主车货物，主车装货完毕即挂上预先装完货物的另一辆挂车继续运行。同时，组织甩挂运输还有以下几点要求。

（1）货源充足，货运量大。只有货源充足，保证车辆有足够的运输任务，才能充分发挥甩挂运输的工作效率。

（2）要有相对固定的货运起运点和接收点，便于周转挂车的投放与管理，也便于挂车的循环使用；货物的类别要比较相近，便于配置相同类型的牵引车、挂车和装卸设备，以达到节约运输成本和优化甩挂运输生产作业组织的目标。

（3）从时间分配来看，要求挂车的甩挂作业时间应小于挂车的装卸作业时间；汽车列车的间隔运行时间要大于挂车的装卸作业时间。

（4）汽车列车行驶线路的选择，必须以安全为前提。被选择的线路要适合汽车列车的通行，路面平坦且没有过大的坡度，公路曲线最小半径应能保证汽车列车顺利、安全通过。应尽量避开交通流量较为拥堵的路段，选择的运行线路应保证汽车列车中速行驶。

组织甩挂运输应有周密的运行作业计划，绘制甩挂运行图，并应加强对甩挂运输的调度工作。调度员应根据不同的甩挂形式，掌握每一项作业需要的时间，对汽车列车和挂车的周转时间和运行间隔以及主、挂车需要量等指标进行具体的计算，保证甩挂运输均衡地、有节奏地进行。

3. 甩挂运输组织形式

目前，根据线路网点布局的不同，甩挂运输的组织形式主要有以下 4 种。

（1）一线两点、两端甩挂

1 辆牵引车配备 3 辆以上挂车，往返于 2 个作业点之间，并在线路两端的装卸作业点实行甩挂作业（见图 3-26）。

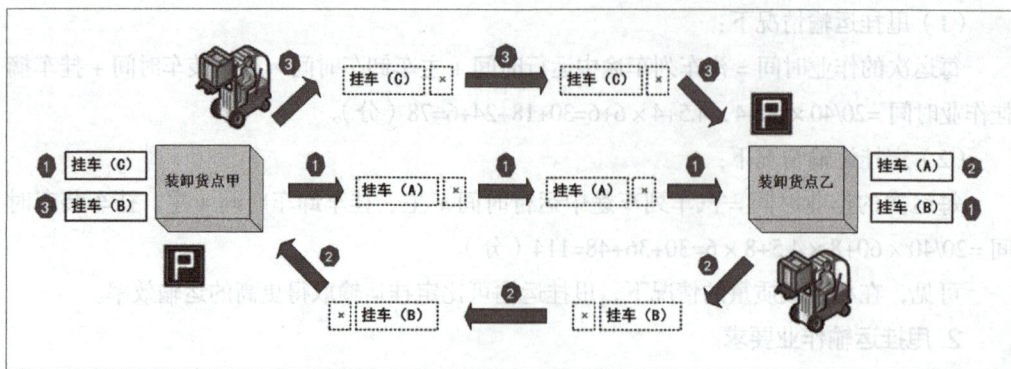

图 3-26 "一线两点、两端甩挂"示意图

牵引车挂上挂车 A 从甲地出发，到达乙地后卸下挂车 A，挂上已经预先完成装卸业务的挂车 B，然后从乙地返回到甲地，卸下挂车 B，挂上已经预先完成装卸业务的挂车 C，再从甲地到乙地，如此往返运输。

这种作业组织形式简单易实施，对信息化和组织管理的要求较低，对于货源稳定、货运量较大、装卸地点比较固定、运输距离较短的中短途运输，如码头和集装箱堆场之间，可以采用"一线两点、两端甩挂"的作业组织形式。

另外根据线路两端的运输需求情况，也可以采用"一线两点、一端甩挂"的组织形式（见图 3-27）。

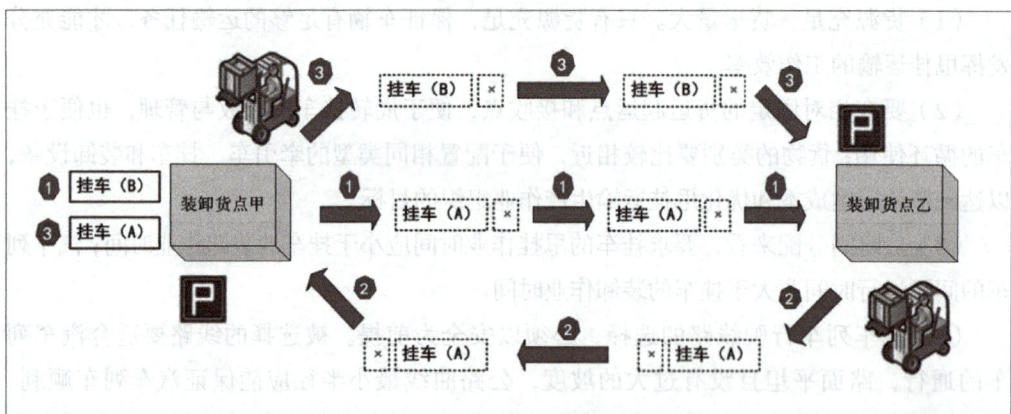

图 3-27 "一线两点、一端甩挂"示意图

牵引车挂上挂车 A 从甲地出发，到达乙地卸下全部货物后，继续拖带挂车 A 返回甲地，然后摘下挂车 A，挂上已经预先完成装货任务的挂车 B，运行到乙地，如此往返运输。

想一想

如果一端是装卸能力较强的港口或物流中心，另一端是装卸条件较差、装卸能力较弱的货主仓库，如果采用"一线两点、一端甩挂"的组织形式，应选择在哪一端甩挂？

（2）一线多点、沿途甩挂

如果场站与场站之间的运输线路为往返式、多场站线性结构，可以根据各个场站货运量的规模，配备一定数量的周转挂车，在沿途各个场站之间组织甩挂运输，则称为"一线多点、沿途甩挂"（见图3-28）。

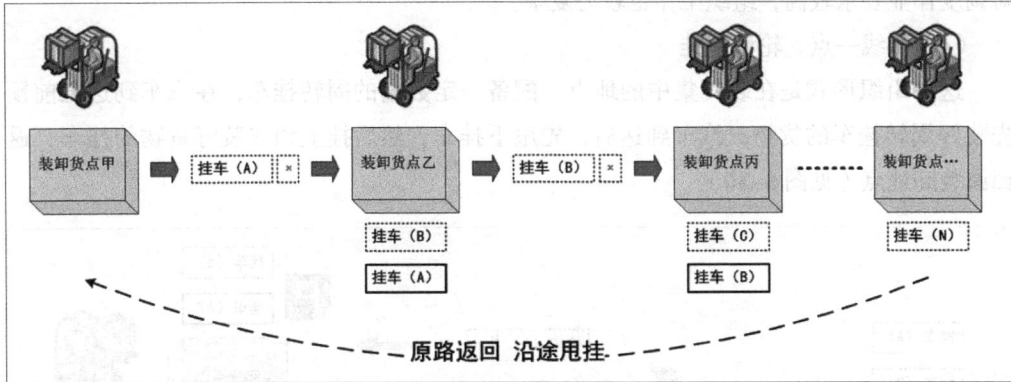

图3-28 "一线多点、沿途甩挂"示意图

这种甩挂的组织形式与铁路货运列车的编组与运行过程类似，在沿途的装卸作业点，按作业计划甩下挂车，挂上预先准备好的挂车继续运行，运行到终点站后，再按预定的甩挂作业计划，沿原线路返回到始发站。这种组织方式，适用于装货地点集中、卸货地点分散，或者卸货地点集中、装货地点分散，并且货源比较稳定的运输线路。一般用于散装货短途运输，如定期零担班车。

（3）循环甩挂

如果场站与场站之间的运输线路为闭合、循环式回路，同样可以在沿途各个场站之间组织甩挂作业。在闭合循环回路的各装卸作业点，配备一定数量的周转挂车，牵引车每到达一个装卸作业点就甩下所带挂车，然后挂上预先准备的挂车前往下一个目的地，一直到牵引车回到第一个出发的作业点，则称为"循环甩挂"运输（见图3-29）。

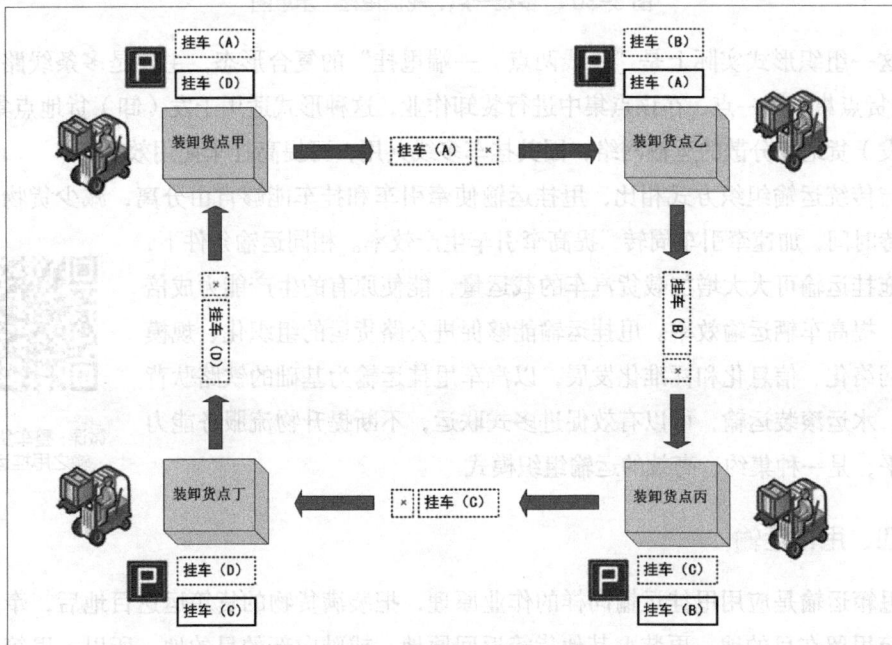

图3-29 "循环甩挂"运输

循环甩挂运输，不仅能提高车辆的载运能力，减少等待装卸作业时间，而且还能提高里程利用率，是甩挂运输中较为经济、运输效率较高的组织形式。但循环甩挂的组织对调度作业要求较高，组织工作也较为复杂。

（4）多线一点、轮流甩挂

这种组织形式是在装货集中的地点，配备一定数量的周转挂车，在汽车到达之前预先装好周转挂车的货物，汽车到达后，先甩下挂车，然后挂上预先装好货物的挂车，返回原装卸地点（见图3-30）。

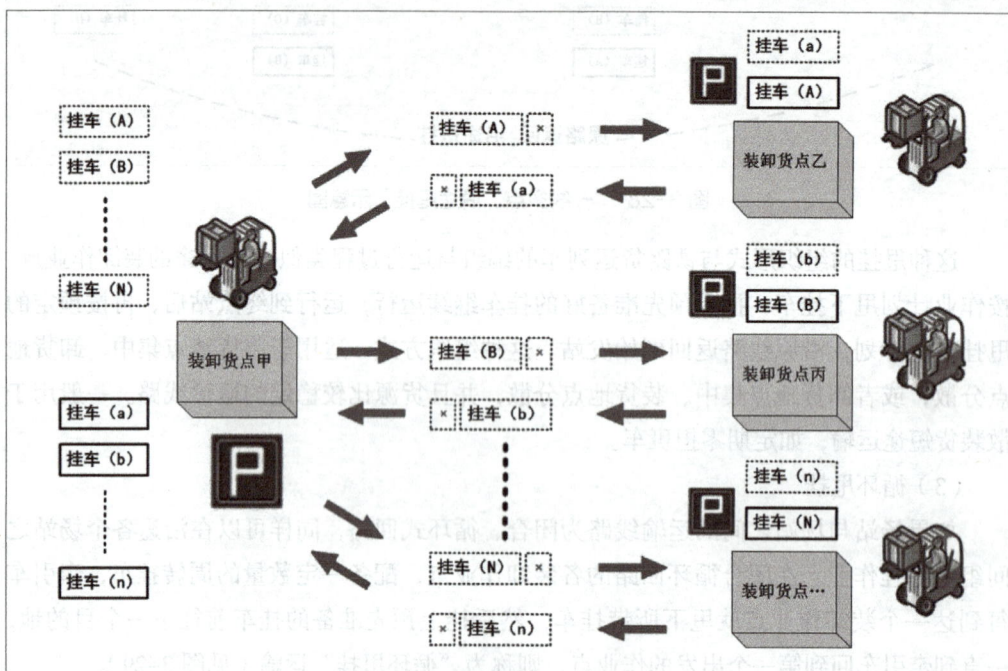

图3-30　"多线一点、轮流甩挂"示意图

这一组织形式实际上是"一线两点、一端甩挂"的复合形态，主要是多条线路的装（卸）货点集中于一点，在该点集中进行装卸作业，这种形式适用于发（卸）货地点集中、卸（发）货地点分散的运输网络，因其挂车多线共用，可提高挂车使用效率。

与传统运输组织方式相比，甩挂运输使牵引车和挂车能够自由分离，减少货物装卸的等待时间，加速牵引车周转，提高牵引车生产效率。相同运输条件下，采用拖挂运输可大大增加载货汽车的载运量，能使原有的生产能力成倍增加，提高车辆运输效率。甩挂运输能够促进公路货运的组织化、规模化、网络化、信息化和标准化发展，以汽车甩挂运输为基础的铁路驮背运输、水运滚装运输，可以有效促进多式联运，不断提升物流服务能力与水平，是一种集约、高效的运输组织模式。

微课：整车货物运输之甩挂运输

四、甩箱运输

甩箱运输是应用甩挂运输同样的作业原理，把装满货物的货箱运达目的后，牵引车将货箱甩留在目的地，再装上其他货箱返回原地，或驶向新的目的地。所以，甩箱运输

是相对于甩挂运输而言的一种运输方式，两者在作业原理上是相同的。

1. 甩箱运输的特点

甩挂运输和甩箱运输都采用的是"一车多挂"或"一车多箱"的形式，能够达到提高运输效益的目标。但在车辆组成上，一个是牵引车加挂车，一个是牵引车加货箱，所以，拖挂的承载装置在结构上存在明显不同。

（1）甩箱的货箱有"腿"

"甩箱运输"所使用的货箱是一种特殊的箱子，它有 4 条可折叠"支腿"，在运输途中，腿可以折叠起来。当车辆到达目的地后，箱子可脱离车辆底盘，4 条腿可以伸展开，作为支撑货厢的 4 条腿，使货箱能独立放置在装卸货区（见图 3-31）。"甩箱运输"所使用的货箱通过集装箱角件、旋锁与汽车底盘相连接并固定，可根据需要将箱体和底盘固定和脱离，而甩挂运输的货箱一般和挂车底盘是固定在一起的，只能甩挂，不能甩箱。

| 在运输途中 | 在装卸货区 |

图 3-31　甩箱运输的箱子

（2）牵引车型不同

货箱和挂车的不同，必然会导致两者所使用的牵引车结构也会不同。甩挂运输一般为牵引车，而甩箱运输一般为载货车的底盘车（见图 3-32）。

| 甩箱用的牵引车 | 甩挂用的牵引车 |

图 3-32　甩箱和甩挂用牵引车

（3）底盘构造不同

甩箱运输必须要求车辆有气囊悬架或气囊举升装置，也就是说，车辆的底盘必须配置一个专门的箱体举升系统，这样操作人员才能轻松地装卸箱子；而甩挂运输在钢板弹簧的悬架下，采用一定的方法，就可以实现挂车的甩挂作业。

视频：甩箱操作模拟演示

2. 甩箱工作原理

甩箱运输和甩挂运输的作业原理相似，不同点在于甩箱运输通过牵引车底盘的特殊

装置，可以让车辆底盘与车箱快速分离，作业过程更加自动化，作业效率更加快速。

（1）囊举升机构

目前，国内联合、重汽、解放的甩箱车举升装置都采用气囊举升机构。底盘上前后两端都有举升气囊，箱体上多了4条支腿和4个锁扣。举升原理都是通过空气悬挂对气囊进行充气，利用气囊举升货箱使得车、箱分离（见图3-33）。

图 3-33 囊举升机构工作示意图

其具体操作步骤为：先把4个锁扣打开，支腿抽出后，分别操作控制手柄给举升气囊充气，把箱体顶起来，顶到合适高度后把支腿固定到位，整个箱体这时就靠4条支腿支撑，然后再降下举升气囊，底盘和货箱就已经完全分离开，牵引车可以直接开走。

视频：中国重汽甩箱操作

（2）可交换箱体

欧洲的甩箱运输一般采用可交换箱体。当需要将支撑在地面上的货箱运走时，只需要将底盘车倒入到指定位置，打开举升装置将箱体托离地面，并用固定钩固定好箱体位置，实现箱体和运输车的结合。这种可交换箱体车与国内甩箱车的举升装置不同，通过卡车底盘上的液压举升装置抬起可拆卸车箱，车箱的举升和下降动作以及固定钩的伸出和收缩动作都可以由驾驶室内的按钮控制，并不需要操作人员下车手动操作，自动化水平相对较高。

视频：能换箱能举升的德国甩挂利器

3. 甩箱运输的优势

与甩挂运输相比，甩箱运输的优势更加明显，主要表现在以下几个方面。

（1）甩挂运输一般情况下是1个牵引车拖挂1辆挂车，实行"一拖一"。而甩箱运输在法律允许的情况下可以实现"一拖多"，箱体可以按目的地布局实现沿途甩箱运输，大大提高运输效率。

（2）甩箱运输所使用的货箱拥有4条可折叠"支腿"，箱子可脱离车辆底盘，独立放在装卸货区，比甩挂运输更加方便、灵活。

（3）甩箱运输的货物可以"先装后卸"，交换作业时间可大幅缩短，交换箱体也可以充作临时仓库，以减轻场地压力。

（4）甩箱运输能减少运输过程中的装卸次数，减少货物损坏，降低物流成本。

目前，国内的甩箱运输虽然还处于起步阶段，但作为提高作业效率的一种先进运输模式，甩箱运输也正被社会各界高度关注，高效节能的甩箱运输模式也必将成为未来公路货运的发展新方向。

五、驮背运输

在多式联运各类运输工具的连接点，由牵引车将载有集装箱的运输车，或者是装有货物的挂车直接开上铁路平板车或船舶，停稳摘挂后离去，集装箱运输车或挂车由铁路平板车或船舶运输到前方换装点，再由到达地的牵引车开上铁路平板车或船舶，挂上集装箱运输车或挂车，直接运往目的地。这种组织形式被形象地称为驮背运输（见图 3-34）。

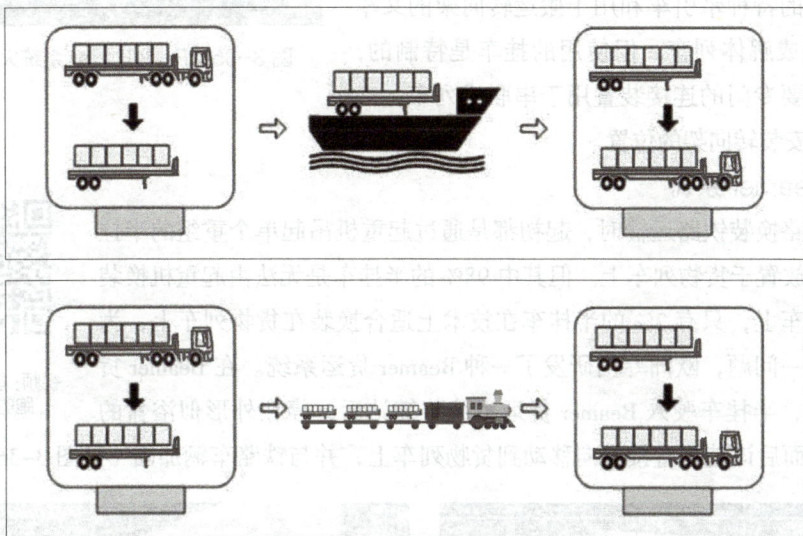

图 3-34　驮背运输示意图

在内陆运输中，由公路货车和铁路货运列车接力完成的公铁联运，是应用最广泛的多式联运形式。在铁路驮背运输的始发站，装载货物的公路货运整车或半挂车，装上铁路专用车辆，通过铁路完成长距离运输到达目的地后，公路货运汽车又要驶离铁路专用车辆。那么，这些集装箱运输车、装满货物的挂车、甚至是整车，是怎么自如上下驮背车的呢？可以利用哪些专用设备来实现公路运输与铁路运输的完美转换呢？

视频：2 分钟看明白公铁联运换装

1. 国内第一代公铁驮背运输专用车

国内的第一代多式联运公铁驮背运输专用车是由北京驮丰高新科技股份有限公司与中车齐齐哈尔车辆有限公司共同研制完成的，QT1 型驮背运输车用于汽车整车或半挂车运输，QT2 型驮背运输车专用于半挂车甩挂运输。

驮背运输专用车通过自身结构即可旋转升降，汽车整车或半挂车可自行上下铁路驮背车辆。铁路货运场站既有的地面场站只要提供电源即可满足作业要求，基础设施投入小、作业效率高、灵活性好，特别适合我国现阶段公铁联运门到门运输的发展需要，具有广阔的发展前景和显著的社会效益和经济效益。

视频：我国第一代公铁驮背运输专用车

2. 公铁两用挂车（RoadRailer）

公铁两用挂车就是指直接给半挂车装上火车轮子（转向架），既能在铁路上行驶也能在公路上行驶的挂车（见图 3-35）。也就是说，在公路上用自己的轮子由公路牵引车拖挂

行驶，到达火车站后，挂车与专用的火车轮架连接，并将其在公路上行驶用的轮子收起来，就可以在铁轨上行驶。到达目的地后，又可以还原成公路运输工具，用公路牵引车将其运到指定地点。

相比于用井车和平车运送半挂车，这种列车更轻也更经济，而且也不需要起重机，只需要带升降鞍座的特种牵引车和用于搬运转向架的叉车即可组合或解体列车。但使用的挂车是特制的，一是两端要专门的连接装置用于串联成列车，二是还要有安装转向架的位置。

图 3-35　RoadRailer 系统火车轮架

3. Beamer 系统

在公路换装铁路运输时，起初都是通过起重机吊起单个重组的半挂车，然后放置于货物列车上。但其中 98% 的半挂车是无法由起重机换装到货物列车上，只有 2% 的半挂车在技术上适合换装在货物列车上，为了解决这一问题，欧洲专门研发了一种 Beamer 货运系统。在 Beamer 货运系统中，半挂车驶入 Beamer 货运系统装卸站后，停在外形似浴盆的装置中，而后该装置直接横向移动到货物列车上，并与铁路车辆加固（见图 3-36）。

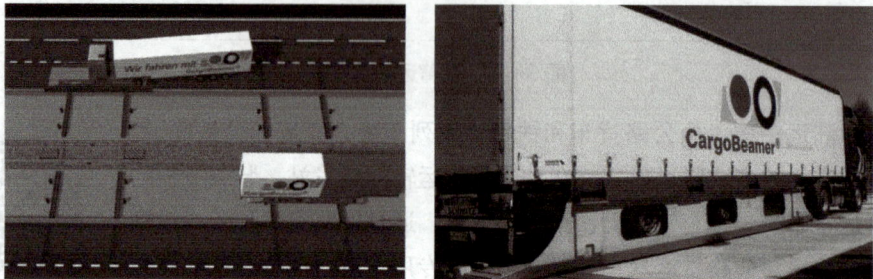

视频：能在铁路上跑的半挂车

图 3-36　Beamer 系统车辆及装载原理

该方式的最大亮点是可以实现列车间货物的快速互换。铁路货运列车还没有到达装卸站，拖车就能够将货箱留下离开装卸站，从而减少拖车等待列车的时间，提高运输的效率。

4. CargoBeamer 货运系统

CargoBeamer 货运系统是德国 CargoBeamer 公司研发的一款驮背运输专用装置系统，旨在解决半挂车在公铁联运中出现的问题，如半挂车规格不统一，有的底架需要加固才能吊装等。CargoBeamer 货运系统使用一种侧墙可旋转下翻的驮背车，配备托盘，拖车驾驶员可以将半挂车停放在站点预先准备的托盘上即可驶离，无须等待列车到来，装载由地面装置自动完成。同样，卸货后，列车也可以自行驶离。铁路运输和公路运输独立运行，极大地消除了两者衔接统筹管理问题。此外，CargoBeamer 货运系统可适应任意规格半挂车，自动化程度高，并可以多辆车同时快速装卸，装卸一列车只需 15 分钟。该系统的最大亮点是可以实现列车间货物

视频：Beamer 系统带来的物流变革

视频：CargoBeamer 货运系统演示

的快速互换，解决了不同轨距列车之间的换装问题，消除了限制欧美公铁联运效率的瓶颈。

小贴士

> 轨距是铁路轨道两条铁轨（钢轨）之间的距离（以钢轨的内距为准）。全世界有 30 多种不同的轨距，但 60% 铁路的轨距是标准轨（普轨）。比标准轨宽的轨距称为宽轨，比标准轨窄的称为窄轨。

5. LOHR 系统

卢森堡—西班牙驮背运输南北贯穿整个法国，线路全长 1068 千米，主要采用法国劳尔公司（LOHR）旋转式驮背运输车技术，汽车或挂车自行装卸，驮背车辆结构简单，站场配套设施较为复杂（见图 3-37）。

旋转式驮背运输车　　　　　　　　　　　　地面配套设施

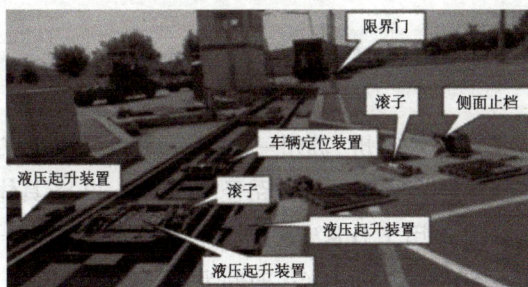

图 3-37　LOHR 系统车辆及装载原理

卡车驾驶员可以与自己的卡车一同乘坐 LOHR 列车，也就是我们常听说的"欧美的卡车也能坐火车"。这样不但节省燃油，降低卡车损耗，驾驶员还可以在列车上休息，为到站后剩下的路程做好准备。

视频：欧洲的 LOHR 列车

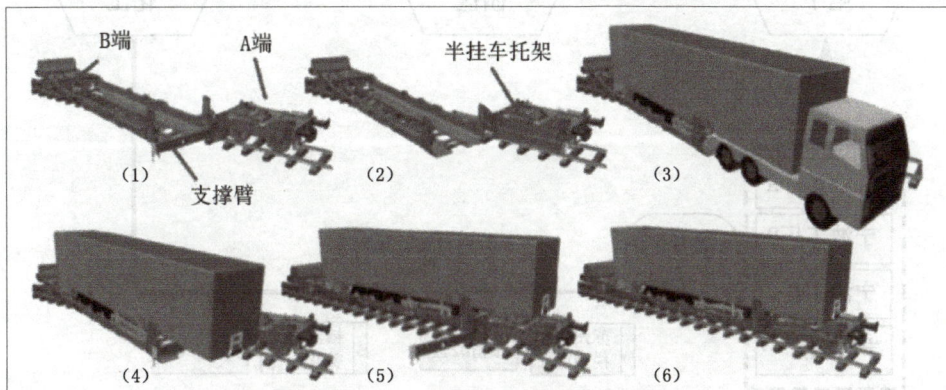

6. Megaswing 系统

Megaswing 与 LOHR 有些许相似，但其最大亮点是无须专用站台，通过车载机构旋转车体一端，放下后，挂车驶入并摘挂，车体抬起并转回，落在车辆一端设置的托架上，拖车不用随车运输，具有极强的灵活性，但卡车上驮背车的时候需要倒车，存在一定的安全隐患。具体操作过程如图 3-38 所示。

图 3-38　Megaswing 系统车辆及装载原理

（1）车体 A 伸出支撑臂，车体 B 沿支撑臂上的导轨以其转向架心盘为中心转动一定角度。

（2）支撑板放下 B 端并收回。

（3）拖车带半挂车驶入 B 端。

（4）半挂车放下支撑，与拖车摘挂。

（5）支撑臂再次伸出，抬起 B 端和半挂车，沿导轨复位。

（6）收回支撑臂，半挂车挂钩与 A 端托架连挂。

驮背运输融合了铁路运输大宗、长距离、安全准时、节能环保和公路运输短距离、灵活、门到门的优势，可大幅减少社会成本，改善公路拥堵，降低公路安全管理风险，减少尾气排放，减少道路、桥梁和车辆损耗，提高运输效率，具有显著的社会效益和经济效益，发展前景广阔。

视频：Megaswing 公铁水多式联运动画演示

任务实施

在宁波—苏州、苏州—镇江、镇江—宁波这三条线开展"循环甩挂"的甩挂作业模式，形成来回封闭的甩挂作业路径（见图 3-39），具体步骤如下。

（1）牵引车 D 从宁波奇美电子内部堆场挂电子成品重挂 D1，到苏州保税区转关。运输距离为 200~300 千米，时间为 3~4 小时。

（2）进入苏州保税区后，D 车卸下重挂 D1（D1 由苏州保税区内的牵引车进行报关），挂上由苏州配载中心配好货的重挂 D2，行驶向镇江。运输距离为 100~200 千米，时间为 2~3 小时。

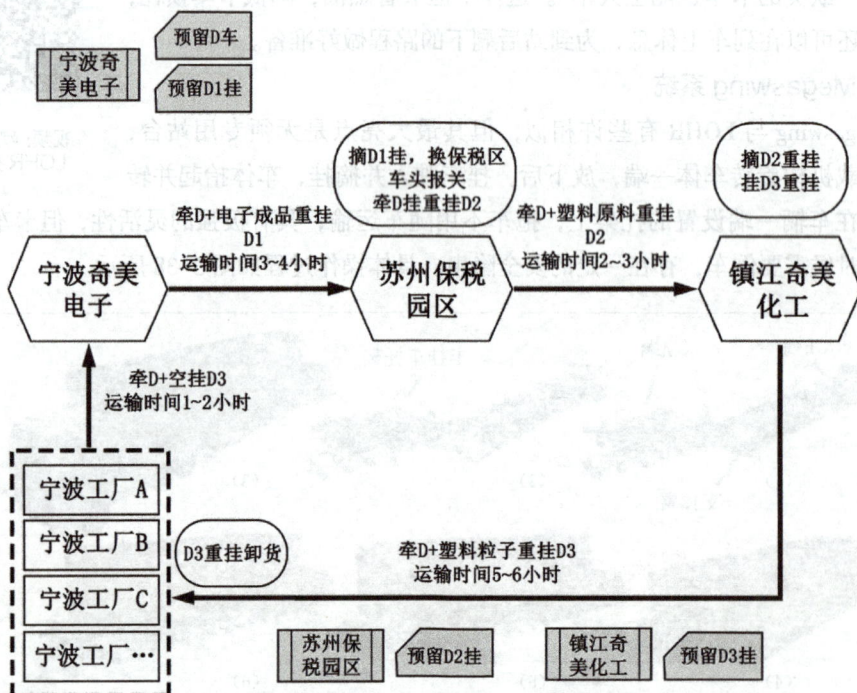

图 3-39 循环甩挂作业流程示意图

（3）到达镇江甩挂站场后，摘下重挂 D2，挂上已装好塑料粒子等的重挂 D3，行驶向宁波地区工厂。运输距离为 300~400 千米，时间为 5~6 小时。

（4）牵引车 D 到达宁波地区工厂后卸下重挂 D3，然后再行驶到宁波奇美电子内部，距离为 50~100 千米，时间为 1~2 小时。到达宁波奇美电子后，重复步骤（1），循环。

任务总结

```
整车货物甩挂运输管理
├─ 定挂运输
│   ├─ 牵引车+全挂车
│   ├─ 牵引车+半挂车
│   └─ 半挂牵引车+半挂车+全挂车
├─ 甩挂运输
│   ├─ 一线两点、两端甩挂
│   ├─ 一线多点、沿途甩挂
│   ├─ 循环甩挂
│   ├─ 多线一点、轮流甩挂
│   └─ 甩箱运输
└─ 驮背运输
    ├─ QT1
    ├─ QT2
    ├─ Beamer系统
    ├─ CargoBeamer货运系统
    ├─ LOHR系统
    └─ Megaswing系统
```

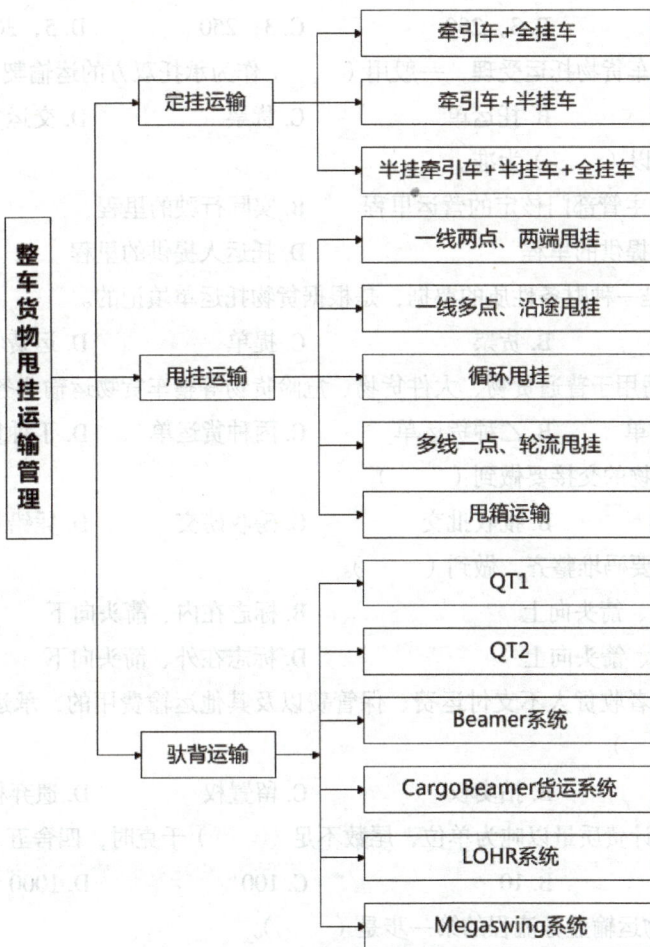

图 3-40　任务框架

在线测试

任务四在线测试

（3）解决空车停靠点。测定重量D_2，住上记录设到测试机正常的重量D_2，加在基地区的工厂，该参数值为300~500千米。对此值为D_2。

（4）争取了D到驶区，运输时间段不为D_2。

距离为30~100千米，时间约为1~2小时。别处与站管要求电，重量上降以（1）。

项目同步测试

一、单选题

1. 一批托运货物在（　　）吨及以上或者单件货物质量在（　　）千克以上时，可作为整车运输。

   A. 2，150   B. 3，200   C. 3，250   D. 5，300

2. 临时的整车货物托运受理，一般用（　　）作为承托双方的运输契约。

   A. 运输单   B. 托运单   C. 货票   D. 交运货物清单

3. 计费里程以（　　）为准。

   A. 各地交通主管部门核定的营运里程   B. 实际行驶的里程

   C. 运输企业提供的里程   D. 托运人提供的里程

4. （　　）是一种财务性质的票据，是根据货物托运单填记的。

   A. 发票   B. 货票   C. 提单   D. 运费收据

5. （　　）适用于普通货物、大件货物、危险货物等整车货物运输业务。

   A. 甲种货运单   B. 乙种货运单   C. 丙种货运单   D. 丁种货运单

6. 对包装货物的交接要做到（　　）。

   A. 件收件交   B. 批收批交   C. 磅收磅交   D. 凭铅封点交

7. 货物装车要码堆整齐，做到（　　）。

   A. 标志在内、箭头向上   B. 标志在内、箭头向下

   C. 标志在外、箭头向上   D. 标志在外、箭头向下

8. 托运人或者收货人不支付运费、保管费以及其他运输费用的，承运人对相应的运输货物享有（　　）。

   A. 没收权   B. 拍卖权   C. 留置权   D. 遗弃权

9. 整车货物计费质量以吨为单位，尾数不足（　　）千克时，四舍五入。

   A. 1   B. 10   C. 100   D. 1000

10. 整车货物运输业务流程的第一步是（　　）。

   A. 受理托运   B. 车辆调度   C. 验货   D. 押运

11. 实行双班运输组织的出发点是（　　）。

   A. 减少人工成本   B. 加快运输速度

   C. 提高设备利用率   D. 完成更多的运输生产任务

12. （　　）的运输组织方式适用于维修力量强，驾驶员充足，或者为完成突击性运输任务。

   A. 一车两人、日夜双班、起点交接   B. 一车三人、日夜三班、分段交接

   C. 一车两人、轮流驾驶、随车交接   D. 一车三人、两工一休、定点交接

13. 每车固定配备两名驾驶员，分段驾驶，定点交接，一般选择（　　）交接。

   A. 运输起点   B. 离终点三分之一处

C. 运输终点   D. 中间点

14. 当进行超长途干线运输时，两名驾驶员（   ）。

A. 日夜两班，定时交接   B. 分段驾驶，定点交接

C. 轮流驾驶，随车交接   D. 分段驾驶，定时交接

15. 在公路货物运输组织中，甩挂运输组织方式体现了（   ）的基本原理。

A. 定点作业   B. 双班作业   C. 平行作业   D. 定时作业

16. 可以使牵引车停歇时间缩短到最低限度的运行组织方式是（   ）。

A. 多班运输   B. 成组运输   C. 甩挂运输   D. 包车运输

17. （   ）的组织形式适用于多条线路的装货点或卸货点集中于一点，在该点集中进行装卸作业。

A. 一线两点、两端甩挂   B. 一线多点、沿途甩挂

C. 循环甩挂运输   D. 多线一点、轮流甩挂

18. （   ）系统可以实现列车间货物的快速互换，解决了不同轨距列车之间的换装问题，消除了限制欧美公铁联运效率的瓶颈。

A. RoadRailer   B. CargoBeamer   C. Beamer   D. LOHR

19. 运输生产过程节奏性是指（   ）。

A. 连续性   B. 均衡性   C. 协调性   D. 波动性

20. 驮背运输是（   ）的基本原理应用于集装箱或挂车的换载作业形式。

A. 定挂运输   B. 甩挂运输   C. 双班运输   D. 定点运输

二、多选题

21. 货物装车前需要对货物（   ）等进行清点和核实，以明确其责任。

A. 包装   B. 数量   C. 质量   D. 标签

22. 货物在始发站的各项作业统称为发送作业，具体包括（   ）。

A. 组织装车   B. 回单签收   C. 核算制票   D. 受理托运

23. 货运单与托运单的区别表现在（   ）。

A. 填写的时间不同   B. 填写的主体不同

C. 填写的地点不同   D. 填写的目的不同

24. 公路货物到站卸货时，应对货物的（   ）进行检查。

A. 品名   B. 件数   C. 包装   D. 状态

25. 双班运输的组织形式有（   ）。

A. 一车一人、日夜双班、起点交接   B. 一车两人、日夜双班、起点交接

C. 一车两人、日夜双班、轮流驾驶   D. 一车三人、日夜双班、分段交接

26. 甩挂运输装卸作业现场的基本要求有（   ）。

A. 作业现场地面平整   B. 有足够的装卸作业线

C. 面积宽阔的场地   D. 有固定的环行通道

27. 拖挂运输一般可以分为（   ）。

A. 全挂运输   B. 定挂运输   C. 分段运输   D. 甩挂运输

28. 甩挂运输在（　　）的情况下，更有利于提高运输效率。

A. 货源充足 　　　　　　　　　　　B. 运距较短

C. 装卸能力不足 　　　　　　　　　D. 起运点和接收点不固定

29. 根据线路网点布局的不同，甩挂运输的组织形式主要有（　　）。

A. 一线两点、两端甩挂 　　　　　　B. 一线多点、沿途甩挂

C. 循环甩挂运输 　　　　　　　　　D. 多线一点、轮流甩挂

30. 驮背运输具有（　　）等优点。

A. 便于开展装卸作业 　　　　　　　B. 基础设施投入大

C. 作业效率高 　　　　　　　　　　D. 灵活性好

三、判断题

31. 托运人自理装车时，不论是否装足车辆核定载质量，都要按车辆核定载质量核收运费。（　　）

32. 已签订货物运输合同时，每次提货时不再需要办理提货手续。（　　）

33. 普货二等货物运价费率可加成 20%，三等货物运价费率可成 30%。（　　）

34. 货运单是企业统计完成货运量，核算营运收入及计算有关货运工作指标的唯一原始凭证。（　　）

35. 整车货物不允许途中拼装或分卸作业。（　　）

36. 如发现货损货差，收货人员可拒收货物。（　　）

37. 组织双班运输时，一般将难运的任务安排在夜班，好运的任务安排在日班。（　　）

38. 甩箱运输一辆牵引车只能拖运一个货箱，其优势并不十分明显。（　　）

39. 驮背运输融合了铁路运输和公路运输的优势。（　　）

40. 双班运输的基本出发点就是"人停车不停"。（　　）

四、技能训练

41. 20××年 6 月 9 日南京世界生物工程公司业务员程平（联系电话：1332848××××），要求通达物流公司代为托运变性淀粉。货运员王辉（联系电话：1301914××××）详细了解其托运的货物种类、数量、流向及相关要求，记录具体信息如下。

（1）托运人信息

名称：南京世界生物工程公司；

地址：南京市禄口开发区鸿运路 121 号；

电话：025-6645××××；

装货地点：南京市禄口开发区鸿运路 121 号 5 号仓库。

（2）收货人信息

名称：福州佳健生物工程公司；

地址：福州市珠江路 16 号 12 栋 102 室；

电话：0591-8877××××；

卸货地点：福州市珠江路 16 号 12 栋 102 室。

（3）货物信息

名称：变性淀粉；包装形式：编织袋；件数：200 袋；件重：25kg。

（4）承托双方约定事项

运费基本运价：0.39 元 / 吨千米；

装卸费：8 元 / 吨；

货物声明价值：10000 元，保价费率为声明价值的 3‰；

本次运输不收吨次费，但可以收取单程空驶损失费，按运费的 50% 收取（不含杂费）。

根据所学知识，为本次运输任务设计一份完整的运输作业方案。

项目四 特种货物运输业务管理

能力目标

1. 能正确识别危险货物；
2. 能正确填制和管理危货电子运单；
3. 能完成常见危险货物运输作业组织；
4. 能编制大件货物运输方案；
5. 能制定大件货物运输工作组织方案；
6. 能完成常见冷藏货物运输作业组织。

知识目标

1. 了解常见危险货物的性质和特点；
2. 熟悉危险货物运输的管理规定；
3. 掌握危险货物运输作业流程；
4. 掌握大件货物运输作业流程；
5. 熟悉大件货物运输的管理规定；
6. 了解冷藏货物运输的特点；
7. 掌握冷藏运输作业流程；
8. 掌握冷藏货物运输组织与管理的注意事项。

动画：美国冷链物流新技术

项目导学

传感器 + 物联网 + 无线智能　轻松监控食品的温度和湿度

随着生活水平的提高，人们对食品安全越来越重视，这就对冷链物流运输装备的品质提出了更安全、更高效、更可靠、更环保的要求。但受技术发展的限制，国内冷链技术发展还面临很多难题。医药和生鲜水果、蔬菜产品在出库和库存环节大多采用人工确认温度，在运输环节采用冷藏车和制冷机组控制温度、湿度，较少用到 RFID、温控传感器等先进的冷链技术。

美国初创公司 Verigo 研发的冷链运输专用温湿控传感器和 U 盘一样小巧。

1．Verigo Pod 传感器（见图 4-1）——温度数据记录仪

功能范围：	20 至 60℃（4 至 140 ℉）
无线范围：	高达 30 米（100 英尺）
电池寿命：	1.5~5 年
精度：	±0.5℃（0.9 ℉）
内存：	40000 分钟

图 4-1　Verigo Pod 传感器

2．Verigo HR 传感器（见图 4-2）——湿度数据记录仪

功能范围：	20 至 60℃，相对湿度 0~100%
无线范围：	高达 30 米（100 英尺）
电池寿命：	1.5~5 年
精度：	±0.5℃，±RH 型 4%。
内存：	80000 个数据点（40K 温度 + 40k RH）

图 4-2　Verigo HR 传感器

专用的温湿控传感器与 Verigo 开发的 App 连接使用，能监控产品从生产到运输，直至消费者手中的任何一个环节所必需的温、湿度环境，以保证食品、药品质量安全。

项目背景

通达物流公司经过多年的发展，以南京为综合基地，依靠扎实的经营布局，通过有效管理，实现物资流动最全、最快、最经济、最安全的途径，使公司的运输综合实力得到了极大的提升。为了顺应市场的发展和需求，公司拟扩大目标市场，开拓危险货物运输、大件货物运输、冷藏货物运输等特种货物运输业务，组建危货运输组、大件运输组、冷藏运输组，以科学、有序、可控的作业流程竭诚为广大用户提供高效、准确、安全的特种货物运输。

任务一
危险货物运输业务管理

任务描述

2016 年上半年发生的 232 起涉危涉化事故数据分析显示，近一半以上的危险品事故发生在运输环节（见图 4-3），其中泄漏事故占 64%，火灾事故占 18%，爆炸事故占 8%，车祸事故占 10%（见图 4-4）。

121 起事故发生在运输环节

63 起事故发生在生产环节

23 起事故发生在储存环节

16 起事故发生在使用和维修环节

8 起事故发生在废弃处置环节

1 起事故为蓄意破坏

图 4-3　事故数据分析 1

121起事故共造成47人死亡，70人受伤。

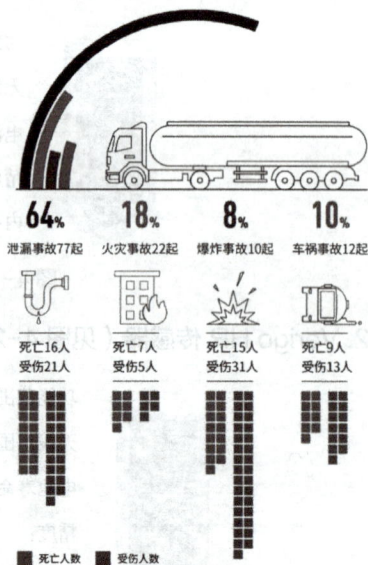

64%	18%	8%	10%
泄漏事故77起	火灾事故22起	爆炸事故10起	车祸事故12起
死亡16人 受伤21人	死亡7人 受伤5人	死亡15人 受伤31人	死亡9人 受伤13人

■ 死亡人数　■ 受伤人数

图 4-4　事故数据分析 2

事故暴露出公路运输特别是常压液体危险货物在充装、运输安全管理工作等方面仍存在薄弱环节，安全隐患突出。公司要求相关人员充分认识运输安全生产的极端重要性，深刻汲取事故教训并举一反三，抓紧开展安全生产大检查，特别是加强常压液体危险货物运输安全管理，分析事故发生的可能原因，制定危货运输的规范作业流程，加强监督检查，确保各项措施落实到位。

任务资讯

公路运输中的危险货物，也称危险化学品，是指具有毒害、腐蚀、爆炸、感染、易燃等危险特性，在生产、经营、运输、储存、使用和处置中，容易造成人身伤亡、财产损坏或者环境污染，而需要特别防护的

教学动画：你了解危险化学品吗？

物质和物品。

一、危险货物的分类及特性

按危险货物具有的危险性或最主要的危险性，可以将危险货物分为9个类别。

1. 爆炸品

本类危险品是指在外界作用下，如受热、受压、撞击等，能发生剧烈的化学反应，瞬时产生大量的气体和热量，使周围压力急骤上升而发生爆炸，对周围环境造成破坏的物品，也包括无整体爆炸危险，但具有燃烧、迸射及较小爆炸危险的物品。具体可以分为以下6类。

（1）具有整体爆炸危险的物质或物品，如黑火药。

（2）具有迸射危险，但无整体爆炸危险的物质或物品，如照明弹、枪弹、火箭发动机等。

（3）具有燃烧危险并有局部爆炸危险或局部迸射危险或这两种危险都有，但无整体爆炸危险的物质或物品，如烟幕弹药、C型烟火等。

（4）不呈现重大危险的物质或物品，如演习手榴弹、礼花弹、烟火、爆竹等。

（5）有整体爆炸危险的非常不敏感物质或物品，如E型或B型引爆器、炸药等。

（6）无整体爆炸危险的极端不敏感物质或物品。

2. 气体

本类危险品具有易燃、易爆、有毒、窒息等危险特性。一般可以按气体的易燃性和毒性分为3类。

（1）易燃气体。如氢气、硫化氢等。

（2）非易燃无毒气体。如二氧化碳、氧气等。这类气体虽非易燃、无毒，但也列入危险品。这是由于气体本身具有扩散性，即使其非易燃、无毒，但因其在环境中会冲淡氧的浓度，同样会造成人员的伤害；同时，当气体受热、撞击或强烈震动，会增大容器的内压力，使容器破裂爆炸；有的气体有助燃功能，如氧气。

（3）毒性气体。如一氧化碳、臭氧等。

3. 易燃液体

本类危险品在常温下易挥发、其蒸气与空气混合，能形成爆炸性混合物，具有流动和扩散性，有蔓延、扩大火灾的危险性；受热膨胀易造成容器和管道等爆裂，在运输、装卸过程中，由于摩擦易产生静电火花，有引起燃烧和爆炸的危险。如汽油、油漆、乙醇等。

4. 易燃固体、易于自燃的物质、遇水放出易燃气体的物质

本类危险品容易引起和促成火灾，具体又分成3类。

（1）易燃固体、自反应物质和固态退敏爆炸品。这类是指燃点低、对热、撞击、摩擦敏感，易被外部火源点燃，燃烧迅速，并可能散发出有毒烟雾或有毒气体的固体，但不包括已列入爆炸品的物品。如天津港8.12大爆炸的罪魁祸首——硝化棉，还有生活中常见的赤磷、硫黄等。

（2）易于自燃的物质。这类是指自燃点低，在空气中易发生氧化反应，放出热量，而自行燃烧的物品。如黄磷、油布、活性炭等。

（3）遇水放出易燃气体的物质。这类是指遇水或受潮时，发生剧烈化学反应，放出大量的易燃气体和热量的物品，有的不需明火，即能燃烧或爆炸。如电石、金属钠等。

项目四 特种货物运输业务管理

141

5. 氧化性物质和有机过氧化物

本类危险品具有强氧化性，易引起燃烧、爆炸，具体可分为2类。

（1）氧化性物质。这类是指处于高氧化态，具有强氧化性，易分解并放出氧和热量的物质，包括含有过氧基的无机物。这类危险品本身不一定可燃，但能导致可燃物的燃烧，与松软的粉末状可燃物能组成爆炸性混合物，对热、震动或摩擦较为敏感。凡品名中有"高""重""过"字的，如高氯酸盐、重铬酸盐、过氧化钠等，都属于此类物质。

（2）有机过氧化物。这类是指分子组成中含有过氧基的有机物，其本身易燃易爆、极易分解，对热、震动和摩擦极为敏感。如生活中的漂白剂、杀菌剂、清洗剂等。

6. 毒性物质和感染性物质

本类危险品是指进入机体后，累计达一定的量，能与体液和器官组织发生生物化学作用和生物物理学作用，扰乱和破坏机体的正常生理功能，引起某些器官和系统暂时性或持久性的病理状态，甚至危及生命的物品，具体可分为2类。

（1）毒性物质。如运输中常碰到的苯胺，名侦探柯南杀人事件里经常用到的氰化钾，清华铊中毒案件中的铊，都属于毒性物质类。

（2）感染性物质。这类是指已知或一般有理由相信含有病原体的物质。病原体是指已知或有理由相信会使人或动物引起感染性疾病的微生物或微生物重组体，包括细菌、病毒、寄生生物、真菌等。如病毒蛋白、各种废弃的医学标本以及使用过的一次性毛细管等。

7. 放射性物质

凡能自发不断放射出穿透力很强，人们感觉器官不能觉察到的射线物质，称为放射性物质，如铀矿石、含有放射性物质的仪器设备等。由于其固有的特殊危害性，交通运输部修订发布的《放射性物品道路运输管理规定》，对这类放射性物质的运输进行了明确要求。

8. 腐蚀性物质

凡是能使人体、金属或其他物质发生腐蚀的物质，称为腐蚀性物质。本类危险品具有强烈的腐蚀性，对人体、设备、车辆的金属结构都有很大的腐蚀和破坏作用，部分腐蚀品还有强氧化性，与还原剂和有机物接触时会产生强烈的氧化还原反应，放出大量的热，容易引起燃烧，也具有遇水会放出大量的热，造成液体四处飞溅灼伤人体，以及对人体造成毒害等危险性。如硫酸、硝酸、烧碱等。

9. 杂项危险物质和物品

这类主要指危害环境物质，如装在设备中的锂离子电池组、苯甲等。

文件：危险货物品名表

微课：危货运输管理之危货识别

二、危险货物安全标志和安全标签

想一想

国家发布的《危化品目录》中涉及近3000个物品，那我们在实际工作中，如何在最短的时间内准确无误地辨别这些危险品呢？

在实际工作中，我们一般可以通过危险品安全标志和安全标签来识别危险品的品名、类别和危险特性。

1.危险品安全标志

危险品安全标志就是通过图案、文字说明、颜色等信息，鲜明、简洁地表征危险化学品的危险特征和类别，以便向作业人员传递安全信息的警示性资料，是由表示危险特性的图案、文字说明、底色和危险品类别组成的菱形标志（见图4-5）。菱形的最上方是醒目的危险特性的图案标志，图案下方是关于危险品的类别名称和危险品类别数字。

图4-5 危险品的安全标志

危险品的主要特性有爆炸、易燃、毒害、感染、腐蚀等危害特性，其对应的图案标志如图4-6所示。

易爆标志　　　　易燃标志　　　　毒害性标志

放射性标志　　　　腐蚀性标志　　　　感染性标志

图4-6 主要危险性的图案

危险品安全标志的常用底色有红色、绿色、柠檬黄、红白相间的垂直宽条等醒目的颜色（见图4-7）。

红色　　　　　绿色　　　　　柠檬黄　　　　红白相间

图4-7 危险品安全标志常用底色

2.危险品安全标签

危险品的安全标签与安全标志虽然只有一字之差，但内容却要复杂得多。安全标签是危险品在市场上流通时，由生产、销售单位提供的，附在危险品包装上的标签，用于标识危险品的特性。使用者通过辨识安全标签的内容，了解危险品的危险性，以便在使用、储存、运输、销毁等过程中做好相应的防护。

　　一张典型的危险品安全标签由简单明了、易于理解的文字、图形符号和编码组合而成，表示该危险品所具有的危险性、安全注意事项和个体防护的基本要求（见图4-8）。

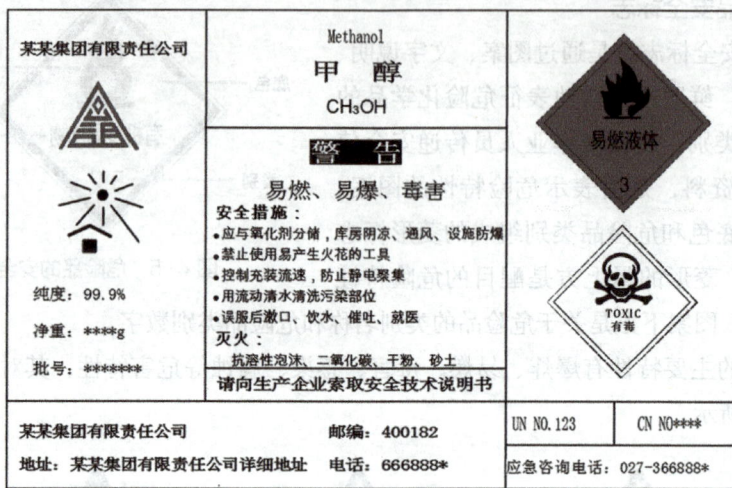

图4-8　危险品安全标签

　　（1）化学品标识。化学品标识一般位于危险品安全标签的中上方，用中文和英文分别标明其化学名称和通用名称，下面是它的化学分子式，从中可以看出它的化学成分。

　　（2）警示词。警示词一般醒目、清晰地标注于危险品名称的下方，根据危险品的危险程度和类别，用"危险""警告"两个词分别进行危害程度的警示。

　　（3）危险性说明。简要概述危险品的危险特性，居警示词的下方。如通过阅读该标签，使用者就可以了解甲醇具有易燃、易爆、毒害等危险性。

　　（4）防范说明。描述危险品在处置、搬运、储存和使用作业中所必须注意的事项和发生意外时简单有效的救护措施等，包括安全预防措施，泄漏、人员接触或火灾等意外情况处理，安全储存措施及废弃处置等内容。

　　通过阅读该安全标签，使用者可以了解甲醇在运输和仓储过程中，要求与氧化剂分储，库房阴凉、通风，设施防爆；禁止使用易产生火花的工具；控制充装流速，防止静电聚集；用流动清水清洗污染部位；误服后漱口、饮水、催吐、就医等；接下来是最重要的信息，就是灭火方式：必须采用抗溶性泡沫、二氧化碳、干粉、砂土。因为甲醇与水不发生反应、可溶于水，用水扑救只会导致甲醇扩散，着火面积扩大。

　　（5）资料参阅提示语。提示用户可以参阅SDS。

　　（6）供应商标识。包括供应商的名称、地址、邮编、电话等。

　　（7）安全标志。安全标签的右边有2个危险化学品的安全标志，说明这种危险品具有2种危险，一般位于上方的是主标志，表示主要危险，下面的是副标志，表示重要的其他危险类别。

　　（8）危险货物编号。左边的是联合国《关于危险货物运输的建议书》中的危险货物编号，简称UN号，右边的是国家标准所规定的危险货物编号，简称危规号。

　　（9）应急电话。每一个危险化学品安全标签上都必须告知应急咨询电话。

　　对于小于或等于100ml的化学品小包装，安全标签可采用简化标签（见图4-9）。不管采用什么形式的安全标签，它们传递的核心内容是一样的。

安全标签由生产企业在货物出厂前粘贴、挂拴、喷印在包装或容器的明显位置。桶、瓶形包装，一般会位于桶、瓶侧身；箱状包装，位于包装端面或侧面明显处；袋、捆包装，位于包装明显处；集装箱、成组货物，位于 4 个侧面。

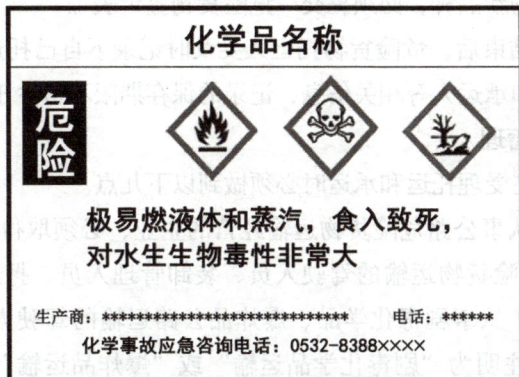

化学品名称

危险

极易燃液体和蒸汽，食入致死，
对水生生物毒性非常大

生产商：****************************** 电话：******
化学事故应急咨询电话：0532-8388××××

图 4-9　简化版安全标签

项目四　特种货物运输业务管理

145

小贴士

危险品的安全标志和安全标签，是能准确传递安全信息的警示性资料，在实际工作时，相关人员必须能快速阅读、准确理解其含义。

微课：危货运输管理之安全标签识读

文件：道路危险货物运输管理规定（2016）

三、危险货物运输作业管理

有人形象地称危险货物运输为"奔跑中的炸弹"，稍有不慎就可能引起灾难性后果。每一起危险品运输事故，看起来各有不同，但仔细分析事故原因，又不难发现这些事故总会有许多相似的地方，也会暴露出危险品运输管理不规范的地方，如运输设备不符合规范要求、作业人员操作处置不得当、运输企业违规经营、行业监管部门排查治理不力等。所以，在实际工作中必须严格遵守危险品运输的管理规范，把一切安全隐患和危险都消灭在萌芽状态。2016 年交通运输部修订的《道路危险货物运输管理规定》（简称"危规"），对公路危险货物运输的全过程进行了详细规定。

1. 危险货物托运管理

危险货物托运人在办理托运时要注意以下几点。

（1）查验。危规明确要求危险货物托运人应当委托给具有道路危险货物运输资质的企业承运。所以在委托时，首先要查验承运公司是否具有道路危险货物运输许可证，尤其要注意许可范围是否包括要托运的危险货物类别。

（2）说明。危险货物托运人应当向承运人说明危险货物的品名、数量、危害、应急措施等情况，对有特殊要求或凭证运输的危险货物，必须附有相关凭证，并在托运单备注栏内说明，告知承运人相关注意事项。

（3）包装。危险货物托运人应当根据货物性质、运送路程、沿途路况，严格按照国家有关规定妥善包装，必须做到牢固、严密，并在外包装上做好清晰、规范、易识别的安全标志。

（4）提交。危险货物托运人应当向承运人提交与托运的危险化学品完全一致的安全技术说明书和安全标签，托运未列入《汽车运输危险货物品名表》的危险货物新品种，必须提交"危险货物鉴定表"。

微课：危货运输管理之作业管理

（5）记录。托运结束后，危险货物托运人要及时记录下自己托运的危险货物种类、数量和承运人等相关信息，记录的保存期限不得少于1年。

2. 危险货物承运管理

危险货物承运人在受理托运和承运时必须做到以下几点。

（1）资质齐全。从事公路危险货物运输经营的企业，必须取得"道路危险货物运输许可证"；从事公路危险货物运输的驾驶人员、装卸管理人员、押运人员应当取得相应的危险品从业资格证；从事剧毒化学品、爆炸品公路运输的驾驶人员、装卸管理人员、押运人员，应当取得注明为"剧毒化学品运输"或"爆炸品运输"类别的从业资格证；专用车辆的技术要求应当符合《道路运输车辆技术管理规定》有关规定；用于装卸危险货物的机械及工具的技术状况应当符合行业标准《汽车运输危险货物规则》规定的技术要求。

（2）标志规范。专用车辆应当按照国家标准的要求悬挂标志灯、标志旗等警示标志，车体应印标有醒目的安全标志。危险货物专用停车场、装卸作业区等作业场所，应设立明显的警示标牌。运输的危险货物要求安全标志和标签规范、齐全、清晰。

（3）包装规范。包装所用的材质应与所装的危险货物的性质相适应；包装的强度能经受运输过程的冲撞、震动、挤压和摩擦；包装的封口必须严密、牢靠，并与所装危险货物的性质相适应；包装能经受运输过程的温度、湿度的变化。

（4）车辆专用。专用车辆应当安装具有行驶记录功能的卫星定位装置，配备与运输的危险货物性质相适应的安全防护、环境保护和消防设施设备。运输剧毒化学品、爆炸品、易制爆危险化学品的，应当配备罐式、厢式专用车辆或者压力容器等专用容器。罐式专用车辆的罐体应当经质量检验部门检验合格，且罐体载货后总质量与专用车辆核定载质量相匹配。运输爆炸品、强腐蚀性危险货物的罐式专用车辆的罐体容积一般不得超过20立方米，运输剧毒化学品的罐式专用车辆的罐体容积一般不得超过10立方米。运输剧毒化学品、爆炸品、强腐蚀性危险货物的非罐式专用车辆，核定载质量一般不得超过10吨。

（5）装卸规范。危险货物的装卸作业要严格遵守安全作业标准、规程和制度，并在装卸管理人员的现场指挥或者监控下进行。装卸过程应当根据危险货物的性质，轻装轻卸，堆码整齐，捆扎牢固，严禁摔碰、撞击、滚翻、重压和倒置，防止混杂、撒漏、破损，不得与普通货物混合堆放。装卸现场的道路、灯光、标志、消防设施等必须符合安全装卸的条件。不同性质的危险品或灭火方式不同的危险品，不能同车混装。

（6）行车安全。运输危险货物时，要严格遵守有关部门关于危险货物运输线路、时间、速度方面的有关规定，应控制车速，严禁违章

教学动画：危险品运输车安全设备配置

超车，保持与前车的距离，遇到情况提前减速，避免紧急刹车，确保行车安全。同时，还要遵守有关部门关于剧毒、爆炸危险品公路运输车辆，在重大节假日通行高速公路的相关规定。企业应当通过卫星定位监控平台或监控终端及时纠正和处理超速行驶、疲劳驾驶、不按规定线路行驶等违法违规驾驶行为。

小贴士

确保高速公路行车速度低于 80 千米／时，其他道路低于 60 千米／时；全天总计驾驶时间不超过 8 小时，连续驾驶时间不超过 4 小时。

（7）停放规范。公路危险货物运输途中，驾驶人员不得随意停车。因住宿或者发生影响正常运输的情况，需要较长时间停车的，驾驶人员、押运人员应当设置警戒带，并留人看守，闲杂人员不准接近车辆，做到车在人在，确保车辆安全。运输剧毒或易爆危险品需要较长时间停车的，驾驶人员或者押运人员应当向当地公安机关报告。装载危险品的车辆不得在学校、机关、集市、名胜古迹、风景游览区停放，如必须在上述地区进行装卸作业或临时停车时，应采取安全措施，并征得当地公安部门的同意。

（8）防火得当。危货运输忌火，危险品在装卸时应使用不产生火花的工具，车厢内严禁吸烟，车辆不得靠近明火、高温场所和太阳暴晒的地方。装运石油类的油罐车在停驶、装卸时应安装好静电接地线，行驶时应使地线触地，以防静电产生火灾。

（9）防止散漏。危险品在装运过程中，应当采取必要措施，防止危险货物脱落、扬撒、丢失、泄漏等。当出现货物脱落、扬撒、丢失、泄漏时，作业人员应当立即根据《道路运输危险货物安全卡》的要求采取处置措施。情况严重时，应按应急预案向有关部门报告，采取应急处置措施。

（10）清厢及时。危险品卸车后，作业人员应清扫车上残留物，被危险品污染过的车辆及工具必须洗刷清毒，确保不对普通货物造成污染、损害。未经彻底清毒，严禁装运食用、药用物品、饲料及动植物。

微课：危货运输管理之承运管理

四、常见的危险货物运输

1. 爆炸品的运输

爆炸品是 9 类危险品中的第一类，也是最常见的危险品种类，更是运输过程中最容易引发安全事故的危险品种类。在实际工作中，为便于掌握各种爆炸品之间的不同理化特性，又将其分为 6 个子类：有整体爆炸危险的物质或物品；有进射危险，但无整体爆炸危险的物质或物品；具有燃烧危险并有局部爆炸危险或局部进射危险，或这两种危险都有，但无整体爆炸危险的物质或物品；不呈现重大危险的物质或物品；有整体爆炸危险的非常不敏感物质或物品；无整体爆炸危险的极端不敏感物质或物品。

教学动画：违规运输危险品

为了保证爆炸品的运输安全，在运输作业应按以下要求进行。

（1）运输危险货物时应随车携带"道路运输危险货物安全卡"。

（2）运载车辆必须符合国家有关技术要求。严禁使用以柴油或煤气作为燃料的车辆运输爆炸品。因为柴油车尾气易发出火星，而煤气容易着火。

（3）装车前应将货厢清扫干净，排除异物，装载量不得超过额定负荷，押运人应负责监装、监卸，数量应点收点交清楚。所装货物超出栏板部分，不得超出货厢栏板高度的1/3，密封式车厢装货高度不得超过1.5米，没有外包装的金属桶，需单层摆放，以免压力过大或撞击摩擦引起爆炸，在任何情况下雷管和爆炸药，都不得同时装运，或两车同时在同一场地进行装卸。

（4）运输爆炸品时，其运输时间、路线应事先报请当地公安部门批准，按公安部门指定的时间、路线行驶，不得擅自改变行驶路线，以利于加强运行安全管理。车上无押运人员不得单独行驶，押运人员必须熟悉所装卸货物的性能和作业注意事项等。车上严禁搭乘无关人员和危及安全的其他物资。

（5）行车中驾驶人员必须集中精力，严格遵守交通法规和操作规程，同时注意观察，保持行车平稳。多部车辆列队运输行驶时，跟车距离至少保持50米以上，一般情况下不得超车、强行会车，非特殊情况下不准紧急刹车。

（6）运输车辆在途中停歇时，要远离建筑设施和人烟稠密的地方，并有专人看管，严禁在爆破器材附近吸烟和用火。

（7）根据所装货物和包装情况，随车携带好遮盖、捆扎等防散失工具，并检查随车灭火器是否完好，车辆货箱内不得有与易燃液体性质相抵触的残留物。照明设备必须符合防爆要求。

（8）对于爆炸品起火，通常有效的灭火方法是用水冷却达到灭火目的，但不能采取窒息法或隔离法。禁止使用砂土覆盖燃烧的爆炸品，否则会导致由燃烧转化为爆炸。扑救有毒性的爆炸品火灾时，灭火人员应佩戴防毒面具。对爆炸物品撒漏物，应及时用水湿润，再撒以锯末或棉絮等松软物品收集后，保持相当湿度，报请消防人员处理，绝对不允许将收集的撒漏物重新装入原包装内。

微课：公路危货运输之爆炸品运输要求

三问：是否严格按照规定的运输路线行车？

四问：是否严格按照规定的地点停放车辆？

五问：危险品运输中途停车是否能对车辆进行有效监管？

六问：驾驶员、押运人员是否持证上岗？

七问：运输途中驾驶员、押运人员是否严格执行相关法律规范和安全规定？

八问：企业危险品运输管理制度和应急预案是否健全有效？

九问：是否存在雷管、炸药同车混装运输的现象？

十问：运输车辆 GPS 定位系统是否正常？

2. 压缩、液化、加压溶解气体类货物的运输

压缩、液化、加压溶解气体货物是将常温常压条件下的气体物质，经压缩或降温加压后，储存于耐压容器、特制的高强度耐压容器或装有特殊溶剂的耐压容器中的气体类货物，如氧气、氢气、氯气、氨气、乙炔、天然气等。其危险性主要表现在：一是耐压容器破裂或爆炸的危险；二是气体物质化学性质引起的危险，如引起火灾、爆炸、中毒、灼伤、冻伤等危险事故。

（1）压缩、液化、加压溶解气体货物的运输安全要求

① 运输可燃、有毒气体时，车上必须备有相应的灭火和防毒器具。

② 运输大型气瓶，为防止气瓶的巨大惯性冲出车厢平台而造成事故，行车途中应尽量避免紧急制动。运输一般气瓶转弯时，为防止急转弯或车速过快时所装气瓶会因离心力作用而被抛出车厢外，车辆应减速行驶，尤其是市区短途运输没有二道防震橡皮圈的气瓶，更应注意转弯时的车速。

③ 夏季运输应根据当地公安消防部门的限运规定组织运输，同时，车上还必须置有遮阳设施，防止曝晒。液化石油气槽车应有导静电拖地带。

（2）压缩、液化、加压溶解气体货物的装卸安全要求

① 操作人员必须检查气瓶安全帽是否齐全旋紧。操作时必须严格遵守操作规程；装卸时必须轻装轻卸，严禁抛、滑或猛力撞击。

② 徒手操作搬运气瓶时不准脱手滚瓶、传接。装车时要注意保护气瓶头阀，防止撞坏。气瓶一般应横向放置平稳、妥善固定，气瓶头部应朝向一方，最上一层不准超过栏板高度。小型货车装运气瓶，其车厢宽度不及气瓶高度时，气瓶可纵向摆放，但气瓶头部应紧靠前车厢栏板，不得竖装。

③ 可以竖装的气瓶，如低温液化气体的杜瓦瓶、大型液化石油气钢瓶，必须采取有效的捆扎措施。

④ 易燃气体不得与其他危险货物配载；不燃气体除爆炸品、酸性腐蚀品外，可以与其他危险货物配载；助燃气体（空气、氧气及具有氧化性的有毒气体）不得与易燃、易爆物品及酸性腐蚀品配载；有毒气体不得与易燃、易爆物品氧化剂和有机过氧化物、酸性腐蚀物品配载。

3. 易燃液体货物的运输

易燃液体货物是指易燃的液体、液体混合物或含有固体物质（如粉末沉积或悬浮物

等）的液体，但不包括因其危险性已列入其他类别危险货物的液体，如乙醇、苯、乙醚、二硫化碳（CS_2）、油漆类以及石油制品和含有机溶剂制品等，其主要危险是燃烧和爆炸。

（1）易燃液体货物的运输安全要求

① 装运易燃液体的车辆，严禁搭乘无关人员，途中应经常检查车上货物的装载情况，如包装件有无渗漏，捆扎是否牢固等。如发现异常应及时采取有效措施。

教学动画：七吨毒液为何泄漏

② 装运易燃液体的罐（槽）车行驶时，导除静电装置应接地良好。车上人员不准吸烟，车辆不得接近明火及高温场所。

③ 当气温在30℃以上的夏天高温季节，应根据当地公安消防部门的限运规定按指定时间内进行运输，如公安部门无具体品名限制的，对一级易燃液体（即闪点低于28℃）应安排在早、晚进行运输。如必须运输时，车上应具有有效的遮阳措施，封闭式车厢应保持通风良好。

④ 不溶于水的易燃液体货物原则上不能通过越江隧道，或按当地有关管理部门的规定进行运输。

（2）易燃液体货物的装卸安全要求

① 由于易燃液体受热后会发生容器膨胀或鼓桶现象，作业人员在装车时应认真检查包装（包括封口）的完好情况，发现鼓桶破损或渗漏现象不能装运。

② 装卸作业必须严格遵守操作规程，轻装、轻卸，防止货物撞击，尤其是内容器为易碎容器（玻璃瓶）时，严禁摔投、重压和倒置，货物堆放时应使桶口、箱盖朝上，堆垛整齐平稳。

③ 易燃液体不能与氧化剂或强酸等货物同车装运，更不能与爆炸品、气体以及易自燃物品拼车。能溶于水的或含水的易燃液体不得与遇湿易燃物品同车装运。

4. 易燃固体、自燃物品和遇湿易燃物品的运输

易燃固体指燃点低，对热、撞击、摩擦敏感，易被外部火源点燃，燃烧迅速，并可能散出有毒烟雾或有毒气体的固体货物，如赤磷及磷的硫化物、硫磺、硝化纤维塑料等。自燃物品指自燃点低，在空气中易于发生氧化反应，放出热量，而自行燃烧的物品，如黄磷和油浸的麻、棉、纸及其制品等。遇湿易燃物品指遇水或受潮时，发生剧烈化学反应，放出大量易燃气体和热量的物品，有些不需明火，即能燃烧或爆炸，如钠、钾等碱金属，电石（碳化钙）等。

易燃固体、自燃物品和遇湿易燃物品货物在运输时，要避开明火高温区域和场所，防止外来明火接触货物；定时停车检查货物的堆码、捆扎和包装情况，尤其要注意防止包装渗漏，留有隐患。

教学动画：公路危险货物运输

任务实施

第一步：根据公路危货运输存在的危险因素和管理缺陷，逐层分析事故原因，绘出事故鱼骨图（见图4-10），采取具有针对性的有效防范措施，防止事故的发生。

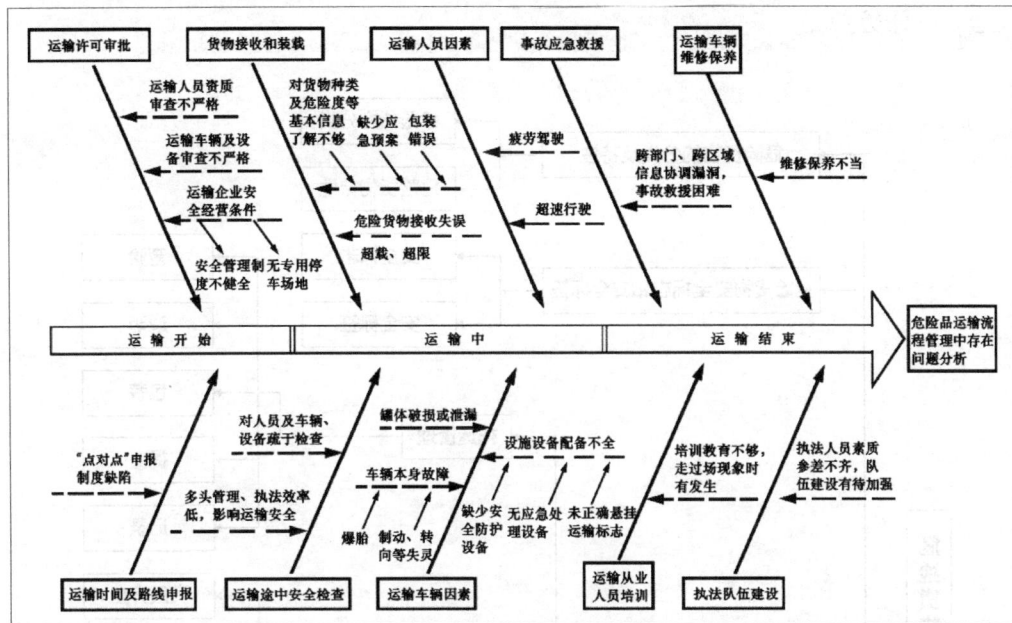

图 4-10　事故分析图

第二步：制定公路危货运输组织流程图（见图 4-11）。

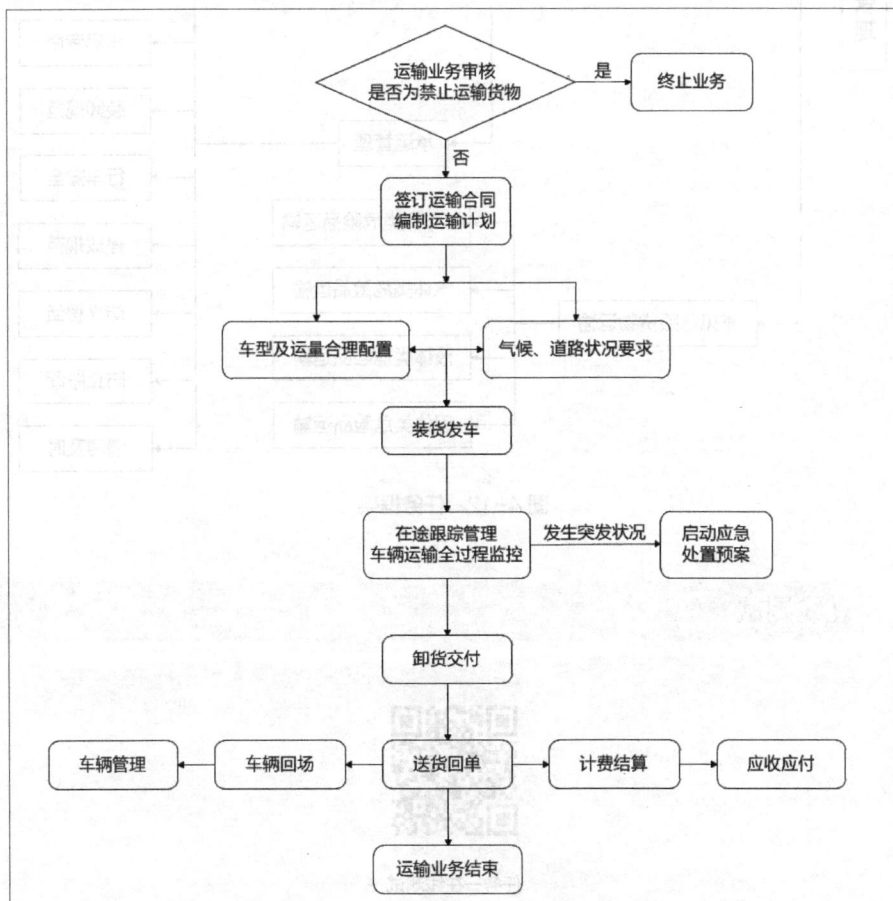

图 4-11　公路危货运输组织流程

任务总结

危险货物运输业务管理
- 危险货物的分类及特性
  - 危险货物分类
  - 危险货物特性
- 危险货物安全标志和安全标签
  - 安全标志
  - 安全标签
- 危险货物作业管理
  - 托运管理
    - 查验
    - 说明
    - 包装
    - 提交
    - 记录
  - 承运管理
    - 资质齐全
    - 标志规范
    - 包装规范
    - 车辆专用
    - 装卸规范
    - 行车安全
    - 停放规范
    - 防火得当
    - 防止撒漏
    - 清厢及时
- 常见危险货物运输
  - 爆炸品类危险品运输
  - 气体类危险品运输
  - 液体类危险品运输
  - 固体类危险品运输

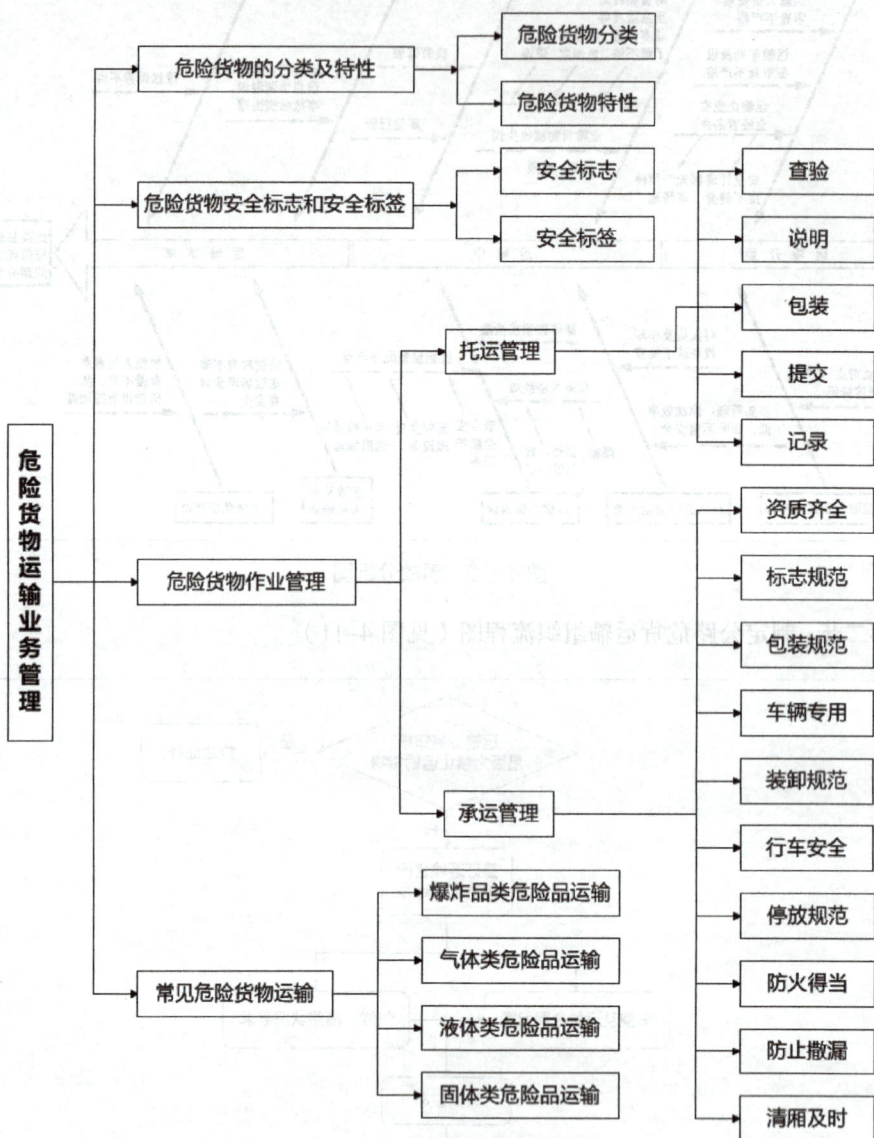

图4-12　任务框架

在线测试

任务一在线测试

任务二
危险货物运输电子运单管理

任务描述

为进一步提升危险品安全生产管理水平，预防和减少危险品安全生产事故，江苏全面启动危险货物道路运输电子运单管理制度，要求危险货物公路运输企业装载危险货物、执行运输生产任务的运输车辆，必须携带 IC 卡"道路运输证"；发车前，在电子运单管理系统中规范填写车辆、人员、货物及流向等信息，上传并打印电子运单，由驾驶员随车携带备查；未填报电子运单或电子运单载明的相关信息与实际情况不符的，不得安排发货、装载。

为进一步规范公司的危险货物公路运输组织流程，强化各环节工作职责，提高危险货物公路运输安全管理水平，通达物流组织相关人员参加危险货物道路运输电子运单管理制度的专题培训，熟练掌握电子运单的填制、管理和使用，确保该项制度顺利落实到位。

任务资讯

电子运单是利用现代信息技术，将危险货物从托运、装载到运输的全过程进行电子信息化记录，涉及托运单位、收货单位、运输单位、管理部门等，是实现跨部门联动，开展危险货物源头综合监管的重要载体。随着信息技术的快速发展，卫星定位技术、射频识别、车载终端等技术为实行电子运单制度提供了良好的技术手段。

为了将危险货物的潜在危险性更便捷地传达给运输链中的相关参与方，提高危货运输过程的安全性，提高运单周转效率，降低运单错误率和损毁率，美国运输部从 2012 年开始了危险货物电子运单使用的试点工作，实现危险货物运输托运、充装、运输、收货等全过程单据的电子化管理和传输。

危货运单作为管理部门进行运输安全监管的重要载体，能约束承托双方严格遵守危货道路运输有关法律、法规和强制性标准。美国、加拿大、德国等国家都要求危货公路运输驾驶员在运输过程中，必须随车携带危货运单，为路检、路查提供检查依据、为事故应急救援提供必要信息，这在减少危货公路运输事故、加强企业规范化管理中发挥了重要的作用。为强化危险货物公路运输源头管控和动态监控，有效提升危险货物公路运输安全运营水平，我国交通运输部于2015 年 1 月启动了危险货物公路运输电子运单管理制度试点工作。

视频：危险货物道路运输"电子运单"

一、纸质运单管理存在的弊端

原有的纸质运单管理存在纸质单据易造假、运单信息核对不及时、事故发生时运单信息不易获取等问题，导致危险货物公路运输企业的安全生产主体责任落实难，企业对所属人员和车辆"监而不控""挂而不管"，危险货物非法托运和违法运输时有发生，事故应急救援不力。

纸质运单管理存在的弊端主要表现在以下4点。

（1）驾驶员、车辆资质的合规性不易辨识。在许多危险货物公路运输中，存在驾驶员使用普通货物道路运输从业资格证或车辆使用普通货物公路运输许可证从事危险货物公路运输、驾驶员和车辆资质过期仍从事危险货物公路运输等突出问题。使用纸质运单时，由于信息审核不及时导致无法及时发现问题，给危险货物公路运输带来极大的安全隐患。

（2）危险货物运输过程合规性不易核实。为便于相关人员快速、有效地辨别危险货物的危害性，虽然相关法规规定需在包装上粘贴相应的标记，在运输车辆上印（挂）相应标记和警示牌，但由于危险货物数量众多，检查人员或工作人员很难掌握所有危险货物的分类，导致路检、路查的准确率和工作效率较低。

（3）发生事故时，危险货物相关信息不易获取。危险货物公路运输事故发生时，运单中的危险货物信息是制订应急救援方案的重要信息来源。使用纸质运单会增加获取信息的时间，降低获取信息的效率。

（4）托运人不规范托运行为不易监管。长期以来，危险货物公路托运环节的安全监管相对较弱，存在违法托运、违法充装等问题，很难落实托运人的管理责任，直接影响到危险货物公路运输的健康发展。

微课：公路危货运输管理之电子运单

二、危货电子运单管理业务流程

危险货物公路运输运单管理涉及托运人和承运人之间的业务环节管理、承运人内部的业务环节管理、相关管理部门的监管环节等。管理业务流程如图4-13所示。

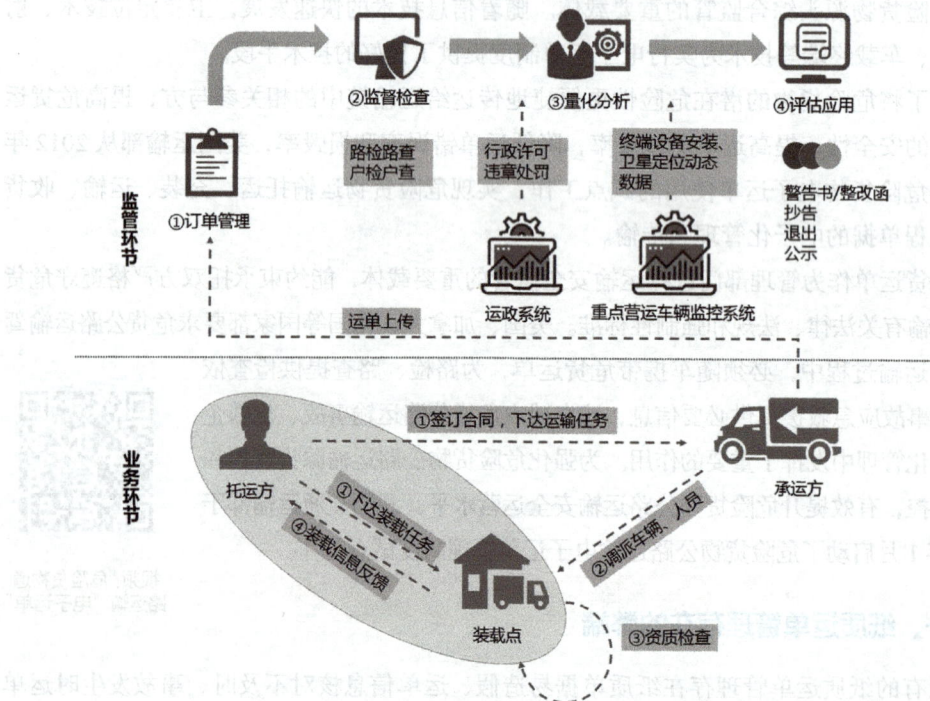

图4-13　危险货物道路运输电子运单管理业务流程

从业务环节上来看，电子运单与纸质运单的业务流程相同，都是经过托运受理、装车发运、在途运输和到站交付等环节。但在发车前，危险货物公路运输企业必须通过计算机、手机 App 等方式，在线或离线填写货物信息、车辆信息、人员信息、驾驶路线等运输信息，管理系统会自动检查运输车辆卫星定位装置是否符合要求，驾驶员、押运员是否具备有效危险货物道路运输从业资格证等。

装载危险货物、执行运输生产任务的运输车辆，必须随车携带电子运单纸质稿、IC 卡"道路运输证"，并开通 ETC 功能。车辆必须配备 GPS 监控危险品运输全过程，包括货物的装卸、人员配置以及运输过程中的车速。在发生意外情况时，监管部门及相关企业可以通过"电子运单"及时获悉运输危化品的种类、数量、生产企业等信息，及时针对性地抢险，避免产生更大影响。

小贴士

IC 卡"道路运输证"是采用智能卡技术，与第二代身份证相似，是营运车辆随车携带的电子档案，具备纸质道路运输证功能以及行车路单、危险品运输管理、年度审验、二级维护和安全监管等管理信息和功能，具有方便携带、不易污损及可进行数据交换等优点。

三、危货电子运单的主要内容

危货运输链中的参与主体主要包括发货人（托运人）、承运人、管理部门、应急救援机构等，电子运单的管理必须满足这些参与主体各自的需求。发货人和承运人，希望实现运输过程可视以及运输数据共享，保障运输合规，同时生成和保存危险货物电子运单信息，减少纸质工作量和相关成本，并确保商业信息的安全。管理部门希望通过电子运单，及时查阅运输过程、车辆和驾驶员相关文件，督促运输过程及运单保存的合规性。应急救援机构希望通过电子运单快速、准确地获取危险货物、车辆类型、货物数量、应急联系信息等重要信息，了解运输车辆上不同货物之间相互作用产生的潜在危险性，提高应急救援效率。

1. 电子运单的主要内容

危货道路运输电子运单如图 4-14 所示，主要包括以下内容。

（1）车辆信息，主要包括车牌号、挂车车牌号、核定载质量、车辆类型等。在电子运单管理模式下，车辆必须具有相应的道路危险货物运输经营资质才能上传电子路单。同时，如果这辆车在 24 小时内没有卫星定位信息，该车辆也不能上传电子路单。

（2）驾驶员和押运员的人员信息，主要包括姓名、从业资格证、联系方式等。这些数据与从业人员信息关联，劳动合同或从业资格证过期时，不能上传电子路单。

（3）运输信息，主要包括运输价格、运输距离、装载数量、预计发车时间、预计到达时间、车辆是否满载等。

（4）危险货物信息，主要包括危险品名称、分类、应急处置方案等。在电子运单管理模式下，危险货物品种与应急处置预案、危险货物的类别与车辆核定的经营范围会直接绑定。

（5）运输路由信息，主要包括始发地、途径主要城市、目的地。可通过与车辆行驶轨迹比对，进行在途实时监控。

图 4-14　危险货物道路运输电子运单主要内容

2. 危货电子运单管理的特点

电子运单是一个综合的业务管理系统，直接关联多个管理模块和考核指标。

（1）电子运单与运输管理业务系统对接。将运输管理业务系统中的企业、车辆等资质信息与运单上传关联，强化车辆经营的资质把关。系统中预先设定业务办理规则，并进行自动审核，不符合设定条件的，相关业务将无法办理。

（2）电子运单与企业车辆管理系统对接。运输企业可以远程提交新增车辆申请，系统会按照预先设定的电子运单考核条件，对该企业现有车辆运行情况进行自动比对。对行驶轨迹比对不合格、上传电子运单没出车、出车未上传电子运单等情况超过设定条件上限的，不予通过车辆申请，形成运单上传考核与企业运力发展的闭环制约。

（3）运单上传与从业人员管理系统关联。系统会自动审核从业人员资格，并通过身份证号码的唯一性注册，有效杜绝"驾押人员"多企业兼职等违规情况。

（4）运单与应急管理系统关联。在上传运单之前，需要提前维护托运人信息，为事故应急处置提供技术支持，同时相关信息通过保密处理，确保不泄露企业的客户信息。

微课：公路危货电子运单的填制

四、电子运单的主要功能模块

根据对主要用户的分析，危险货物电子运单管理系统可分为托运人子系统、驾驶员 /

押运员子系统（移动版）、运输企业应用子系统和行业监管子系统。

1. 托运人子系统

该系统主要面向托运企业，功能包括基础信息管理、托运任务管理、任务统计和系统管理等（见图 4–15）。

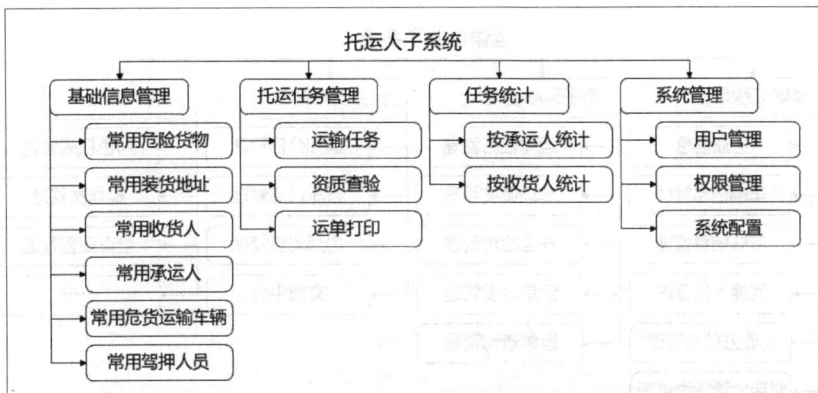

图 4-15　托运人子系统功能框架图

（1）基础信息管理。实现常用危险货物信息维护、常用装货地址维护、常用收货人管理、常用危货运输车辆管理、常用驾押人员管理等。

（2）托运任务管理。实现运输任务下达、人员和车辆资质查验、运单打印等。

（3）任务统计。实现对托运任务的统计工作，可按承运人统计也可按收货人统计。

（4）系统管理。实现用户管理、权限管理和系统配置等。

2. 驾驶员/押运员子系统

该系统主要面向驾驶员和押运员，提供危险品运输的业务调度、电子运单管理、安全检查等功能（见图 4–16）。

（1）任务申请管理。驾驶员/押运员可登录系统主动申请运输任务，实现创建新任务申请、复制申请、任务申请取消等功能。

（2）电子运单管理。实现查看企业派发运单、变更运单状态、查看货物安全卡等功能。

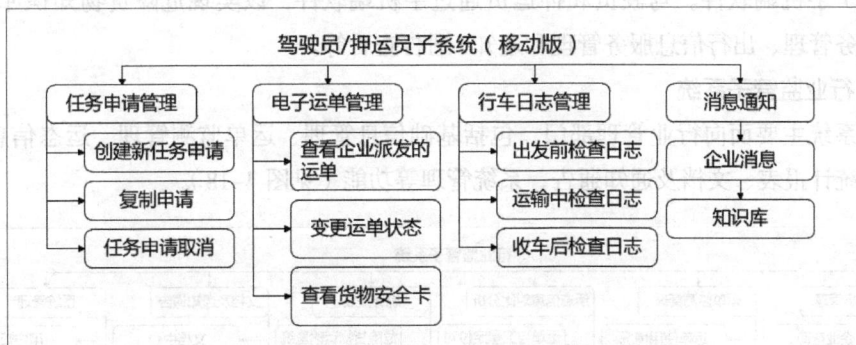

图 4-16　驾驶员/押运员子系统功能框架图

（3）行车日志管理。实现出车前、运输中、收车后的检查日志管理功能。

（4）消息通知。接收企业派发的相关信息。

（5）企业消息。查看企业相关信息。

（6）知识库。查看所有危险货物的相关信息。

3. 运输企业应用子系统

该系统主要面向危险货物公路运输企业调度人员、安全管理人员、驾驶员、押运员等，包括基础信息管理、电子运单管理、企业日常管理和系统管理等功能（见图4-17）。

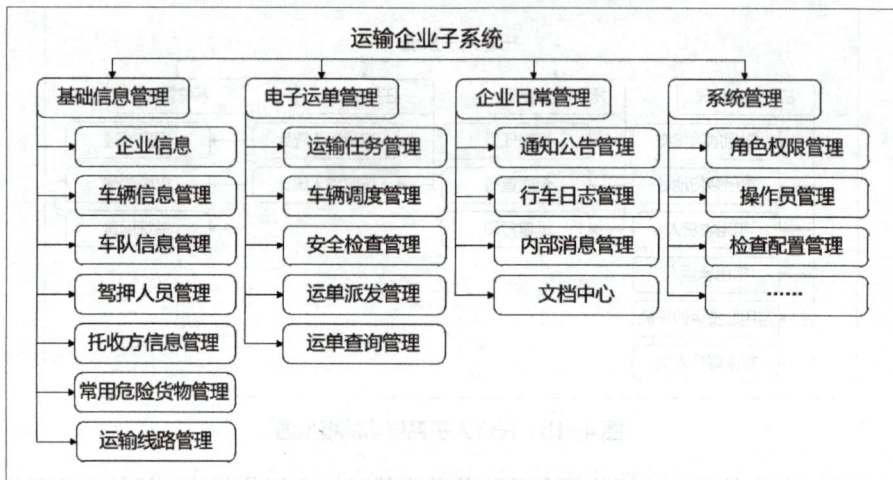

图 4-17　运输企业应用子系统功能框架图

（1）基础信息管理。统一维护运单填写过程中托运人、收货人、运输线路、车辆、人员、危险货物等基础数据，便于运单填写时快速选择录入，主要包括企业信息、车辆信息、车队信息、驾押人员、托收方信息、常用危险货物、运输线路等管理信息。

（2）电子运单管理。实现危险货物道路运输电子运单的填写、企业自检、运单派发、运单跟踪等功能，包括运输任务管理、车辆调度管理、安全检查管理、运单派发管理、运单查询统计等。

（3）企业日常管理。实现对行业管理部门和企业内部的通知/通告管理、行车日志管理、内部消息管理、文档管理等。

（4）系统管理。实现角色权限查看、操作员管理、检查配置管理等。

（5）手机端软件。驾驶员和押运员通过手机端软件，以实现危险货物知识库管理、运输任务管理、出行信息服务管理和通知/通告查看等。

4. 行业监管子系统

该系统主要面向行业管理部门，包括基础信息管理、运单监测管理、运态信息对比分析、统计报表、文档及通知通告、系统管理等功能（见图4-18）。

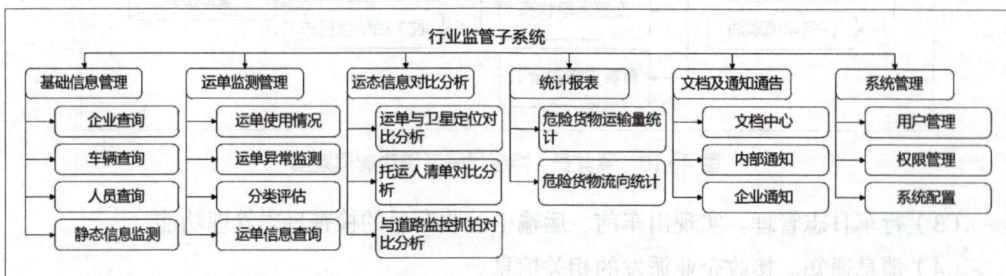

图 4-18　行业监管子系统功能框架

（1）基础信息管理。实现运输企业查询、车辆查询、人员查询和静态资质信息监测等。

（2）运单监测管理。实现对运单使用情况、运单异常情况进行监测，对运单使用进行分类评估，进行运单信息查询等。

（3）运态信息对比分析。通过对运输企业填写的电子运单与卫星定位数据、托运人清单、道路抓拍信息对比分析，有效识别违规行为，为开展有针对性的监督检查提供线索。

（4）统计报表。实现对运单按货物种类、流量、流向等进行统计，以便开展有针对性的从业人员培训和应急救援演练。

（5）文档及通知通告。实现行业管理部门与企业的互动，可以向全部企业或指定的运输企业发送各类通知通告，并可自动跟踪企业的签收反馈情况和掌握通知通告的到达率，对于未收到的企业及时通知。

（6）系统管理。实现用户管理、权限管理和系统配置等。

（7）行业监管手机应用软件。实现信息查询、运单查询和基本安全检查等功能。

危险货物道路运输电子运单是实现运输企业调度、动态监控、行业监管、应急处置等业务环节有效衔接的重要工具，是掌握了解运输企业是否规范化经营、安全生产主体责任是否落实的重要窗口，也是实现行业精准监管的有效工具。

微课：公路危货电子运单的功能模块

任务实施

第一步：登录危险货物道路运输电子运单管理平台（见图4-19）。

输入用户名（经营许可证号）和密码，登录危险货物道路运输电子运单管理平台运输企业管理子系统。

第二步：电子运单线路维护。

菜单：栏目导航→车辆管理→信息填报→电子运单线路维护（见图4-20）。

图4-19　危险货物道路运输电子运单管理平台登录界面

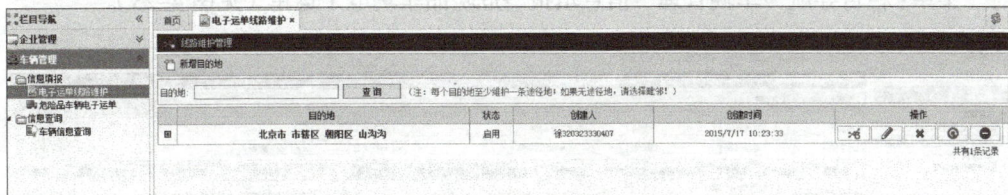

图4-20　电子运单线路维护界面

（1）新增目的地操作。

单击"新增目的地"按钮，进入新增目的地页面（见图4-21）。

图 4-21 新增目的地界面

目的地填写好后，单击"保存"按钮保存新增线路。在线路列表中单击"+"可以展开这条线路的途径地，单击"修改""删除"等按钮可以对目的地进行相应的修改、删除、启用或者不启用等操作。

（2）新增线路的途径地

单击"完成"可以进入选择线路途径地操作界面（见图4-22），进行线路的途径地的添加操作。

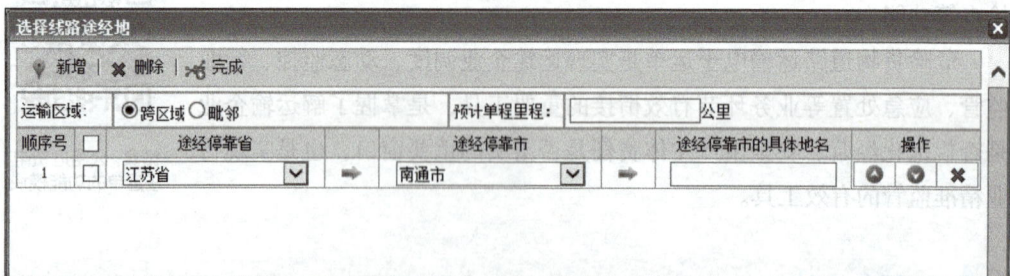

图 4-22 选择线路途径地界面

单击"新增"按钮可以新增线路的途径地，然后选择运输区域并填写途径地信息，单击"删除"按钮可以对选择的多个途径地进行批量删除，单击"×▲▼"按钮可以对某一条途径地进行单条删除，单击"▲""▼"按钮可以对途径地的顺序进行调整，单击"完成"按钮表示线路途径地添加完成。卫星定位监管系统会对始发地、目的地、途中停靠地进行 GPS 比对。

线路维护的时候选择"毗邻/本市"的时候，会提示"没有找到合适的数据"，直接单击"完成"按钮就可以了。

第三步：危险品车辆电子运单填报。

菜单：栏目导航→车辆管理→信息填报→危险品车辆电子运单（见图4-23）。

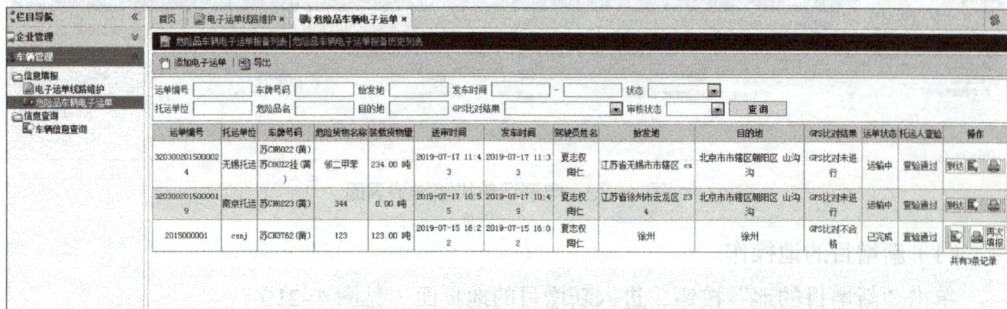

图 4-23 电子运单填报界面

（1）单击"添加电子运单"按钮，进入选择车辆列表页面（见图4-24）。

图4-24　车辆列表

（2）选择一辆危险品车，进入电子运单报备页面（见图4-25），填写或选择相关信息。

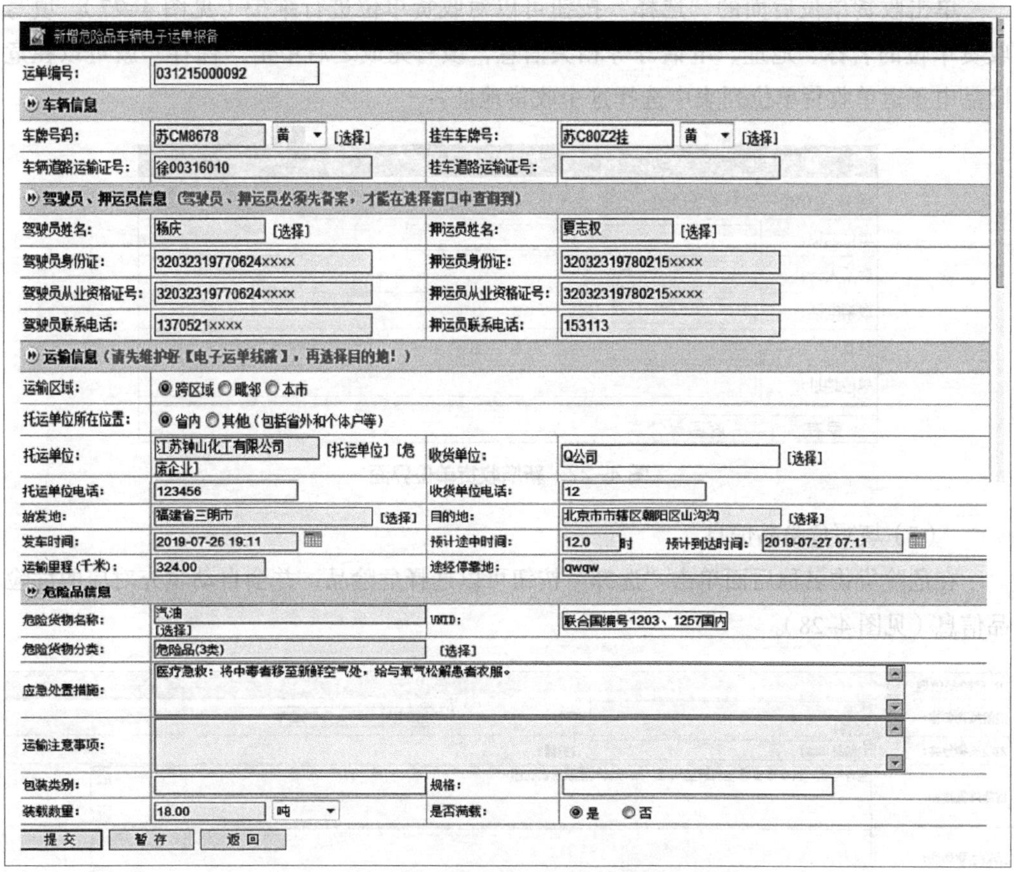

图4-25　新增危险品车辆电子运单报备界面

（3）选择驾驶员、押运员信息，进入选择人员界面（见图4-26），填写或选择相关信息。

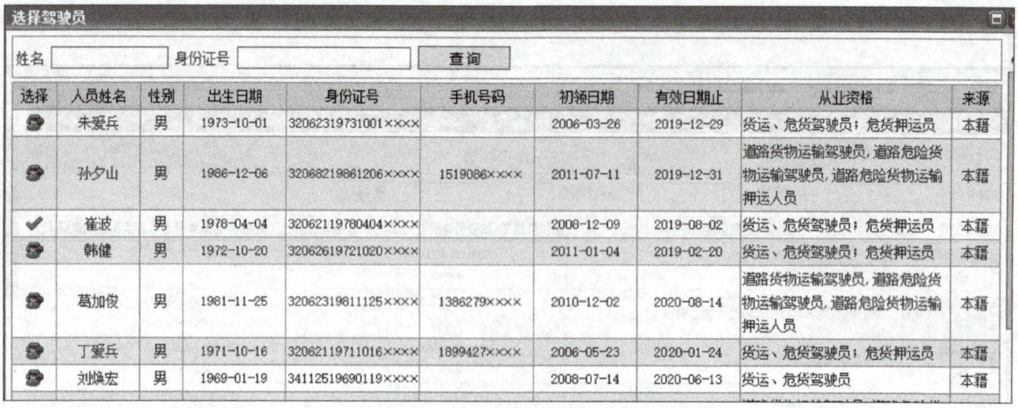

选择驾驶员

姓名 身份证号 查询

选择	人员姓名	性别	出生日期	身份证号	手机号码	初领日期	有效日期止	从业资格	来源
	朱爱兵	男	1973-10-01	32062319731001××××		2006-03-26	2019-12-29	货运、危货驾驶员；危货押运员	本籍
	孙夕山	男	1986-12-06	32068219861206××××	1519086××××	2011-07-11	2019-12-31	道路货物运输驾驶员，道路危险货物运输驾驶员，道路危险货物运输押运人员	本籍
✔	崔波	男	1978-04-04	32062119780404××××		2008-12-09	2019-08-02	货运、危货驾驶员；危货押运员	本籍
	韩健	男	1972-10-20	32062619721020××××		2011-01-04	2019-02-20	货运、危货驾驶员；危货押运员	本籍
	葛加俊	男	1981-11-25	32062319811125××××	1386279××××	2010-12-02	2020-08-14	道路货物运输驾驶员，道路危险货物运输驾驶员，道路危险货物运输押运人员	本籍
	丁爱兵	男	1971-10-16	32062119711016××××	1899427××××	2006-05-23	2020-01-24	货运、危货驾驶员；危货押运员	本籍
	刘焕宏	男	1969-01-19	34112519690119××××		2008-07-14	2020-06-13	货运、危货驾驶员	本籍

图 4-26　选择驾驶员界面

只能选择标记“√”的驾驶员。单击不能选择驾驶员前面的图标，一般会显示不能选择的原因。

（4）填写运输信息。

选择运输区域、选择托运单位或危废企业。如果托运单位选择的是普通托运单位，由普通托运单位审核；如果托运单位选择的是危废企业由危废企业审核。

单击收货单位后面的“选择”按钮可以对收货单位进行维护（见图 4-27）。填写收货单位的名称、地址、电话等等相关信息，填写完成之后单击“保存”就可以在危险品电子运单收货单位列表中选择这个收货地址。

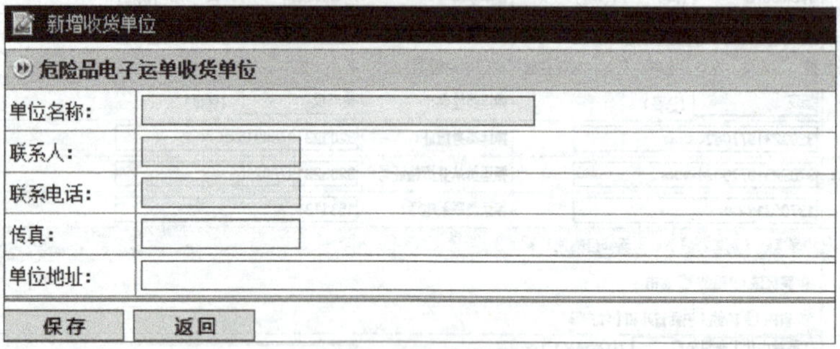

图 4-27　新增收货单位界面

（5）填写危险品信息。

在危险货物名称后面单击“选择”按钮可以选择危险品，并会自动填充对应的危险品信息（见图 4-28）。

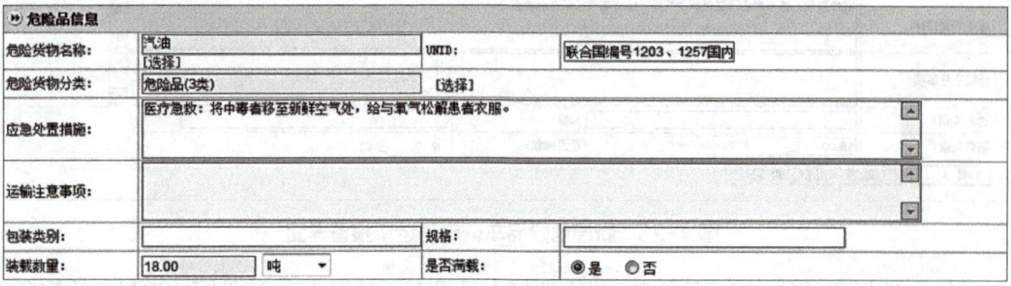

图 4-28　危险品信息界面

（6）保存并提交信息。

信息填写完成之后可以单击"提交"按钮，将运单提交给托运方进行审核，页面将跳转到危险品车辆电子运单列表（见图4-29）。单击提交后会有一个撤回运单的功能，在托运方未查验之前可以将运单撤回。撤回功能只对系统里存在的收货单位有效，手动输入的收货单位没有撤回功能。

运单编号	托运单位	车牌号码	危险货物名称	装载货物量	提交时间	发车时间	驾驶员姓名	始发地	目的地	卫星定位比对结果	运单状态	托运人查验	操作
01151503 9671	苏州市兴业化工有限公司	苏AM5877（黄）	品名及编号：季戊四醇四硝酸酯（季戊炸药）（0150）	8.00 吨	2015-10-01 11:30	2015-10-01 12:30	梁甘宁顺利	江苏省南京市	江苏省无锡市	比对未进行	提交送审	未查验	撤回
								江苏省					

图4-29　危险品车辆电子运单列表界面

（7）打印和查看电子运单。

单击"打印"按钮可以打印电子运单，单击"查看"按钮可以查看电子运单信息。托运人审核通过之后，此时电子运单的状态会变成"运输中"，运输完成后单击"到达"按钮会弹出电子运单完成页面（见图4-30）。

车辆危险品电子运单完成			
车牌号码：	苏CM9225（黄）	挂车车牌号：	
驾驶员、押运员信息			
驾驶员姓名：	郑斌	押运员姓名：	陶仁
驾驶员身份证：	32031119700314××××	押运员身份证：	32038119770426××××
驾驶员联系电话：	1301230××××	押运员联系电话：	1518945××××
危险品信息			
危险货物名称：	天然气	危险品分类：	危险货物运输(3类)
应急处置方案：			
装载数量：	18 吨	是否满载：	是
运输信息			
托运单位：	托运测试单位	收货单位：	Q公司
托运单位电话：		收货单位电话：	12
始发地：	江苏省南京市市辖区32	目的地：	北京市市辖区朝阳区山沟沟
发车时间：	2019-07-26 20:02	预计到达时间：	2019-07-28 23:02
到达时间：		卸载时间：	
行驶线路：	雨花	运输里程(公里)：	2600.00
运输注意事项：			
状态：	运输中	审核状态：	未查验

运单完成　　取消

图4-30　车辆危险品电子运单完成界面

填写到达时间、卸载时间后单击"运单完成"按钮，运单的状态会变成已完成。电子运单只有在预计到达时间之前可以修改目的地、途径、预计到达时间等信息。

文件：危险品企业操作手册　　文件：安全生产监督管理部门操作手册

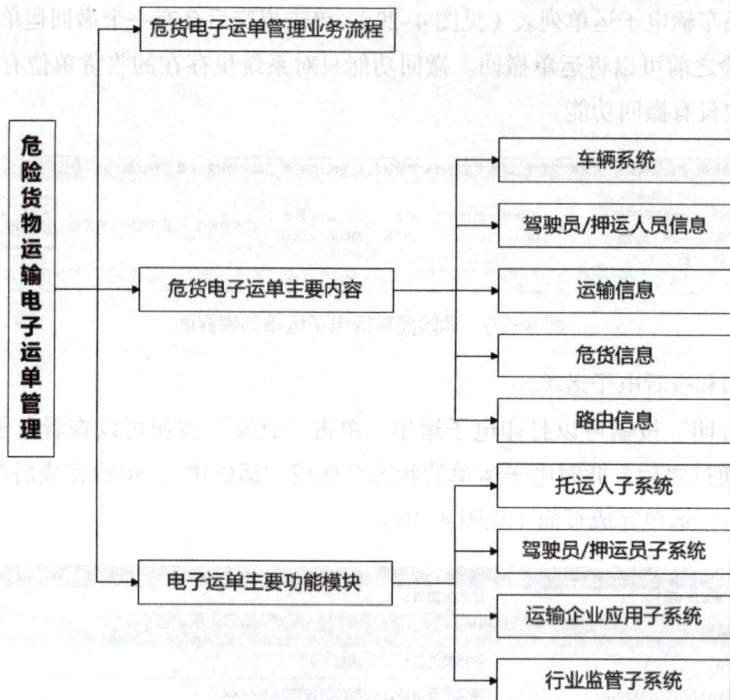

图 4-31　任务框架

☁ 在线测试

任务二在线测试

📊 任务三
大件货物运输业务管理

👆 任务描述

　　通达物流公司近期接到江宁某公司的运输需求通知单，要求运送一个大型除氧水箱到贵州某工地。除氧水箱自重 88.1 吨，长度为 32550mm，宽度为 4160 mm，高度为 3448mm，小张需要协助汪主管制定完善的运输方案。

随着工业的发展，特别是随着西部大开发、中部崛起等区域发展战略的实施，中西部地区重点建设项目规模迅速扩大，核电机组、风力发电设备、变压器、大型锅炉、石油储罐等大件货物的运输需求越来越大，运输保障任务直接关系到重点工程项目的建设进度，一旦发生时间拖延，不仅大件运输的成本大幅增加，而且将使后续工程难以为继，整个工程运行成本上升，影响到重点工程项目的顺利实施。同时，这些设备具有"价值高、超重、超长、超宽、超高、不可解体"的特点，其中不乏国际领先水平的高端产品，其单件价值上亿元，质量往往超千吨，长度超百米，所以，要求企业具备相应的运输资质，拥有特种运输车辆和专业技术装备，能够进行线路勘测、方案设计、路桥加固、排障通行等专业化服务和一体化运输能力。

一、大件货物的特点

大件货物在公路货运总量中所占比重不大，但由于这类货物在体积、质量上超过普通车辆允许的载质量或容积，甚至超过公路、桥涵的净空界及通过能力，导致对运输的安全、质量、效率都提出更高的要求。

1. 大件货物的概念

所谓大件货物是指货物装车后超长、超高、超宽、超重，运输时需要有关部门配合进行排障、护送的货物。大件货物运输是指使用非常规的超重型汽车列车，载运外形尺寸和质量超过常规车辆装载规定的大型物件的运输。

想一想

到底什么样的货物可以作为大件货物？运输企业组织大件货物运输，需要具备哪些资质呢？

大件货物根据其外形尺寸和货物质量分为超限货物和超重货物。

（1）超限货物

超限货物是指装载轮廓尺寸超过车辆限界标准的货物。按照货物本身的外形尺寸，又可以分为超长货物、超宽货物和超高货物。

长度在 14 米以上的货物称为超长货物。此类货物多为钢材、毛竹、原木、水泥电杆等制品，一般需要采用加长、大型货车或半挂货车等车辆来运输。

教学动画：大件道路运输

宽度在 3.5 米以上的货物称为超宽货物。此类货物多为钢铁制品，如超宽的机械设备、变压器、大型锅炉等，通常采用大型平板汽车列车运输。

高度在 3 米以上的货物称为超高货物。此类货物多为钢铁制品，如立式车床、锻压机、化工合成塔以及桥梁、工程设备构件等。

（2）超重货物

质量在 20 吨以上的单体货物，或不可解体的成组（捆）货物，称为超重货物。常见

的有建筑和施工机械，如推土机、挖掘机、压路机等，以及大型金属铸件和机器设备等，通常采用半挂货车或大型平板汽车列车运输。

2. 大件货物的类型

根据我国公路运输主管部门的现行规定，公路运输的大件货物按其外形尺寸和质量分成 4 个等级（见表 4-1）。

表 4-1　大件货物分级

级别	质量（吨）	长度（m）	宽度（m）	高度（m）
一	20 ~（100）	14 ~（20）	3.5 ~（4.5）	3 ~（3.8）
二	100 ~（200）	20 ~（30）	4.5 ~（5.5）	3.8 ~（4.4）
三	200 ~（300）	30 ~（40）	5.5 ~（6）	4.4 ~（5）
四	300 以上	40 以上	6 以上	5 以上

注：相应级别参数不包括括号内的数字；货物的质量和外廓尺寸中，有一项达到表列参数，即为该级别的超限货物。

在实际工作中，一般按其长、宽、高及质量 4 个条件中的最高级别来确定最后等级。如某大型设备，其长度为 16 米、宽度为 3.6 米、高度大于 3.5 米，应该属于一级，但其质量（120 吨）达到了二级，那么，就应该按二级大件货物来办理运输业务。

想一想

同样是大件货物，为什么还要确认是属于哪一级别的大件货物呢？

二、大件货物运输的资质条件

《中华人民共和国道路运输条例》和《道路货物运输场站管理规定》明确规定，申请从事营业性公路大件运输的企业，或已取得营业性道路大件运输经营资质，还需提高大件运输经营类别的企业，均须按规定办理大件运输的经营许可证。经审核符合《道路运输业户开业技术经济条件》和《道路大型物件运输业户类别划分条件》的，由批准单位发给注明道路大件（级别）和限定吨位的"公路运输经营许可证"和"道路运输证"。

与大件货物的分类等级相对应，从事营业性公路大件运输的运输企业，根据企业的车辆装备、技术人员资质、技术工人资质、技术与安全规章、大件运输历史记录等分为 4 类，各类别企业只能从事与其类别对应，或低于该类别的大件货物。即一类企业只能承运一级大件货物；二类企业能承运一、二级大件货物；而三类企业能承运一、二、三级大件货物；四类能承运所有的大件货物。企业在办理各类别经营许可证时，其对应的条件是不同的，具体可以参阅《道路大型物件运输业户类别划分条件》的要求。

但要注意的是，并不是企业只要取得了大件运输的经营许可证，就可以组织大件货物运输了。交通运输部 2016 年颁布的《超限运输车辆行驶公路管理规定》中规定，载运不可解体的大件货物时，在大件运输车辆上路行驶前，承运人必须按规定向公路管理机构申请公路超限运输许可，并按照许可指定的时间、路线、速度行驶。未经许可，是不得擅自行驶的。

所以，申请从事营业性公路大件运输的企业，必须做到以下几点。

（1）按《道路大型物件运输业户类别划分条件》，取得相应类别的

文件：道路大型物件运输业户类别划分条件

经营许可。

（2）根据审批的经营许可类别承运相应等级范围内的大件货物运输任务。

（3）在每次组织大件运输时，向公路管理机构申请公路运输许可，并要按照指定的时间、路线、速度行驶。

由于大件货物的特殊性，其组织运输的难度和风险要远远高于普通货物运输，大件运输对运输组织的"专业性、规范性、安全性"有更高的要求。企业必须具备相应的运输资质，拥有特种运输车辆和专业技术装备，能够进行线路勘测、方案设计、路桥加固、排障通行、联系协调等专业化服务和一体化运输能力。

图片：一图读懂大件运输许可办证流程

微课：大件运输管理之认知

三、大件货物运输作业管理

1. 大件运输的作业流程

大件运输的作业流程一般包括 6 个步骤（见图 4-32）。

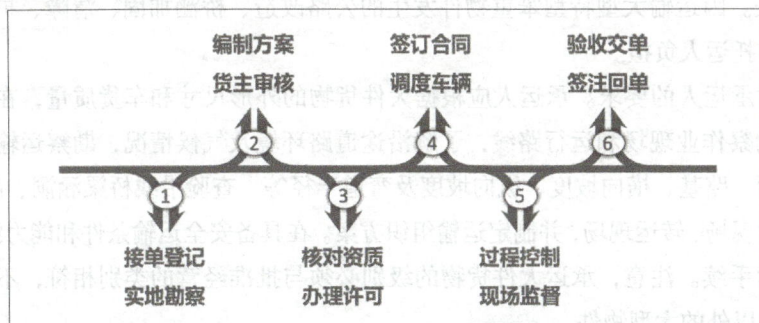

图 4-32　大件货物运输作业流程

（1）接单登记、实地勘察

业务员接单，进行业务登记备案；根据托运人提供的信息，业务员与技术人员实地勘察装卸、道路等作业现场，对作业场地的关键数据，尤其是桥梁承载的测量、涵洞隧道的可通行高度和宽度等必须有详细的数据记载。

（2）编制方案、货主审核

技术人员根据实地勘察情况编制实施方案；企业召集业务、安全等部门进行方案的可行性评审，并将完善后的实施方案，提交货主单位审核。一个完整的大件运输方案还应当包括翔实的护送方案，如护送车辆配置、护送人员配备、护送路线情况说明、护送操作细则、异常情况处理等。

（3）核对资质、办理许可

核对承运货物是否在公司经营许可范围之内，并按规定向公路管理机构申请运输许可。

（4）签订合同、调度车辆

与货主签订运输合同；成立项目工作领导小组，明确职权；技术部门与作业人员进行实施方案的技术、安全交流；调度安排车辆设备、作业人员。

（5）过程控制、现场监督

配备专职安全质量员全程监督，严格执行企业运输安全管理制度和操作规范；严格执

行大件货物装车、运输、卸车等工艺规定，并做好各环节作业详细记录。在大件货物的设备吊装和运输过程中，要安排经验丰富的专业人员担任专职安全质量员，处理各种应急情况，监控车辆运行过程中的设备状态等。

（6）验收交单、签注回单

运输作业结束后，与货主共同检查货物的外观及运输作业性能检测参数，确认无误后，请货主签注运输回单，办理交接手续。

文件：超限运输车辆行驶公路管理规定

2. 大件货物运输组织的注意事项

由于大件货物在体积、质量上超过普通车辆允许的载质量或容积，甚至可能超过公路、桥涵的净空界及通过能力，所以，在实际运输组织中，要特别注意以下问题。

（1）对托运人的要求。大件运输的托运人应当委托具有大型物件运输经营资质的公路运输经营者承运，并在运单上如实填写托运货物的名称、规格、质量等相关信息，并提交货物说明书，以及装卸、加固等具体要求，在特殊情况下，还须向有关部门办理准运证。凡未按规定办理大件托运或运单填写不明确，由此发生运输事故的，由托运人承担全部责任。因运输大型特型笨重物件发生的公路改造、桥涵加固、清障、护送、装卸等费用，由托运人负担。

（2）对承运人的要求。承运人应根据大件货物的外形尺寸和车货质量，在起运前会同托运人勘察作业现场和运行路线，了解沿途道路环境及气候情况，勘察运输沿线全部道路的路面、路基、横向坡度、纵向坡度及弯道半径等，查验沿线桥梁涵洞、高空障碍，查看装卸货现场、转运现场，并制定运输组织方案。在具备安全运输条件和能力的情况下，再办理承运手续。注意，承运大件货物的级别必须与批准经营的类别相符，不能受理经营类别范围以外的大型物件。

（3）对装载的要求。制定货物装卸、加固等技术方案和操作规程，并严格执行，确保合理装载、加固牢靠、安全装卸。装卸作业由承运人负责的，应根据托运人的要求、货物的特点和装卸操作规程进行作业。由托运人负责的，承运人应按约定的时间将车开到装卸地点，并监装、监卸。

（4）对运输的要求。运输大件货物，应按规定向公路管理机构申请办理《超限运输车辆通行证》，按照指定的路线行车。在市区运送大件货物时，要经公安机关和市政工程部门审查并发给准运证方可运送。按指定的线路和时间运行，并在货物最长、最宽、最高部位悬挂明显的安全标志，白天行车时，悬挂标志旗；夜间行车和停车休息时装设标志灯，以警示来往车辆。特殊的货物，要有专门车辆引路，及时排除障碍。

小贴士

标志旗。采用布料等腰三角形旗帜。三角形底长 150 毫米，腰长 300 毫米，旗帜中间印有"大件"字样。标志旗的底色和中间字体的颜色，应与运输大型物件自身颜色有明显区别。在运输过程中分别竖于牵引车辆前方两侧和挂车装载物件上的最宽处。如果挂车装载物件的长度超过挂车尾部，需在物件末端的最高点装设标帜旗。

标志灯。采用运输车辆自身电源和与电源功率相匹配的红色灯泡连接而成。在挂车装载物件的最宽处和超过挂车尾部的最长处装设。

（5）安全的要求。在公路上临时停车时，除遵守有关道路交通安全规定外，还应当在车辆周边设置警告标志，并采取相应的安全防范措施；需要较长时间停车或者遇有恶劣天气的，应当驶离公路，就近选择安全区域停靠。

四、大件货物运输方案编制

大件货物具有超重、超长、超大、形状不规则等特点，部分设备的精密性和科技含量较高，运输过程出现风险的可能性也会更大，所以对运输过程组织也提出了更高的要求。为了保证运输的安全性，运输企业必须编制详细、完善的大件运输方案。

1. 大件运输方案编制原则

（1）要重视大件货物的特性。大件货物可能具有超重或长宽高超限的特征，在运输过程中会受到桥、涵、路、洞等影响，导致最经济省时的路线不能满足大件货物的运输条件。在设计大件货物运输路线时不仅要考虑经济性，还要重点考虑路线方案的安全性和可操作性。一般来说，运输线路的选择排序是满足货物通行空间需求、费用最低、改造和排障难度最小、公路里程最短、运输危险性最小、运输时间最短。

（2）要减少货物的装卸次数。多条线路均可满足大件货物的运输要求时，要尽可能选择货物装卸作业环节少的运输路线。这是因为大件货物的装卸作业复杂，减少装卸次数不仅可以节省大量的费用，还能节省运输时间，降低运输过程中的操作风险。

（3）要尽可能节省运输成本。运输企业应在保证货物通过能力的情况下，尽可能选择运输距离短、中间环节少、交通路况好的运输线路，并对不确定的运输线路进行实际勘察，减少不确定因素对大件运输组织的影响，减少线路不明而造成的经济损失。

（4）要准确判断大件运输的潜在风险。大件货物的安全运输，是由线路条件、运输设备的设计性能、特定的超重货物装载加固设计的可靠性等要素决定的，而大件货物的形状、规格、质量、重心距地高度等条件又各不相同，所以在进行大件货物运输时，即便承运设备的车辆相同，但是货物的加固、装载方式、桥梁状况、运输线路也不尽相同，甚至是同样的货物，同样的装载、加固方式，同样的运行线路，第一次运输成功后，第二次运输仍可能存在不确定性。所以，在编制具体方案前，一定要准确分析这些不确定性，判断存在的可能风险，编制合理的方案。

2. 大件运输方案主要内容

一个安全、可靠、可行的大件运输方案，主要包括以下7个方面的内容。

（1）运输任务概况。主要包括运输货品的体积尺寸、质量参数、货品的交货状态、货品的起运点和交付点、运输期限、运输路线说明等。

（2）沿途的改造和排障方案。提出作业现场通道要求；识别并实施清理通道与排除路障作业；提前检查，不符合者须再次清理。

（3）货品装卸运输方案。包括运输车辆状态，如车辆高度和宽度、轴载等；相关指标计算，如对地压力、转弯半径、扫空半径、牵引力等指标的具体计算；装卸设备的校核、封车方案等。

（4）组织体系。明确具体的组织体系架构和岗位职责。

（5）运输的 HSE 方案。针对运输过程中可能出现的各种紧急情况，如机械故障、交通事故、天气情况、自然灾害等，进行风险评估，制定应急预案、事故报告及处理方案等。

（6）运输计划、人力资源计划、工具机具使用计划、材料计划。

微课：大件货物运输的方案编制

（7）方案附图：运输路线图、设备装卸封车图、车辆配载图、清障处理图、加固图、工机具制作图等。

3. 大件运输组织安全方案编制

在实际工作中，一个完整的大件运输方案还应当包括翔实的运输组织安全方案，如交通管制要求、具体运行时间和速度要求、运行过程的检查要求，以及运输保障控制、异常情况处理等，真正做到大件运输的安全、快捷。

（1）交通管制要求。说明设备在运输过程中是否需要进行交通管制，如分段封闭道路、全程进行监控等。

（2）运行时间和速度。说明设备运输是否必须在白天进行；正常的运输速度必须控制在每小时多少千米，道路不平整的路段速度必须控制在每小时多少千米，通过障碍的速度必须控制在每小时多少千米等。

（3）车辆启动前的检查。说明车辆启动前需要检查的重点项目，确保有问题排除在启动前。

（4）运行过程中的检查。说明在车辆运行过程中需要检查的重点项目，包括以下 2 项。

① 横坡检查：通过横坡大于 3% 的道路，必须进行平板车的横坡校正，确保设备处于相对水平的状态。

② 纵坡检查：通过较大的纵坡时，对平板车进行纵坡校正，确保设备处于相对水平状态。

（5）车辆停放要求说明。运输车辆夜间停放或中途停车必须选择道路坚实平整、路面宽阔、视线良好的地段停放，设置警戒线、警示标志，并派人守护。停放时间较长时，需要在平板车主梁下部支垫道木，降低平板车高度，主梁落在道木上，检查平板车压力表，将压力降低。平板车停放妥当后，需检查设备捆绑情况和车辆轮胎等，及时排除隐患。停车时，做好安全隔离措施，提醒其他车辆注意绕行，沿途路段实行封闭或半封闭通行。

（6）运输保障控制。对准备运输的设备需进行适当的保管和包装以防损伤。制定捆扎和加固方案，正确选用运输工具，对运输工具进行维护，正确选取运输路线，并在运输前再次对路线进行勘察，确保运输条件与实际情况相符等。

（7）技术安全措施。对参加该项目的工作人员进行质量、安全和作业的技术要求进行培训，对运输人员进行技术沟通。针对项目进行科学、合理的风险评估，确定实际需要的运输设备工具，装卸过程中严格执行配载方案，并安排专业技术人员监装、监卸。在运行前必须检查大件设备装载与捆扎情况，对运输车辆、工具进行严格检查，做好超限运输标志。运输途中定时检查大件设备的绑扎加固情况是否完好，如有安全隐患则及时采取措施清除，以确保大件设备、运输工具的安全。严格按照安全质量操作规程和实施方案作业，夜间作业施工人员配置反光背心，最大限度地确保施工人员以及设备的安全，安全质量监控人员全程跟踪，做好安全记录。

（8）组织保障方案。建立大件运输项目工作领导小组，下设行车、机务、安全、材料供应等工作小组，负责实施运输方案，执行运输合同和对外协调。

针对影响大件运输正常运行的潜在风险因素，应采取措施予以防控。由于第三方责任、不可控因素等导致的实际发生的紧急情况时，按照预先制定的天气变化、车辆故障、道路紧急施工、道路堵塞、交通事故、加固松动等应急预案，及时消除安全隐患。

微课：大件货物运输安全方案编制

任务实施

编制大件运输的实施流程图（见图4-33）。

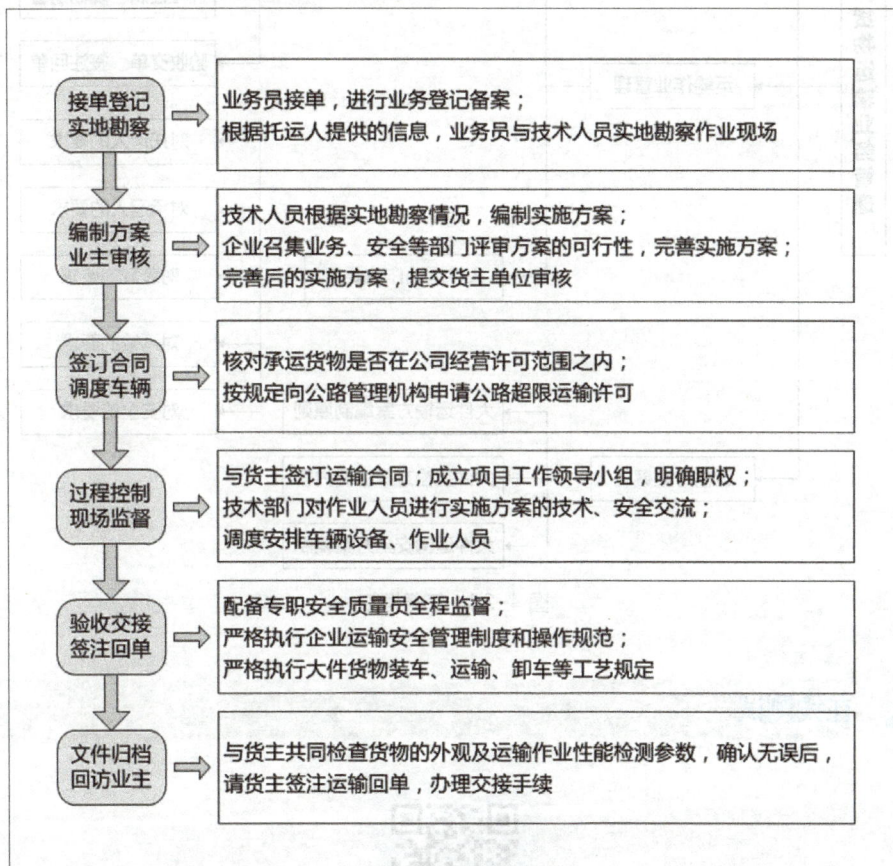

| 接单登记
实地勘察 | → | 业务员接单，进行业务登记备案；
根据托运人提供的信息，业务员与技术人员实地勘察作业现场 |

| 编制方案
业主审核 | → | 技术人员根据实地勘察情况，编制实施方案；
企业召集业务、安全等部门评审方案的可行性，完善实施方案；
完善后的实施方案，提交货主单位审核 |

| 签订合同
调度车辆 | → | 核对承运货物是否在公司经营许可范围之内；
按规定向公路管理机构申请公路超限运输许可 |

| 过程控制
现场监督 | → | 与货主签订运输合同；成立项目工作领导小组，明确职权；
技术部门对作业人员进行实施方案的技术、安全交流；
调度安排车辆设备、作业人员 |

| 验收交接
签注回单 | → | 配备专职安全质量员全程监督；
严格执行企业运输安全管理制度和操作规范；
严格执行大件货物装车、运输、卸车等工艺规定 |

| 文件归档
回访业主 | → | 与货主共同检查货物的外观及运输作业性能检测参数，确认无误后，请货主签注运输回单，办理交接手续 |

图4-33　实施流程图

任务总结

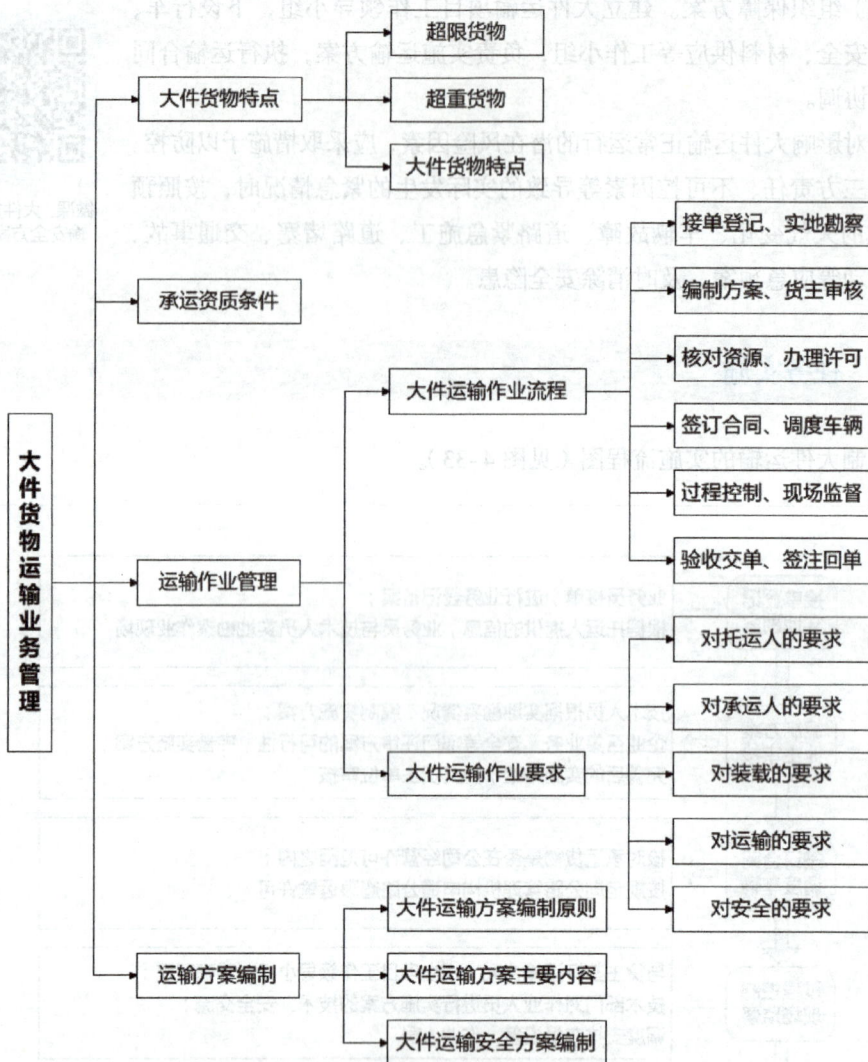

图 4-34 任务框架

在线测试

任务三在线测试

任务四 鲜活易腐货物运输业务管理

任务描述

通达物流公司接受麦当劳供货商委托，运输一批作为麦乐鸡原料的冷冻鸡块，约定运输车厢温度应保持在 –18℃以下。公司用自有冷藏车将该批货物运抵上海后，收货人以"车载温度计显示运输过程中车厢内的温度高于 –18℃，影响该批冷冻肉食品的质量"为由拒收该批货物，并诉至法院，要求运输公司赔偿损失 9 万元。

公司要求冷藏运输作业部以此为教训，制定公司规范的鲜活易腐货物运输作业流程和规范要求。

任务资讯

一、鲜活易腐货物

鲜活易腐货物也称冷藏货物，是指在运输过程中，需要使用专门的运输工具，或采用特殊措施保持一定温度、湿度，以防止死亡和腐烂变质的货物。公路运输的鲜活易腐货物主要有鲜鱼虾、鲜肉、瓜果、蔬菜、牲畜、冷冻食品等。

鲜活易腐货物按其自然属性分为易腐货物和活动物 2 类，其中占比例最大的是易腐货物。

易腐货物是指在一般条件下保管和运输时，极易受到外界气温及湿度的影响而腐坏变质的货物，主要包括肉、鱼、蛋、水果、蔬菜、冰鲜活植物等。活动物主要包括禽、畜、兽、蜜蜂、活鱼、鱼苗等。

按照运输过程中要求的温度状况的不同，又将易腐货物分为冷冻货物、冷却货物和未冷却货物 3 个类别。

（1）冷冻货物。这类货物是指经过冷冻加工，成为冻结状态的易腐货物。冻结货物的承运温度应控制在 –10℃以下。

（2）冷却货物。这类货物是指经过预冷处理后，货物温度达到承运温度范围之内的易腐货物。冷却货物的承运温度，除香蕉、菠萝为 11~15℃外，其他冷却货物的承运温度应控制在 0~7℃之间。

（3）未冷却货物。这类货物是指未经过任何冷冻工艺处理，完全处于自然状态的易腐货物。例如采收后以初始状态提交运输的瓜果、鲜蔬菜等。

二、鲜活易腐货物运输要求

冷藏货物对温度、湿度、通风、卫生等有较高的要求，运输过程必须保持与运输货物匹配的温度、湿度、通风、卫生条件。

1. 保持适宜的温度

温度对微生物的生存和繁殖、鲜活易腐货物的呼吸作用都有较大的影响。温度降低会减弱微生物的繁殖能力，当降低到一定温度时，甚至可使微生物停止繁殖，使物品长时间保持不腐坏。果蔬的呼吸也会随温度的降低而减弱，从而增加果蔬的保鲜时间。所以，当外界气温大大高于物品所要求的运输温度时，就应使用冷藏运输。

鲜活易腐货物在运输过程中，为了防止货物变质需要保持的温度一般称作运输温度。温度的高低应根据具体的货物而定，并不是温度越低越好，如水果、蔬菜保藏的温度过低，会因冻结破坏其呼吸机能而失去抗菌力，解冻时会迅速腐烂；动物性食物，冻结温度过低也会使品质大大降低。即使是同一货物，由于运输时间、冻结状态和货物成熟度的不同，对运输温度的要求也不一样，冷链物流温度带划分如图 4-35 所示。

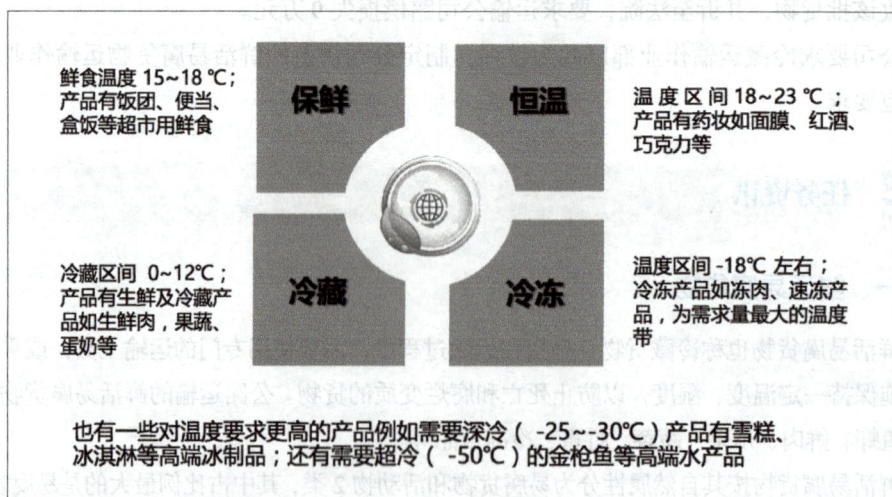

保鲜　鲜食温度 15~18 ℃；产品有饭团、便当、盒饭等超市用鲜食

恒温　温度区间 18~23 ℃；产品有药妆如面膜、红酒、巧克力等

冷藏　冷藏区间 0~12℃；产品有生鲜及冷藏产品如生鲜肉、果蔬、蛋奶等

冷冻　温度区间 -18℃ 左右；冷冻产品如冻肉、速冻产品，为需求量最大的温度带

也有一些对温度要求更高的产品例如需要深冷（-25~-30℃）产品有雪糕、冰淇淋等高端冰制品；还有需要超冷（-50℃）的金枪鱼等高端水产品

图 4-35　冷链物流温度带划分

2. 保持合适的湿度

用冷藏方法来储藏和运输鲜活易腐货物时，湿度也是影响食品质量的主要因素之一。湿度增大会使食物表面"发汗"，便于微生物滋长；湿度过低又会使食物蒸发而干缩枯萎，破坏维生素和其他营养物质，降低食品的质量。在实际运输过程中，温、湿度可以相互配合，冷冻食物为减少干耗，湿度可以大些；水果、蔬菜温度不能太低，湿度可适当小些。

3. 保持适当的通风

蔬菜、水果、动物性食物在运输过程中都需要通风，目的是排除呼吸时放出的二氧化碳、水蒸气和热量，同时换入新鲜空气。但通风对温、湿度又有直接影响，如外界温度高，通风会提高车内温度和湿度；反之，就会下降。通风的时间也要适当，时间过短达不到换气目的，时间过长又要影响车内的温度和湿度。

4. 保持良好的卫生

卫生条件不好，微生物太多，鲜活易腐货物容易被污染，即使温、湿度适合，食物也容易腐烂。

温度、湿度、通风、卫生 4 个条件之间既有互相配合、又有互相矛

视频：艾瑟姆冷链物流系统

盾的关系，只有充分了解其内在规律，妥善处理好相互之间的关系，才能保证鲜活易腐货物的运输质量。

三、冷藏车

冷藏车是装有制冷装置和聚氨酯隔热厢的冷藏专用运输汽车，常用于运输冷冻食品（冷冻车）、奶制品（奶品运输车）、蔬菜水果（鲜货运输车）、疫苗药品（疫苗运输车）等。

1. 冷藏车的结构

公路运输冷藏车通常有汽车底盘、保温厢体、制冷机组、温度记录仪等组成（见图4-36）。

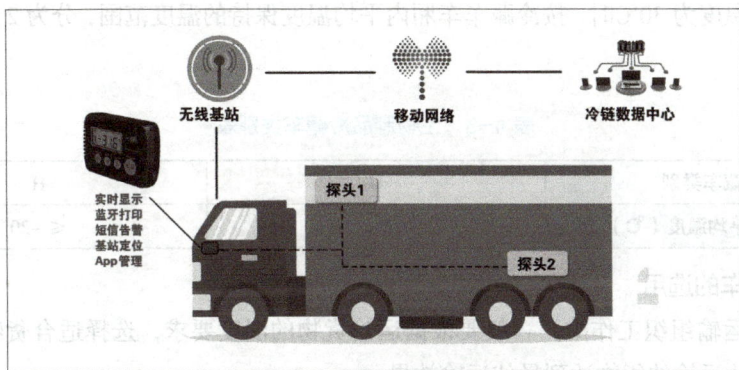

图4-36 冷藏车的结构示意图

（1）保温厢体技术。目前国内较大的冷藏车生产企业大多采用分片拼装的"三明治"板粘接式技术，内外蒙皮采用玻璃钢板、彩钢板、铝合金等复合材料，内板材质因运输货物不同而采取不同材质，中间夹层为保温材料，主要采用聚氨酯发泡材料。四侧用高强度胶将玻璃钢板与聚氨酯泡沫材料黏合在一起，形成一种封闭性板块，也有分片拼装的注入发泡式和整体骨架注入发泡式。

（2）制冷机组技术。制冷机组根据动力来源可分为独立与非独立机组。独立机组拥有单独的动力源，完全通过另外一个机组来发电维持工作，而非独立机组是完全通过整车的发动机工作动力来带动机组的制冷工作。

冷藏车制冷机组一般都加装在货柜的前面顶部，有空调般的外形，但比同体积的空调具有更强的制冷能力。一般车型都采用外置式制冷机，少数微型冷藏车采用内置式制冷机。对于温度要求较低的冷藏车，可采用厢体内置冷板。可根据冷藏厢体的容积和运输货物对温度的要求，选择不同功率制冷量的制冷机组。

（3）温度记录仪。冷藏运输车上的温度记录仪是一款能够自动记录温度数据的电子仪器，类似于飞机的黑匣子，全程自动跟踪记录冷藏车温度变化情况，将运输过程中的温度数据记录存储在记录仪中。当运输蔬菜、水果、奶制品、冷冻食品、药品、敏感电子材料等到达目的地后，可通过专用的数据记录仪软件将温度记录仪的数据导出，分析路途运输过程中的每时刻温度数据及整个过程中最大值、最小值、平均值、曲线趋势、报警信息等。

2. 冷藏车的分类

《道路运输食品与生物制品冷藏车安全要求及实验方法》中，根据冷藏车厢体内可以达到并且保持的温度，将冷藏车分成 A 到 H 共 8 个级别。

（1）运输易腐食品的冷藏车

当环境温度为 30℃时，按冷藏车车厢内平均温度保持的温度范围，分为 6 个级别（见表 4–2）。

表 4–2　冷藏车类别表

冷藏车类别	A	B	C	D	E	F
车厢内平均温度（℃）	12~0	12~-10	12~-20	≤ 0	≤ -10	≤ -20

（2）对于运输生物制品的冷藏车

当环境温度为 30℃时，按冷藏车车厢内平均温度保持的温度范围，分为 2 个级别（见表 4–3）。

表 4–3　生物制品冷藏车类别表

冷藏车类别	G	H
车厢内平均温度（℃）	8~2	≤ -20

3. 冷藏车的选用

在实际运输组织工作中，一般要根据运输货物的温度要求，选择适合货物温度要求的冷藏车，让运输的货物达到最佳运输效果。

（1）冷冻食品运输车

冷冻肉类、水产类、速冻食品等冷冻食品，一般要求储存温度在 -18℃以下。这些食品在以小时计的运输过程中，只需要将厢体内的设定温度设定在 -18℃，并不需要严格控制温度波动的精度。所以，一般采用 F 级冷藏车运输。

（2）冷藏食品运输车

冷鲜肉、水产品、禽蛋等冷藏食品，一般要求运输温度是在保证食品不冻结的前提下，温度越低越好，也就是接近 0℃或更低一些，要求用 D、E、F 等级的冷藏车运输。一些罐头食品要求的运输温度在 -5℃左右，可选用 E 或 F 级冷藏车运输。

（3）鲜货运输车

蔬菜水果类食品的运输相对比较复杂，从 A 到 F 各级冷藏车原则上都可以用于蔬菜水果运输。各种蔬菜或水果对温度的要求不同，对温度波动的要求也比较高，不可以偏离设定温度太多。同时，由于蔬菜水果的呼吸会产生呼吸热，要求冷藏车制冷机组提供更多的冷量，对相对湿度也有要求，所以，要求承运人具备比较丰富的技术和经验。

微课：公路鲜活易腐货物的认知

四、鲜活易腐货物运输

1. 鲜活易腐货物运输的特点

（1）季节性强、运量变化大

如水果蔬菜大量上市的季节、沿海渔场的汛期等，运量会随着季节的变化而变化。

（2）运送时间要求紧迫

大部分鲜活易腐货物极易变质，要求以最短的时间、最快的速度及时运到。

（3）活动物的运输需要提供途中特殊照料

牲畜、家禽、蜜蜂、花木秧苗等活动物的运输，须配备专用车辆和设备，沿途专门照料。

鲜活易腐货物运输中，除了少部分货物确因途中照料或车辆不适造成死亡外，其中大多数货物都是因为发生腐烂而产生货物损坏及灭失。

2. 鲜活易腐货物运输的注意事项

（1）托运受理环节

受理鲜活易腐货物托运时，货运员首先要对鲜活易腐货物的质量、包装和热状态进行检查。核查托运人是否提供了最长运输期限、途中运输管理事宜的说明书，要特别注意鲜活易腐货物的运到期限和容许运送期限。如果是畜禽产品和鲜活植物，应检查托运人是否提供了有关部门签发的动植物检疫证明和准运手续。对于易腐需冷藏保温的货物，要与托运人核实货物的冷藏温度和在一定时间的保持温度资料。

小贴士

容许运送期限是根据货物的品种、成熟度、热状态，在规定的运送条件下，能保持货物质量的期限。

根据货物质量、包装、温度等方面的检查结果填写"冷藏车作业单"，每车填写一份，与货物运单一起随车至到达站保存备查，作为分析处理货运事故的依据。

（2）货物装车环节

在装运鲜活易腐货物时，应根据货物的种类、数量、热状态、外界温度和运送距离选择适宜的车辆。装车前，必须认真检查车辆及设备的完好状态，并将车辆预冷到货物所要求的运输温度。装车时应根据不同货物的特点，确定科学的装载方法。

水果、蔬菜等需要通风散热的货物，必须在货件之间保留一定的空隙，使空气能在货件间充分流动。车厢底板最好有底格，装货时应使货件与车壁留有适当空隙，确保由车壁和底板传入车内的热量可以由空气吸收而不至直接影响货物。

冷冻货物为使货物本身积蓄的冷量不散失，应采用紧密堆码，不留空隙。对本身不发热的某些冷冻货物，如冷冻鱼虾，虽可以采用紧密堆码法，但应防止过分紧压，以免损伤物体，影响质量。

对于活动物，如牛、马需用绳索拴牢在高栏板内，禽、兽及其他小动物须用集装笼或专用工具，固定在车厢内，保持平稳、妥当。

（3）途中运行环节

鲜活易腐货物具有易腐败变质的特点，在运输过程中，应定时检查货物的质量、包装和温度情况，确保包装合乎要求，温度符合规定。同时，要协调好仓储、配载、运送各环节，实行快速作业，尽量压缩货物在途时间，以保障货运质量。对于运输途中需要饲养和照料的动、植物，必须要求托运人派人押运。

（4）到达卸车环节

鲜活易腐货物到达卸车时，货运员应把货物的状态和温度情况、卸车时间等记入"冷藏车作业单"，存站备查。遇有腐坏变质情况，货运员应会同收货人检查确认腐损程度，并编制货运事故记录，作为调查事故判定责任的依据。

微课：鲜活易腐货物的运输组织

五、常见鲜活易腐货物运输

1. 生鲜果蔬的运输

随着生活水平的提高，人们对生鲜果蔬运输的质量以及保鲜效果提出了更高的要求。

（1）生鲜果蔬的运输特性

生鲜果蔬的运输相比较于普通货物的运输，具有以下明显特性。

① 低温性。因生鲜果蔬具有易腐的特点，保持低温状态是冷链运输的重要特性。各种蔬菜或水果对温度的要求不一样，并且对温度波动的要求比较高，不可以偏离设定温度，同时，由于生鲜果蔬在运输过程中会产生呼吸热，因此要求冷藏车制冷机组提供更多的冷量。

② 时效性。生鲜农产品除易腐外，还有保质期短的特点，并且在整体冷链物流中，低温运输成本与时间成正比，所以冷链物流应尽可能缩短采购、运输、销售过程的时间。

③ 技术性。生鲜农产品从生产到消费过程都要保持低温状态，需要专业的冷链物流设备。

（2）影响生鲜果蔬腐变的因素

① 温度的影响

温度是影响果蔬类食品呼吸作用的最主要因素。低温贮存可以降低果蔬的呼吸强度，减少果蔬的呼吸消耗，还能抑制病原菌的生长，减缓水分的蒸发。因此，应尽可能维持适宜的低温来运输、贮存果蔬。

② 湿度的影响

环境湿度对呼吸作用也有很大的影响。新鲜果蔬中含有大量水分，如果运输、贮存环境的湿度过低，会使果蔬蒸发失水较多，会加强果蔬的呼吸强度。但若环境湿度过高会导致果蔬的腐败率升高，故在运输和贮存中选择一个合适的湿度，对保存果蔬至关重要。

③ 气体成分的影响

果蔬的有氧呼吸作用需要吸收氧气并放出二氧化碳。从一定程度上降低氧气、增加二氧化碳的浓度会抑制果蔬的有氧呼吸，从而延缓果蔬的后熟与衰老过程。

动画：鲜花的旅行

（3）生鲜果蔬运输的注意事项

生鲜果蔬从农场到消费者手中的全流程如图 4-37 所示，重点要注意温度、堆码和拼装的问题。

① 运输车辆的温度监控。车辆在运输过程中的温差会影响生鲜果蔬的鲜活性，从而产生货损。因此，在运输过程中，控制车辆内的冷藏温度是对降低生鲜产品损耗率的重要手段。

② 运输货物的堆码方式。货物的堆码方式是影响生鲜鲜活性和生鲜产品损耗的重要

因素。因为蔬菜和水果形状和体质的无规则性，以及其本身的属性因素，导致此类生鲜产品在进行堆垛的时候需要考虑气流的流通、货物之间的挤压等。

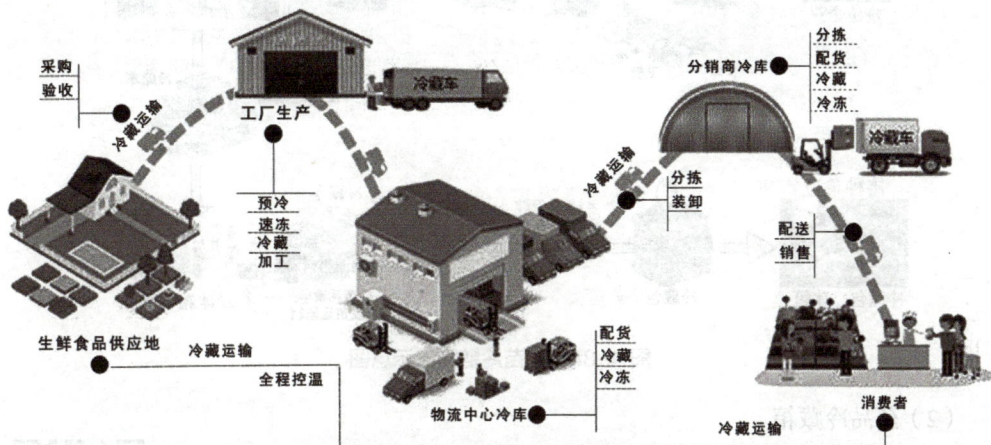

图 4-37　生鲜果蔬冷链物流流程

③ 应避免多种保鲜水果和蔬菜拼箱混装。蔬菜和水果由于承运量、品种和成本等因素需要拼箱时，我们要特别注意混装货物的温度、相对湿度和气体成分上的匹配性。

首先，温度是水果和蔬菜拼箱混装的主要条件。拼箱混装的水果和蔬菜，冷藏温度越接近越好。

其次，相对湿度是水果和蔬菜拼箱混装的重要条件。相对湿度过高易造成腐败，相对湿度低又会脱水、变色，失去鲜度。

再次，气体成分也是水果和蔬菜拼箱混装的重要因素。水果和蔬菜的呼吸可产生少量乙烯，可使某些水果和蔬菜早熟、腐烂。不能将产生较多乙烯气体的水果和蔬菜与对乙烯敏感的水果和蔬菜拼箱混装在一起。

最后，有些水果和蔬菜能发出强烈的气味，而有些水果和蔬菜又能吸收异味，这两类水果和蔬菜不能混装。这同样也是水果和蔬菜不能拼箱混装的一个条件。

微课：鲜活易腐货物运输之果蔬运输

2. 冷藏药品的运输

当前，人们对药品的安全性要求越来越高，针对药品的冷链物流运作也越来越受到关注。国家标准《药品冷链物流运作规范》对冷藏药品物流过程中的收货、验收、贮存、养护、发货、运输、温度监测和控制、设施设备、人员配备等方面进行了明确的要求，规范药品的冷链物流运作规范。

教学动画：三分钟告诉你冷链药品的秘密

（1）冷藏药品

冷藏药品是指对药品贮存、运输有冷储、冷冻等温度要求的药品。冷藏药品的运输要求采用专用设施设备，使冷藏药品从生产企业成品库到使用单位药品库的温度始终控制在规定的范围内。如疫苗冷链物流流程如图 4-38 所示。

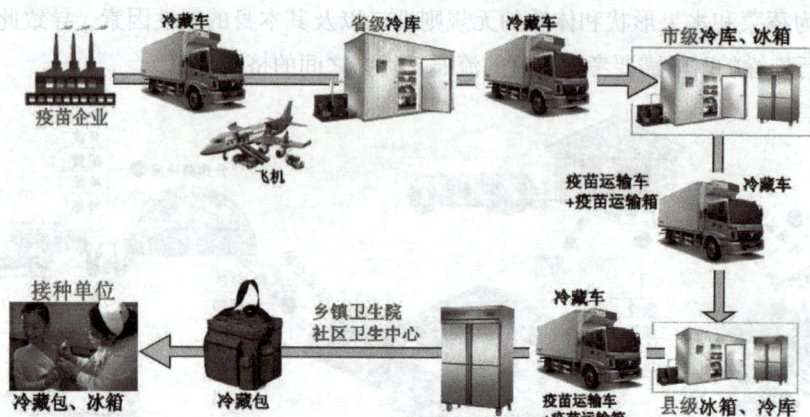

图 4-38　疫苗冷链物流示意图

（2）药品冷藏箱

药品冷藏箱主要用于药品、生物制剂、疫苗、血液冷藏保存和运输，方便对温度的实时监控。一般由机箱、冰盒、隔板、温度记录仪等部分组成。放入物品前，先给冰盒除霜，放上隔板，打开温度记录仪，利用GPRS 无线网络将温度监控数据发送到指定计算机，对药品的运输过程温度进行实时监测，一旦超温能声光报警、短信报警等。当运输药品到达目的地后，通过 USB 线或蓝牙与微型打印机连接，打印温湿度数据，由收货人签收后留存，实现整个冷链药品运输的有效监控及管理。

视频：冷藏箱温度记录打印操作

（3）冷藏药品的全程温度监控

① 药品入库环节。药品入库前，管理员手持终端对药品箱上的订单号码进行扫描，将数据传递给管理系统，记录药品名称、生产日期、保质期、入库时间、箱内药品数量、入库人等。根据这些信息打印成箱号条码，由工作人员粘贴在药品箱上。将药品送入冷库储存，并对药品仓库内的温度、湿度进行监控（见图 4-39）。

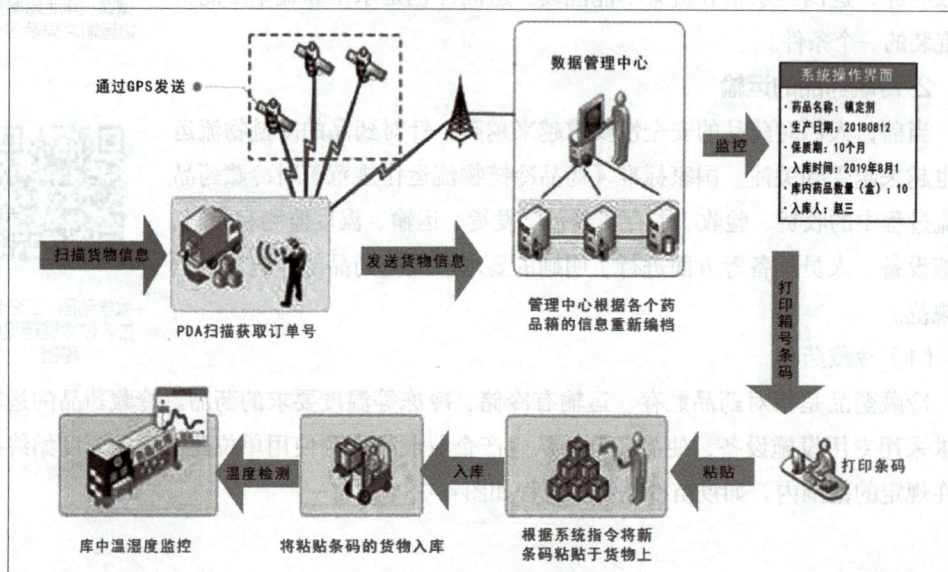

图 4-39　入库作业温度监控

② 药品出库环节。管理员手持终端扫描药品箱上的条码，将这些箱号与订单号进行比对，拣出即将出库的药品箱，放到带有电子标签的叉车或托盘上准备出库。扫描温度标签，使之与订单上预订的温度、湿度对应并做记录。当叉车或托盘进入安装在门口读写器的识别区域时，读写器读到该标签信息，将标签数据传递给系统终端，系统终端将显示药品箱数量、药品型号、保质期、出库时间、出库人等信息（见图 4-40）。

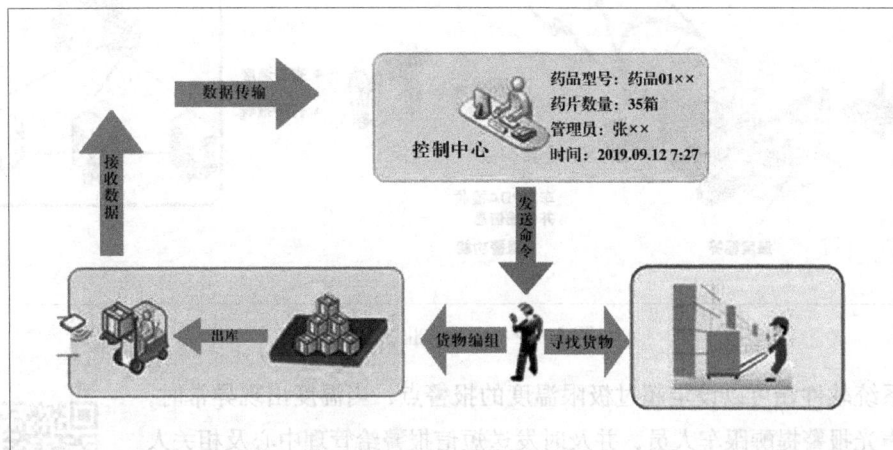

图 4-40　出库作业温度监控

③ 运输药品

每位驾驶员配有电子标签，标签信息主要包括驾驶员姓名、年龄、照片、所属部门等。运输车辆也配有标签，标签信息主要包括车牌号、所属车队等。驾驶员驾驶车辆装车后，系统终端会自动显示驾驶员信息和车辆信息，并与运输药品信息捆绑（见图 4-41）。

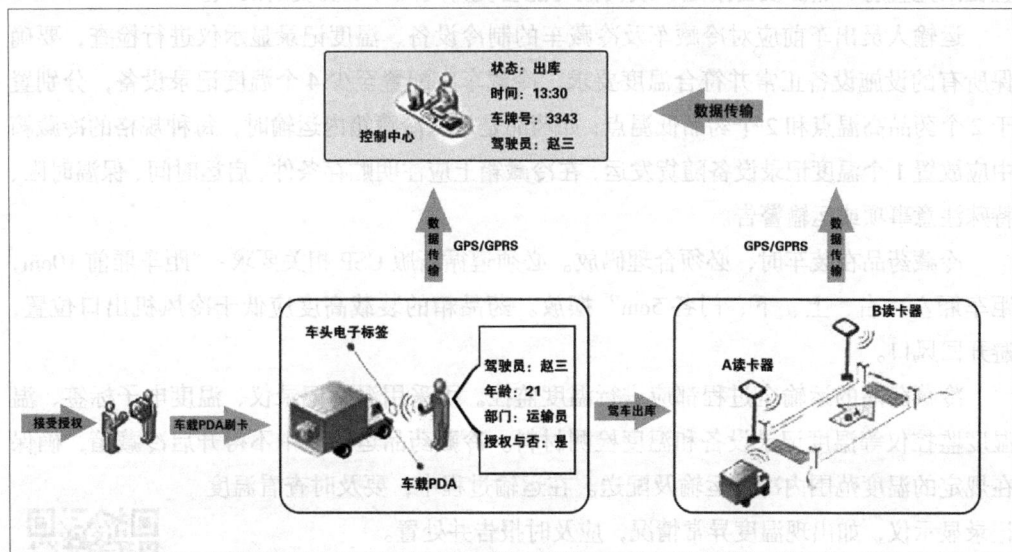

图 4-41　装车作业温度监控

在药品箱放入运输车辆之前，温度和湿度标签会被安装到运输车内，待装运出发后，开始持续记录药品所处环境的温度和湿度。系统可以按要求控制系统读取的时间，每隔几分钟自动读取标签发送的数据，通过 GPRS 发送到物流中心的计算机（见图 4-42）。

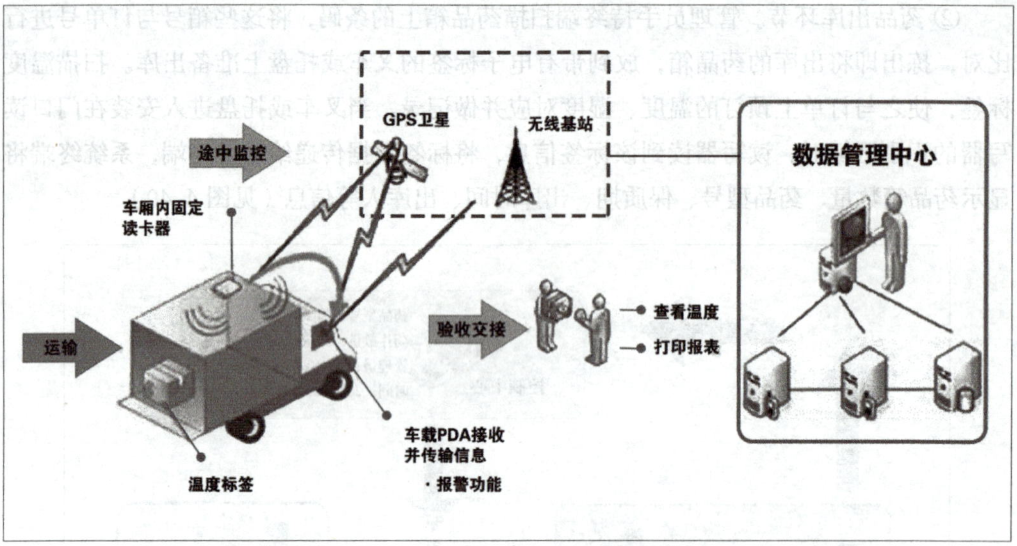

公路运输管理实务（微课版）

182

图 4-42 运输作业温度监控

系统软件端可以设定超过极限温度的报警点，当温度出现异常时，发出声光报警提醒跟车人员，并及时发送短信报警给管理中心及相关人员，把事故消灭在萌芽状态。

（4）冷藏药品运输的注意事项

承运冷藏药品时，应制定冷藏药品运输方案，主要内容包括提货通知、运输线路、联系人、异常处理等。冷藏药品的发货、装载区应根据药品说明书上规定的贮存温度要求，设置在符合温度条件的区域或在阴凉处，不允许设置在阳光直射、热源设备附近，或其他可能会提升周围环境温度的区域。

运输人员出车前应对冷藏车及冷藏车的制冷设备、温度记录显示仪进行检查，要确保所有的设施设备正常并符合温度要求。冷藏车应配置至少4个温度记录设备，分别置于2个药品高温点和2个药品低温点；如药品是放入冷藏箱内运输时，每种规格的冷藏箱中应放置1个温度记录设备随货发运，在冷藏箱上应注明贮存条件、启运时间、保温时限、特殊注意事项或运输警告。

冷藏药品在装车时，必须合理码放。必须遵循新版 GSP 相关要求："距车厢前10cm，距车厢左、右、上、下、门各5cm"摆放。药品箱的装载高度应低于冷风机出口位置，避开回风口。

冷藏药品的运输全过程都应进行温度监控。可采用温度记录仪、温度电子标签、温湿度监控仪等温度记录设备和温度检测材料。冷藏药品运输途中不得开启冷藏箱，确保在规定的温度范围内冷链运输及配送。在运输过程中，要及时查看温度记录显示仪，如出现温度异常情况，应及时报告并处置。

最后，还要注意，冷藏药品运输的相关作业人员，应经过相关的质量管理部门和物流管理部门的培训，熟悉冷链基础知识、所经营冷藏药品的温、湿度敏感性特点等冷链管理内容。

教学动画：冷藏药品运输那些事儿

微课：鲜活易腐货物运输之药品冷链运输

任务实施

制定公司鲜活易腐货物运输作业流程图（见图4-43）。

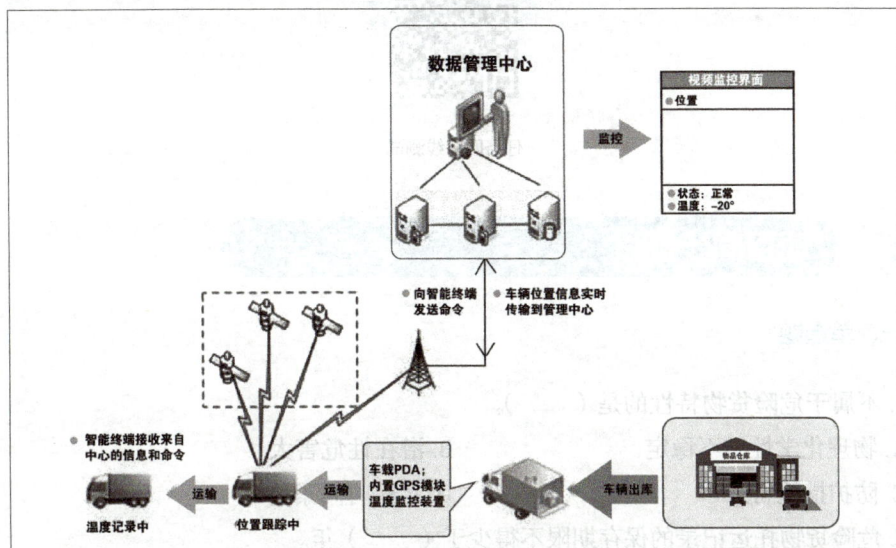

图 4-43 运输作业流程图

任务总结

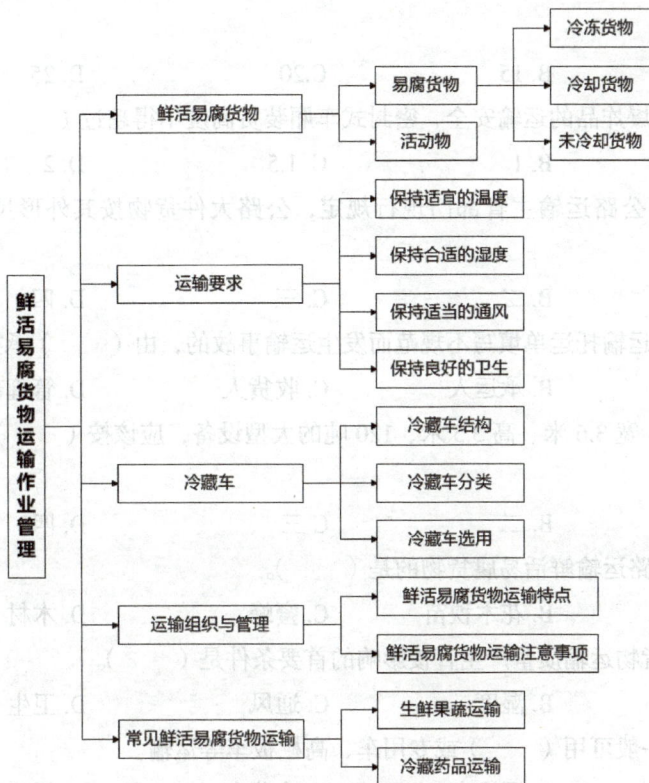

图 4-44 任务框架

任务四在线测试

项目同步测试

一、单选题

1. 不属于危险货物特性的是（　　）。

A. 物理化学性质不稳定　　　　　　　B. 潜在性危害大

C. 防护措施特殊　　　　　　　　　　D. 运送时间紧迫

2. 危险货物托运记录的保存期限不得少于（　　）年。

A. 1　　　　　　　B. 2　　　　　　　C. 3　　　　　　　D. 4

3. 爆炸品运输车辆的跟车距离至少保持（　　）米以上。

A. 20　　　　　　　B. 50　　　　　　　C. 100　　　　　　　D. 200

4. 运输爆炸品、强腐蚀性危险货物的罐式专用车辆的罐体容积一般不得超过（　　）立方米。

A. 10　　　　　　　B. 15　　　　　　　C.20　　　　　　　D. 25

5. 为了保证爆炸品的运输安全，密封式车厢装货高度不得超过（　　）米。

A. 0.5　　　　　　　B. 1　　　　　　　C. 1.5　　　　　　　D. 2

6. 根据我国公路运输主管部门现行规定，公路大件货物按其外形尺寸和质量分为（　　）级。

A. 一　　　　　　　B. 二　　　　　　　C. 三　　　　　　　D. 四

7. 大件货物运输托运单填写不规范而发生运输事故的，由（　　）承担责任。

A. 托运人　　　　　　B. 承运人　　　　　　C. 收货人　　　　　　D. 管理部门

8. 长 16 米、宽 3.6 米、高 3.5 米、120 吨的大型设备，应该按（　　）级大件货物来办理运输业务。

A. 一　　　　　　　B. 二　　　　　　　C 三　　　　　　　D. 四

9. 不属于公路运输鲜活易腐货物的是（　　）。

A. 蔬菜　　　　　　B. 花木秧苗　　　　　　C. 蜜蜂　　　　　　D. 木材

10. 对冷藏货物运输质量产生直接影响的首要条件是（　　）。

A. 温度　　　　　　B. 湿度　　　　　　C.通风　　　　　　D. 卫生

11. 活动物一般可用（　　）或专用车、高栏板车等运输。

A. 敞式货车　　　　　　B.厢式车　　　　　　C. 冷藏车　　　　　　D. 保温车

12.鲜活易腐货物托运时，运到期限应（　　）容许运送期限。

A.大于　　　　　　B.小于　　　　　　C.等于　　　　　　D.都可以

13.危险货物公路运输必须携带（　　），并开通ETC功能。

A.IC卡《道路运输证》　　　　　　B.ETC卡

C.危险货物安全标签　　　　　　　D.托运单

14.危货电子运单运输企业应用子系统的功能不包括（　　）。

A.托运人任务管理　　　　　　　　B.运输任务管理

C.车辆调度管理　　　　　　　　　D.运单派发管理

15.鲜活货物运价可加成（　　）。

A.10%~20%　　B.20%~30%　　C.40%~60%　　D.60%~80%

16.（　　）是果蔬采收后最主要的生命活动之一，也是生命存在的最明显的标志。

A.物理作用　　B.微生物的作用　　C.呼吸作用　　D.化学作用

17.（　　）是影响果蔬类食品呼吸作用的最主要因素。

A.温度　　　　B.相对湿度　　　　C.气体成分　　D.通风条件

18.大部分水果和蔬菜的相对湿度要求为（　　）。

A.70%~80%　　B.80%~85%　　C.85%~90%　　D.90%~95%

19.药品冷藏车应配置至少有（　　）。

A.两个温度记录设备，分别置于一个药品高温点和一个药品低温点

B.三个温度记录设备，分别置于两个药品高温点和一个药品低温点

C.四个温度记录设备，分别置于两个药品高温点和两个药品低温点

D.五个温度记录设备，分别置于三个药品高温点和两个药品低温点

20.药品箱的装载高度应（　　）冷风机出口位置，避开回风口。

A.高于　　　　　　B.平行　　　　　　C.远离　　　　　　D.低于

二、多选题

21.危化品的危险性和危害性主要有（　　）。

A.易燃　　　　　　B.易爆　　　　　　C.易毒害　　　　　　D.易腐蚀

22.属于毒性气体的有（　　）。

A.氢气　　　　　　B.臭氧　　　　　　C.硫化氢　　　　　　D.一氧化碳

23.危险品安全标志就是通过（　　）等向作业人员传递安全信息的警示性资料。

A.图案　　　　　　B.文字说明　　　　C.颜色　　　　　　D.视觉

24.（　　）为实行电子运单制度提供了良好的技术手段。

A.卫星定位技术　　　　　　　　　B.射频识别

C.GIS地理信息处理技术　　　　　D.无线通信技术

25.应急救援机构通过危货电子运单可快速、准确的获取（　　）信息。

A.车辆　　　　　　B.危险货物　　　　C.驾驶员　　　　　D.押运员

26.管理部门对于危货电子运单管理的需求是（　　）。

A.查验运输过程合规性　　　　　　B.检查运单保存合规性

C. 及时查阅运输过程　　　　　　　D. 了解车辆和驾驶员相关信息

27. 三类大件运输企业可承运（　　）大件货物。

A. 一级　　　　　B. 二级　　　　　C. 三级　　　　　D. 四级

28. 在设计大件运输方案时，应特别注意（　　）等问题。

A. 大件货物的特性　　　　　　　　B. 减少货物的装卸次数

C. 节省运输成本　　　　　　　　　D. 判断大件运输的潜在风险

29. 鲜活易腐货物运输的特点包括（　　）。

A. 季节性强　　　　　　　　　　　B. 运量变化大

C. 运送时间紧迫　　　　　　　　　D. 运输途中需要特殊照料

30. 冷藏、冷冻药品应采（　　）等运输，满足药品温度控制要求，保证冷链不断链。

A. 冷藏车　　　　B. 冷藏箱　　　　C. 保温箱　　　　D. 保温车

三、判断题

31. 危险货物托运人应根据货物性质妥善包装，并在外包装上做好安全标志。（　　）

32. 安全标签由生产企业在货物出厂前粘贴，集装箱危险货物粘贴于集装箱尾部。（　　）

33. 驾驶员只要有危险货物道路运输从业资格证，可终身从事危险货物公路运输。（　　）

34. 危货电子运单管理模式下，运输车辆必须配备 GPS 监控设备。（　　）

35. 载运不可解体的大件货物时，必须按照许可指定的时间、路线、速度行驶。（　　）

36. 在市区运送大件货物时，要经公安机关和市政工程部门审查并取得准运证后方可运送。（　　）

37. 冷藏方法是保藏和运输鲜活易腐货物最常用和最有效的方法。（　　）

38. 拼箱混装的水果和蔬菜，冷藏温度越接近越好。（　　）

39. 水果、蔬菜之间应留有一定的间隙，使空气能在货件间充分流动。（　　）

40. 只有通过横坡大于 5% 的公路，才要进行平板车的横坡校正。（　　）

四、技能训练题

41. 车牌号为 1A659 的大货车满载 15 吨爆炸品在某高速公路上发生爆炸。该车当时行驶在某高速公路上，车辆在行驶途中右后轮起火，驾驶员刘某在后视镜中发现后，当即停车迅速跳车逃离，约 2 分后，整车爆炸品遇火爆炸。此时，一辆 A 籍货车和一辆 B 籍货车正与事故车对向行驶交汇，遭遇爆炸被掀翻在路外，该事故造成肇事车辆彻底炸毁，现场仅存少许残片，A 籍货车上 2 人当场死亡，货车被毁。B 籍货车上 1 人重伤。

经查：该事故车刹车系统因故障发热，引发轮胎燃烧、导致爆炸品遇火燃烧。根据规定，运输爆炸品必须有公安部门开具的运输证，肇事方虽然携带有公安局开具的运输证，但运输证规定此次运输的爆炸物品应从 A 公司出货并审定运输车辆为 HA1453，而实际上此次运输的爆炸品被偷梁换柱，变成从 B 公司出货运输，承运人非法运输爆炸品是导致事故发生的主要原因，相关责任人已被依法追究刑事责任。

请结合案例背景的事故原因，绘制事故分析图，并制定改进措施。

42. 公司承运了一批货物，货物外包装的安全标签如图 4-45 所示，根据所学知识分析：此次承运的货物属于危险品分类中的哪一类？具有哪些危险特性？承运过程中需要采取哪些安全措施？如发生事故，应采用什么灭火剂？公司在承运危险货物时还要注意哪些问题？

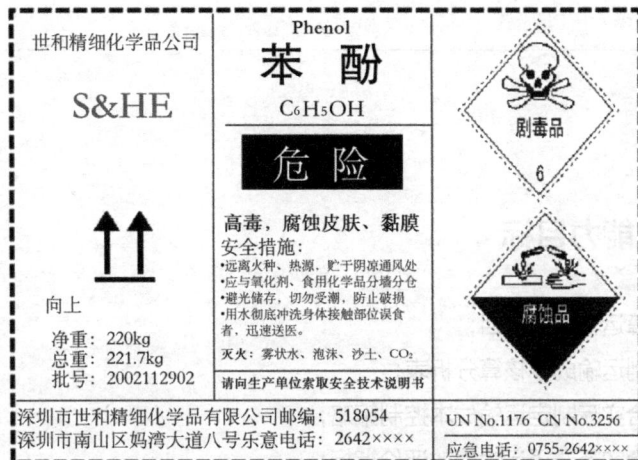

图 4-45　货物外包装的安全标签

43. 选择一家冷链物流公司实地调研，了解冷链物流企业组织架构、主要岗位的工作职责，公司的冷库的面积、布局和主要功能区，公司冷链物流的常用冷藏设备和主要功能，公司冷链物流的运作流程，公司冷链物流的运作过程中的温控技术，公司冷链物流的相关规章制度等主要内容，分析公司的冷链物流存在的主要问题并提出对策建议。

项目五 运输绩效考核与评价

能力目标

1. 能核算运输成本项目；
2. 能编制运输成本核算分析表；
3. 能结合实际制定运输成本控制策略；
4. 能结合实际选择运输绩效评价指标；
5. 能结合实际构建运输绩效评价体系。

知识目标

1. 理解运输成本的含义及构成；
2. 理解运输成本的影响因素；
3. 熟悉运输成本项目的具体内容；
4. 理解运输成本控制的策略；
5. 了解运输绩效评价的原则；
6. 熟悉运输绩效评价指标体系的构成；
7. 熟悉运输绩效评价指标体系评价的方法；
8. 掌握运输绩效评价指标选择的原则。

项目导学

不懂运输成本管理 G7 智能管车来帮你

运输成本是每个物流人都要面对的问题，控制好运输成本就等于增加了利润，但是，如何有效地控制运输成本是个让人困扰的问题，G7 智能管车的出现把这个问题迎刃而解。

G7 以智能终端为基础，连接运输车辆、货主、驾驶员、高速公路、加油站等所有关键要素，智能集成车辆 GPS、油耗、ETC 交易，甚至是刹车、转弯等分秒链接的数据，把这些数据详细地整理加工成里程、优势线路、交易次数、安全、成本等指标，全面了解真实运营情况，让运输更安全、更经济、更高效、更环保。G7 智能管车在安全、经济、效率三大方面有效改善运营管理，使车辆管理效率平均提升 20%、车辆运营成本平均下降 20%，车辆事故率平均减少 10%。

视频：G7 智能管车

项目背景

多年的绩效数据显示，车辆运输成本的控制和全员劳动生产率的提高是通达物流保证盈利空间的关键。公司高层十分关注运输成本的核算及运输绩效的考核与评价，对公司各货运中心每个月进行一次成本核算和运输绩效评价，评价的结果直接与员工的奖金分配和后续发展挂钩。近期，公司的高层管理者发现目前的成本核算和绩效评价方法存在许多问题，准备请专门的管理咨询公司对企业的成本核算和运输绩效评价体系进行诊断和改进。

任务一
公路货物运输成本控制管理

任务描述

新开线路南京—山西晋城，运距 750 千米，安排一辆 10 吨的 3 轴厢式货车每周往返 3 次，配置驾驶员 2 人轮流驾驶，车辆运营速度为 50 千米 / 小时，驾驶员费用、轮胎损耗、车辆运营费用等按公司规定水平测算。公司要求小张测算单车成本后，提出该线路的合理报价，并估算月利润。

任务资讯

运输成本水平的高低直接影响着整个运输企业以及货物运输系统的效益。运输成本受许多因素的制约和影响，应从线路规划、运输工具以及装载策略等方面对运输成本进行控制，从整体上达到降低运输成本、增加运输效益、有效满足客户需求的目的。

一、运输成本构成及特点

运输成本是运输企业完成运输生产活动而消耗的物化劳动与活劳动的货币表现，包括燃油费、折旧费、轮胎费、驾驶员薪酬以及管理费用等，车辆费用构成项目如图5-1所示。

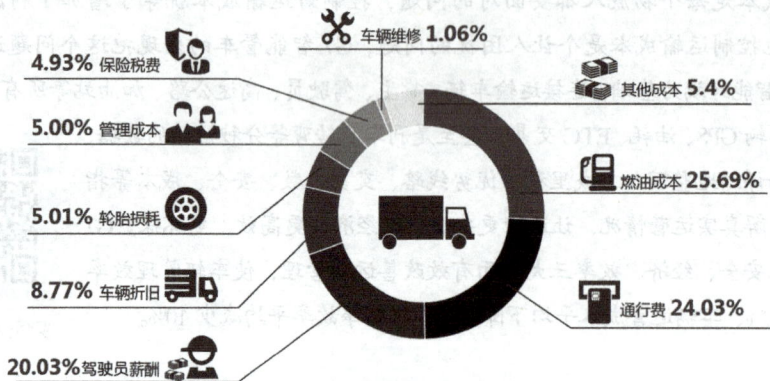

图5-1 普货整车运输成本构成示意图

1. 按运输成本性质分类

运输生产的消耗主要取决于运输距离的长短和完成货运量的多少，运输成本中相当一部分随车辆行驶里程的变动而变动，一部分是随运输量的变动而变动，还有一部分成本是在一定的产量和行驶里程内不受其影响。所以，按运输成本性质可分为变动成本和固定成本。

（1）变动成本

变动成本是指与每一次运输直接相关的费用，包括劳动成本、燃料费用、维修费用等，一般与运输里程和运输量成正比。只有在进行运输、产生运输服务时才发生变动费用，同时运输数量越多、运输路线越长，费用就越高。一般按运价确定的运费至少要等于变动成本，运输企业才不至于亏损。

① 车千米变动成本。车千米变动成本是指随行驶里程变动的成本，包括营运车辆的耗用燃料费、轮胎费、车辆维修费以及按行驶里程计提的车辆折旧费等。无论车辆是空驶或重载均会发生该成本费用，而且随行驶里程的变动而变动。

② 吨千米变动成本。吨千米变动成本是指随运输周转量的变动而变动的成本。如吨千米燃料附加、按周转量计算的行车补贴等。

📎 **小贴士**

某项费用属于固定成本还是变动成本，与采用的费用核算方法有关。例如，营运车辆按生产法计提折旧时，其折旧费是变动成本；但按使用年限法计提折旧时，则属于固定成本。

（2）固定成本

固定成本是指短期内不随运输量水平的变化而变化的成本。这主要包括货运场站、停车场等运输基础设施的建造成本和管理系统费用。这些成本的大小不受运输里程和运量的直接影响，但必须通过营运而得到补偿，通过变动成本的贡献率来弥补。

2.公路运输成本的特点

公路运输与其他运输方式相比，因为承运人不拥有用于运营的公路，拖挂车只是很小的经济单位，车站的运营也不需昂贵的设备，所以，公路运输固定成本是所有运输方式中最低的，但与车辆运行有关的变动成本很高。因为公路建设和维护成本都以燃油税、公路通行费等方式征收。车辆的变动成本可分为端点费用和线路费用。

端点费用以元/吨为单位进行计算，主要包括取货和送货成本、站台装卸成本、制单费和收费成本，约占车辆运输总成本的15%~25%。在运输批量较小时，端点费用随运输批量变化很快。当运量超过一定规模，随着取货、送货和装卸成本分摊到更大的运量上，端点费用会持续下降，但下降的速度比小批量货物运输时费用下降的速度慢很多。

线路费用（相当于车辆营运费用）是成本支出的主要部分，构成也较复杂，是成本控制的关键。线路费用是生产过程中直接费用的支出，主要包括燃油费、通行费、维修及材料费、车辆折旧费、停车费、保险费、车辆检测费、事故费等。

教学动画：运输成本的那些事儿

二、影响公路运输成本的因素

影响公路运输成本的因素主要包括运输距离、载货量、货物疏密度、装载性能等。

1.运输距离

由于运送距离直接对劳动、燃料和维修等变动成本发生作用，所以它是影响运输成本的主要因素。运输距离和运输成本的关系如图5-2所示。

第一，成本曲线不是从原点开始的。这是因为运输成本中的固定成本以及与货物提取和交付活动相关的费用与距离无关，即使没有发生运输活动，这些费用也已经发生了。

第二，成本曲线是随距离的增大而渐缓增长的一个函数。也就是说，运输距离越长，单位距离的运输成本越低，这又被称作运输成本的递远递减性质。

2.载货量

与其他许多物流活动一样，大多数运输活动都存在着规模经济。装载量的大小会影响运输成本，也是运输规模经济的一个重要表现。如图5-3所示，单位运输成本随载货量的增加而减少，这是因为提取和交付活动的固定费用以及行政管理费用可以随载货量的增加而被分摊。当然，载货量要受运输工具最大尺寸的限制。所以，企业为了提高运输效益，就可以将小批量的载货整合成更大的载货量，以获得规模经济效应。

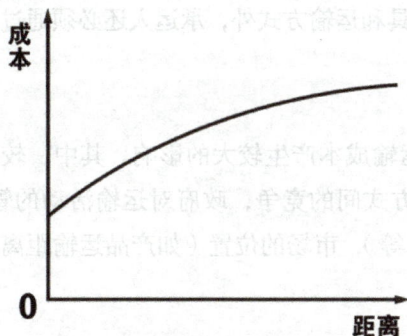

图5-2 运输成本和运输距离的关系

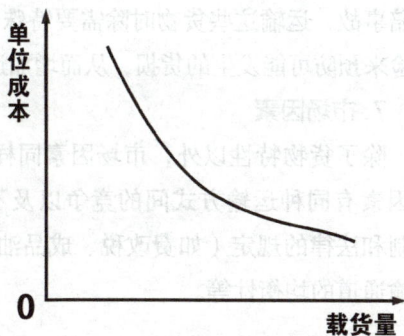

图5-3 运输成本与载货量的关系

3. 货物的疏密度

货物的疏密度是综合考虑货物质量以及占据空间的一个指标，也是影响运输成本的重要因素。因为运输成本通常表示为每单位质量所花费的数额，而在质量和空间方面，运输工具更多的是受到空间限制，而不是质量限制。即使该产品的质量很轻，运输工具一旦满载，也就不可能再增加装运数量。既然运输工具实际消耗的劳动成本和燃料成本基本不受质量的影响，那么货物的疏密度越高，单位运输成本相对降低，也就是说，单位运输成本随货物疏密度的增加而下降（见图5-4）。

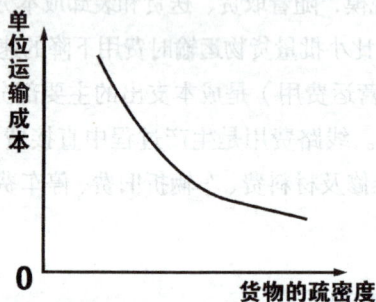

图5-4　单位运输成本与货物疏密度的关系

4. 装载性能

装载性能又称空间利用率，是指货物利用运输工具空间的程度。大批量货物的装载性能由其大小、形状和弹性等物理特性所决定。一般来说，具有标准矩形的产品要比形状不规则的产品更容易装载。例如，钢块与钢条具有相同的密度，但由于钢条的长度和形状，使其装载起来就更困难一些。装载能力还受到装运规模的影响，大批量的产品往往能够相互嵌套、便利装载，而小批量的产品则有可能难以装载。

5. 装卸搬运的难易程度

货物装卸搬运的难易程度也是影响运输成本的因素之一。装卸搬运难度较高的货物，其装卸搬运费用较高，因而运输成本通常也较高。大小或形状一致的货物（如纸箱、罐头、筒）搬运费用较低；有些货物需要用专门的装卸搬运设备处理，搬运费用较高。此外，产品在运输和储存时实际所采用的成组方式（如用带子捆起来、装箱或装在托盘上等）也会影响到搬运成本。

6. 货物的易损性

有些货物具有易损、易腐、易自燃、易自爆、易偷窃等特性，容易带来损坏风险导致索赔事故，运输这些货物时除需要特殊的运输工具和运输方式外，承运人还必须通过货物保险来预防可能发生的货损，从而增加运输成本。

7. 市场因素

除了货物特性以外，市场因素同样也会对运输成本产生较大的影响。其中，较显著的因素有同种运输方式间的竞争以及不同运输方式间的竞争，政府对运输活动的管理、限制和法律的规定（如费改税、成品油价格改革等），市场的位置（如产品运输距离等），运输通道的均衡性等。

想一想

费改税对运输企业的运输成本变动会有什么样的影响？

三、运输成本核算项目

运输成本项目分为车辆直接费用和营运间接费用2个部分。

1. 车辆直接费用

（1）驾驶员薪酬：指按规定支付给营运车辆驾驶员和助手的基本薪酬、奖金、津贴、福利、保险等。对于有固定车辆的驾驶员和助手，其薪酬直接计入对应车辆的分类成本；对于没有固定车辆的后备驾驶员和助手，其薪酬应按营运车吨位或营运车日，分配计入有关车辆的分类成本。其分配公式为：

$$\text{每营运车吨日薪酬分配额（元/车吨日）} = \frac{\text{当期待分配驾驶员薪酬总额}}{\text{同期各车型总营运车吨日}}$$

某车型应分配驾驶员薪酬额（元）

= 该车型实际总营运车吨日 × 每营运车吨日薪酬分配额

（2）燃油费：指营运车辆运行中所耗用的各种燃油。营运车辆运行中所耗用的燃料，应根据行车路单或其他有关燃料消耗原始凭证所列实际消耗量计入成本，燃料消耗计算的范围与时期应与车辆运行情况一致。

小贴士

实行满油箱制的企业，在月初、月末油箱加满油的前提下，车辆当月加油累计数就是当月燃料实际耗用数，企业根据行车路单领油记录核实的燃料消耗统计表，即可计算当月燃料实耗数。实行实地盘存制的企业，应在月底实地测量车辆油箱存油数，并根据行车路单加油记录，计算当月实际耗用燃料数。可按下列公式计算：

当月实耗数=月初车存数+本月领用数—月末车存数

（3）轮胎费：指营运车辆耗用的内胎、垫带以及轮胎翻新费和零星修补费，按实际领用数和发生数计入各分类成本。外胎的轮胎摊提费用，应按月计入运输成本。其计算公式为：

$$\text{千胎千米摊提额（元/千胎千米）} = \frac{\text{该胎型原值} - \text{净残值}}{\text{新胎至报废行驶里程定额} \div 1000}$$

某车型外胎应计摊提费用（元）= 千胎千米摊提额 × 该车型外胎实际行驶里程 ÷ 1000

（4）维修费：指营运车辆的日常维护以及各种修理所发生的工料费。营运车辆因维护和修理而领用的各种材料、配件费，直接计入各分类成本的修理费项目；预提的车辆大修理费用，可根据"预提大修理费用计算表"计入本项目。

营运车辆的大修理费用可按实际行驶里程计算预提，其计算公式为：

$$某车型大修理次数 = \frac{该车型新车至报废行驶里程定额}{该车型大修间隔里程定额} - 1$$

$$\frac{某车型千车千米大修费用}{预提额（元/千车千米）} = \frac{该车型每次大修费用 \times 大修理次数}{该车型新车至报废里程定额 \div 1000}$$

某车型月大修费用提存额（元）= 该车型千车千米大修费用预提额 × 该车型当月实际行驶里程 ÷ 1000

（5）折旧费：营运车辆按实际行驶里程计提折旧费，其计算公式为：

$$\frac{某车型千车千米折旧额}{（元/千车千米）} = \frac{该车型车辆原值 - 净残值 - 原车轮胎费用}{该车型由新车至报废行驶里程定额 \div 1000}$$

某车型折旧费用（元）= 该车型当月实际行驶里程 /1000 × 该车型千车千米折旧额

特种车、大型车按年限法计提折旧费并列入本项目，其计算公式为：

$$某车型月折旧额 = \frac{该车型车辆原值 - 净残值 - 原车轮胎费用}{预计使用年限 \times 12}$$

（6）通行费：指运营车辆在运行过程中缴纳的桥涵通行费、公路通行费等。

（7）保险费：指向保险公司缴纳的营运车辆保险费用。按实际支付的投保费用和投保期，并按月份分车型分摊计入各分类成本的本项目内。

（8）事故损失费：指营运车辆在运行过程中因行车肇事所发生的事故损失（扣除保险赔偿后的净额）。营运车辆在运营过程中因碰撞、翻车、碾压、落水失火、机械故障等原因而造成的人员伤亡、牲畜死伤、车辆损失、物资毁损等行车事故所发生的修理费、救援费和赔偿费，以及支付给外单位人员的医药费、丧葬费、抚恤费、生活补助费等事故损失，在扣除向保险公司收回的赔偿收入以及事故对方或过失人的赔偿金额后，计入有关分类成本的本项目内。在事故发生后，可预估事故损失。在预估事故费用时，通过预提费用账户进行核算当年结案事故的实际损失与预提数的差额，调整本年度有关业务成本。因车站责任发生货损货差等事故损失，应计入"营运间接费用"账户，不列入本项目。

（9）税金：指规定交纳的车船使用税、增值税等相关税金。

（10）其他费用：指不属于以上各项目的与营运车辆运行直接有关的费用。如车辆的洗车费、检验费、驾驶员途中住宿费、停车费以及驾驶员领用的低值易耗品和劳动保护用品等。

车辆直接费用是考核车队和驾驶员工作绩效的最有效指标。目前运输企业车辆直接费用的构成如图 5-5 所示。

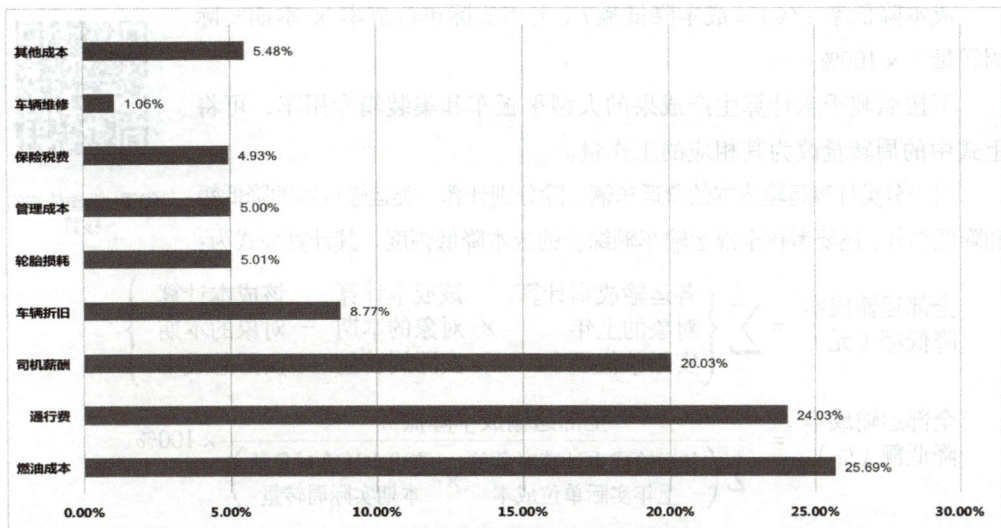

图5-5 运输企业车辆直接费用构成图

2. 营运间接费用

营运间接费用是指企业营运过程中发生的与营运车辆运行间接相关而不能直接计入成本核算对象的各种间接费用，如管理人员的薪酬以及办公用的水电费、办公费、差旅费等。营运间接费用可通过编制"营运间接费用分配表"，计入各分类运输成本的项目内。

四、运输成本分析

运输企业的运输成本是通过运输支出、辅助营运费用、营运间接费用等会计处理进行归集和分配的，从而计算出运输总成本、单位成本、成本降低额和成本降低率。

1. 总成本的计算

总成本是成本计算期内各运输成本计算对象的成本总额之和。

2. 单位成本的计算

单位成本是指成本计算期内，按成本计算对象完成单位运输周转量（千吨千米）的成本额。其计算公式如下：

某运输成本计算对象的单位成本（元/千吨千米）

=该成本计算对象当月运输成本总额/（该计算对象当月运输周转量×1000）

对于不按吨千米计算生产成果的大型平板车、集装箱专用车等，应按照各自计算生产成果的"千吨位小时""千标准箱千米"计算运输单位成本。

3. 成本降低额和成本降低率

成本降低额是考核成本计划完成情况的主要指标，是以上年度实际单位成本与本期周转量计算的总成本减去本期实际总成本的差额。其计算公式为：

成本降低额（元）=上年度实际单位成本 × 本期实际周转量 − 本期实际成本

当计算结果为负值时，表示成本超支额。

成本降低率是考核成本降低幅度计划完成程度的主要指标，是成本降低额与按上年度实际单位成本计算的总成本的比率。其计算公式为：

成本降低率（%）= 成本降低额 /（上年实际单位成本 × 本期实际周转量）× 100%

不按照吨千米计算生产成果的大型平板车和集装箱专用车，可将上式中的周转量改为其相应的工作量。

微课：运输成本的核算

对于分类计算运输成本的营运车辆，除分别计算各类运输成本的降低额和降低率外，还要考核全部运输车辆综合的成本降低幅度。其计算公式为：

$$
\begin{aligned}
&\text{全部运输成本} \\
&\text{降低额（元）}
\end{aligned}
= \sum
\left\{
\begin{aligned}
&\text{各运输成本计算} \\
&\text{对象的上年} \\
&\text{实际单位成本}
\end{aligned}
\times
\begin{aligned}
&\text{该成本计算} \\
&\text{对象的本期} \\
&\text{实际周转量}
\end{aligned}
-
\begin{aligned}
&\text{该成本计算} \\
&\text{对象的本期} \\
&\text{实际总成本}
\end{aligned}
\right\}
$$

$$
\begin{aligned}
&\text{全部运输成本} \\
&\text{降低额（%）}
\end{aligned}
= \frac{\text{全部运输成本降低额}}{\sum\left(\begin{aligned}&\text{各运输成本计算对象的}\\&\text{上年实际单位成本}\end{aligned} \times \begin{aligned}&\text{该成本计算对象的}\\&\text{本期实际周转量}\end{aligned}\right)} \times 100\%
$$

五、运输成本的控制策略

控制运输成本的目的是使总的运输成本降低，但又符合运输的可靠性、安全性与快捷性要求。运输成本控制的策略性方法主要有以下几种。

1. 合理选择运输工具

应根据不同货物的形状、价格、运输批量、交货日期、到达地点等情况，选取适当的运输工具。因为运输工具的经济性和迅速性、安全性、便利性之间有相互制约的关系，所以，在控制运输成本时，必须对运输工具所具有的特性进行综合评价，才能做出合理选择运输工具的策略。

2. 拥有适当数量的车辆

企业拥有车辆过少、发货量多时，会出现车辆不足的现象，要从别处租车。相反，拥有车辆过多，发货量少时，会出现车辆闲置的现象，造成浪费。所以对运输部门来讲，拥有适当数量的车辆是必要的。

3. 优化仓库布局

运输网络设置的优化可以从整个运输系统上控制运输成本。例如，通过优化仓库布局，可以实现运输时间最短、运输线路最短，从而达到运输成本最小化。

建立一个合理化仓库的基本原则是利用集运的规模经济性。一个制造商通常在广泛的市场区域中出售产品，如果一些客户的订货是少量的，那么只要将他们的订货集中起来，形成足够的货运量去覆盖每个仓库设施的固定成本，并使仓库与当地发送的总成本等于或少于直接运送货物至客户的总成本，这样建立的仓库设施在经济上才是合理的。

4. 实施集运策略

所谓集运，就是利用规模经济来降低运输成本的集中运输策略。当然，组织集运还要考虑因此可能延迟物流响应时间的负面影响。从运作的角度看，集运有自发集运、计划集运和共同输送 3 种常用方法。

5. 推行直运战略

直运即直达运输，就是在组织货物运输过程中，越过商业物资仓库环节或运输节点等交通周转环节直接运达目的地的运输方式。

企业在决定是否采取直达运输战略时，必须考虑该产品的特性（如单价、易腐性和季节性），所需运送的路程与成本，顾客订货的数量与质量，地理位置与方向等因素。

6. 采用"四就"直拨运输

"四就"直拨运输，是指各物资批发企业在组织货物调运的过程中，对当地生产或由外地调达的货物，不运进批发仓库，而是采取直拨的办法，把货物直接分拨给市内基层批发、零售商店或用户，减少一道中间环节，这样可以收到双重的经济效益。其具体做法有就厂直拨、就车站（码头）直拨、就库直拨和就车（船）过载等。

7. 提高装载量

提高装载量的主要做法有以下几种。

（1）组织轻重装配。即把实重货物和轻泡货物组装在一起，既可充分利用车船装载容积，又能达到装载量，以提高运输工具的使用率。

（2）实行解体运输。对一些体大笨重、不易装卸又容易碰撞致损的货物，如自行车、科学仪器等可将其拆卸装车，分别包装，缩小所占空间，以提高运输装载效率。

（3）改进堆码方法。根据车船的货位情况和不同货物的包装形状，采取各种有效的堆码方法，如多层装载、骑缝装载、紧密半载等，以提高运输效率。

另外，充分利用各种运输方式的优势，推进联合运输，实施托盘化运输、集装箱运输、拼装整车运输等，也是运输成本控制的有效策略。

微课：运输成本的控制

任务实施

根据业务条件测算燃油费、通行费、轮胎损耗、驾驶员费用、车辆运营费用等，测算单车成本，提出该线路的合理报价，并估算月利润（见图5-6）。

图 5-6 成本控制结果

公路运输管理实务（微课版）

任务总结

公路货物运输成本控制
- 运输成本构成及特点
  - 公路运输成本分类
  - 公路运输成本特点
- 运输成本的影响因素
  - 运输距离
  - 载货量
  - 货物疏密度
  - 装载性能
  - 装卸搬运难易程度
  - 货物易损性
  - 市场因素
- 运输成本核算项目
  - 车辆直接费用
    - 驾驶员薪酬
    - 燃油费
    - 轮胎费
    - 维修费
    - 折旧费
    - 通行费
    - 保险费
    - 事故损失费
    - 税金
    - 其他费用
  - 营运间接费用
- 运输成本分析
  - 总成本的计算
  - 成本降低额和成本降低率
  - 单位成本的计算
- 运输成本控制策略
  - 合理选择运输工具
  - 拥有适当数量车辆
  - 优化仓库布局
  - 实施集运策略
  - 推行直运战略
  - 采用"四就"直拨运输
  - 提高装载量

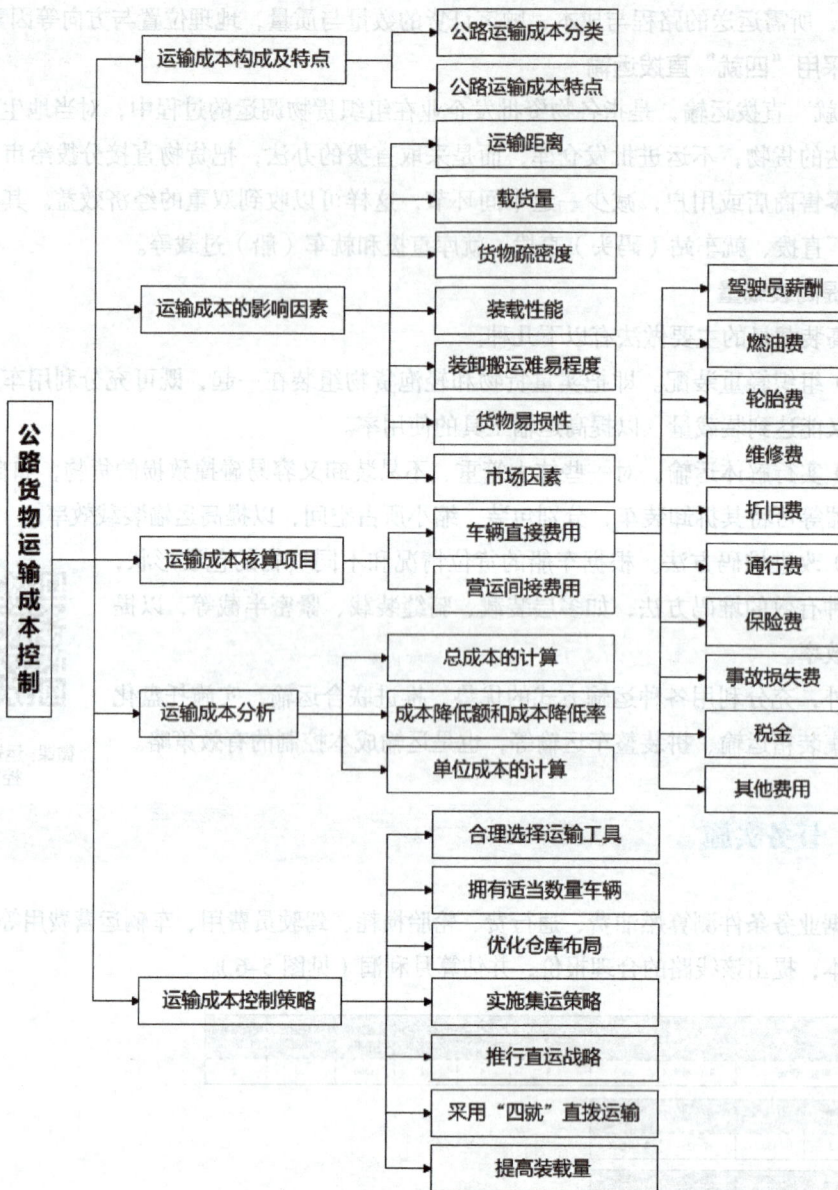

图 5-7　任务框架

在线测试

[QR code]

任务一在线测试

任务二
公路货物运输绩效考核评价

任务描述

通达物流公司高层想要详细了解公司的运输绩效，以便为下一年度的生产做出合理安排。汪主管要求小张帮其设计一套运输绩效考核指标体系。

任务资讯

一、运输绩效评价的含义

运输绩效评价是指按照统一的评价标准，采用一定的指标体系，按照一定的程序，运用定性和定量的方法，对一定时期内运输活动或运输过程的效益和效率做出的综合判断。运输绩效评价是运输企业及其相关企业进行绩效管理的主要环节，是管理者了解运输活动效果的基本手段，也是加强运输企业管理的一种方法。

绩效评价涉及企业的内部组织、员工以及运输活动各个环节，因此影响绩效评价的因素主要包括环境因素、评价标准因素、考评者因素、被考评者因素等（见表5-1）。

表 5-1　绩效评价影响因素

环境因素	评价所选择的时间	考评者因素	晕轮效应
	评价所选择的地点		成见效应
评价标准因素	评价标准不明确		对比效应
	评价方法不一致		优先效应
	评价考核者意见分歧		近因效应
被考评者因素	被考评者是否有抵触情绪		考评者的心境与健康
	夸张效应		
	被考评者的健康与心境		

二、运输绩效评价体系的构成

运输绩效评价体系作为企业绩效管理系统的子系统，也是企业管理控制系统的一部分。有效的运输绩效评价体系应包括以下内容。

（1）评价对象。明确对谁进行绩效评价。运输绩效评价对象主要是指企业的运输活动或运输生产过程，一般包括集货、分配、搬运、中转、装卸、分散等作业活动，这些活动中还会涉及运输活动计划、目标、相关组织与人员以及环境条件等。

（2）评价组织。负责领导、组织所有评价活动的机构。评价组织的构成情况及其能力大小将直接影响到绩效评价活动的顺利实施及效果，一般由企业有关部门负责人组成，有时也邀请专家参与。

（3）评价目标。评价目标是否明确、具体和符合实际，关系到整个评价工作的方向是否正确，一般根据运输绩效管理目标、企业实际状况以及发展目标来确定。

（4）评价原则。实际评价工作中应坚持的基本原则。如客观公正、突出重点、建立完善的指标体系等原则，直接影响到评价工作能否顺利开展及最后效果。

（5）评价内容。明确运输绩效评价的工作范围，一般包括运输成本、运输能力、服务质量、作业效率、客户满意度等。

（6）评价标准。用来考核评价对象绩效的基准，也是设立评价指标的依据。

小贴士

① 历史标准。以企业运输活动过去的绩效作为评价标准。

② 标杆标准。将行业中优秀企业运输活动的绩效水平作为标准，以此来判断本企业的市场竞争力和自己在市场中的地位。

③ 客户标准。按照客户的要求设立的绩效标准，以此来判断满足客户要求的程度以及与客户关系紧密程度。

（7）评价指标体系。评价运输活动的具体指标及体系。运输绩效指标可以按照运输量、运输服务质量、运输效率以及运输成本与效益等方面来分别设立。

（8）评价方法。依据评价指标和评价标准以及评价目标、实施费用、评价效果等来判断运输绩效的具体手段。评价方法及应用正确与否，会影响到评价结论是否正确。通常用的评价方法有专家评价法、层次分析法、模糊综合评价法等。

（9）评价报告。评价报告是评价工作实施过程最后所形成的结论性文件以及相关材料，内容包括对评价对象绩效优劣的结论、存在问题及原因分析等。

三、运输绩效评价指标体系的构建

选择适当的评价指标是进行运输绩效评价的基础和前提，也是运输绩效管理的一种手段。在实际绩效评价工作中，应把握一定的基本原则来选择具体的评价指标，并使之形成完整、系统的指标体系，以取得良好的绩效评价效果。

1. 运输绩效评价指标选择的原则

在选择运输绩效评价指标时，应坚持以下基本原则。

（1）目的性原则。绩效指标的选择应该以正确反映企业整体经济效益和运输活动绩效为目的，所选指标应科学合理地评价运输活动的作业过程以及投入、产出、成本费用等客观情况。

（2）系统性原则。运输活动由许多环节或过程组成，受到来自人、财、物、信息、服务水平等因素及其组合效果的影响，选择绩效评价指标必须系统地、全面地考虑所有影响因素，以保证评价的全面性和可信度。

（3）层次性原则。在选择评价指标时应注意各项指标的层次性，才有利于确定每层重点，并有效地进行关键指标分析、评价方法的运用以及绩效评价的具体操作。

（4）定性指标与定量指标相结合的原则。由于运输活动具有复杂性、动态性，所以绩效评价指标应该既包括易于定量表示的技术经济指标，又包括很难用量化表示的社会环境指标，如安全、快速、舒适、便利等方面的指标。实际的评价活动中，应该使定量指标与定性指标相结合，这样可以利用两者的优势，弥补各自的不足，以保证绩效评价的全面性、客观性。

（5）可操作性原则。该原则就是要求各项指标尽量含义清晰、简单规范、操作简便，同时，能够符合运输活动的实际情况，并与现有统计资料、财务报表兼容，以提高实际评价的可操作性和整个绩效评价的效率。

2. 运输绩效评价指标体系的构成

运输绩效评价指标体系可以根据货物运输量、运输质量、运输效率以及运输成本与效益来确定。

（1）货物运输量指标

货物运输量指标包括以货物质量为主要依据的货运量和以货物质量、运输距离综合形成的周转量指标。

① 货运量是指一定时期内，运输企业实际运送的货物质量。一般以吨（或千克）为计量单位。货运量可以按总货运量统计，也可以按货物品类分别统计，反映工农业生产的需要和各类货物在国民经济中的地位、作用，如煤炭和石油等能源运输的运量在综合运输体系中占有较大比重。

② 货运周转量是指一定时期内，运输企业实际运送的货物质量和其运输距离的乘积，以吨千米为计量单位。货物周转量可以分为总周转量、各种运输方式的货物周转量、分货物品类的周转量。货运总周转量的计算公式为：

货运总周转量（吨千米）= $\sum$（每运次货运量 × 该运次货物运输距离）

或：

货运总周转量（吨千米）= $\sum$（每品类货物运量 × 该品类货物运输平均距离）

（2）运输效率指标

运输效率指标主要是车辆利用效率指标，包括如时间、速度、里程及载质量等多方面的利用效率的指标。

① 时间利用指标包括车辆工作率与完好率指标。车辆工作率指一定时期内运营车辆总天数中工作天数所占的比重；完好率是指一定时期内运营车辆总天数中车辆技术状况完好天数所占的比重。其计算公式为：

$$车辆工作率（\%）= \frac{报告期营运车辆工作总天数}{同期营运车辆总天数} \times 100\%$$

$$车辆完好率（\%）= \frac{报告期营运车辆完好总天数}{同期营运车辆总天数} \times 100\%$$

② 里程利用率是指一定时期内车辆总行程中载重行程所占的比重，反映了车辆的实

载和空载程度，可以用来评价运输组织管理的水平高低。

$$里程利用率（\%）= \frac{载重行程里程}{车辆总行驶里程} \times 100\%$$

③ 载质量利用指标是反映车辆载重能力利用程度的指标，包括吨位利用率和实载率。吨位利用率是一定时期内全部营运车辆载重行程载质量利用程度的指标，其中载重行程载质量亦称为重车吨位千米。

$$吨位利用率（\%）= \frac{报告期完成货物周转量}{同期载重行程载质量} \times 100\%$$

$$实载率（\%）= \frac{报告期完成货物周转量}{同期总行程载质量} \times 100\%$$

（3）运输质量指标

运输质量可以从安全性、可达性、可靠性、联运水平以及客户满意度等方面选择衡量指标。

① 安全性指标包括运输损失率、货损货差率、事故频率和安全行驶间隔里程等指标。

运输过程中的货物损失率有 2 种表示方式，一种是以货物损失总价值与所运输货物的总价值进行比较，这种方式主要适用于货主企业的运输损失绩效考核；另一种方式是用运输损失赔偿金额与运输业务收入金额的比率来反映，此方式更适用于运输企业或物流企业为货主企业提供运输服务时的货物安全性绩效考核。两者计算公式如下：

$$运输损失率（\%）= \frac{报告期损失货物总价值}{同期运输货物总价值} \times 100\%$$

$$运输损失率（\%）= \frac{报告期损失货物总赔偿额}{同期运输总收入} \times 100\%$$

货损货差率指标是指在发运的货物总票数中货损货差的票数所占的比重，其计算公式为：

$$货物货差率（\%）= \frac{报告期货损货差票数}{同期发运货物总票数} \times 100\%$$

$$货物货差率（\%）= \frac{报告期货损货差总价值}{同期发运货物总价值} \times 100\%$$

事故频率指标是指单位行程内发生行车安全事故的次数，一般只计大事故和重大事故。该指标反映车辆运行过程中随时发生或遭遇行车安全事故的频率，其计算公式为：

$$事故频率（次/万千米）= \frac{报告期事故次数}{同期总运输千米数 \div 10000} \times 100\%$$

安全行驶间隔里程指标是指平均每两次行车事故之间车辆安全行驶的里程数，该指标是事故频率的倒数，其计算公式为：

$$安全行驶间隔里程（万千米）= \frac{报告期运输总里程数 \div 10000}{同期事故次数}$$

② 可达性（方便性）指标。对于有些运输方式（如铁路、航空等）不能直接将货物运至最终目的地的情况，可以用直达性指标来评价企业提供多式联运服务的水平。直达性指标对于评价来往于机场、铁路端点站、港口之间的运输，特别是在评价外部运输与厂内运输的衔接上显得更有意义。其计算公式为：

$$货物直达率（\%）= \frac{报告期直达票号数}{同期票号数} \times 100\%$$

③ 可靠性指标。是反映运输工作质量的指标，它可以促进企业采用先进的运输管理技术，做好运输调度管理，保证货物流转的及时性。相对来说，厂内运输对于运输的可靠性要求更高。正点运输率是评价运输可靠性的主要指标，其计算公式是：

$$正点运输率（\%）= \frac{报告期正点营运次数}{同期营运总次数} \times 100\%$$

④ 一票运输率指标。一票运输是指货主经一次购票（办理托运手续）后，由企业全程负责，提供货物中转直至将货物送达最终目的地的运输服务。一票运输率指标反映了联合运输或一体化服务程度的高低，其计算公式为：

$$一票运输率（\%）= \frac{报告期一票运输票号数}{同期票号数} \times 100\%$$

⑤ 客户满意率指标是对运输服务质量的总体评价指标，它用满意客户数与被调查客户数的比率来表示。所谓满意客户是指在对货主进行满意性调查中，凡在调查问卷上回答对运输服务感到满意及以上档次的客户。客户满意率指标计算公式为：

$$客户满意率（\%）= \frac{报告期满意货主数量}{同期被调查货主数量} \times 100\%$$

⑥ 意见处理率指标用已经处理的意见数与客户所提意见数的比率来表示，它反映了对客户信息的及时处理能力，也可反映客户对运输服务性好坏的基本评价及企业补救力度的大小。已处理意见是指在客户针对运输服务质量问题提出的意见中，企业予以及时查处并给予客户必要的物质或精神补偿而取得满意效果的意见。意见处理率和满意率均可按季度计，必要时也可按月计。意见处理率指标计算公式为：

$$意见处理率（\%）= \frac{报告期已处理意见数}{同期客户意见数} \times 100\%$$

（4）运输成本与效益指标

① 单位运输成本指标可用来评价运输作业效益高低以及综合管理水平，一般用运输成本总额与同期货物总周转量的比值来表示。运输成本主要包括燃料、各种配件、工资、修理、折旧及其他费用支出。货物周转量是运输作业的工作量，它是车辆完成的各种货物的货运量与其相应运输距离乘积之和。

$$单位运输成本（元/吨千米）= \frac{报告期运输成本总额}{同期货物周转量}$$

② 燃料消耗指标主要包括单位实际消耗、燃料消耗定额比，它反映了运输活动中燃料消耗的情况，可以促进企业加强对燃料消耗的管理。其计算公式为：

$$单位实际油耗（升/百吨千米）= \frac{报告期实际油耗量}{同期运输吨千米 \div 100}$$

$$燃料消耗定额比 = \frac{报告期百千米燃料实耗量}{同期百千米燃料定额量}$$

③ 运输成本效益指标表示单位运输成本支出额所带来的盈利额，其计算公式为：

$$成本利润率 = \frac{报告期经营盈利额}{同期运输成本支出额} \times 100\%$$

④ 单车经济收益指标表示单车运营收入中扣除成本后的净收益。该公式计算结果为正值，说明车辆运营盈利；公式计算结果为负值，说明车辆运营亏损。

$$单车经济收益 = 单车运营总收入 - 单车总成本$$

⑤ 社会效益指标主要反映运输活动对环境污染的程度以及对城市交通的影响程度等。可以用专业性的环境评价指标对运输活动进行社会效益评价，也可以用定性的指标进行评价。如对企业具体的运输活动评价，可以考察运输活动中采用清洁能源车辆情况、运输时间是否考虑避开城市交通高峰、运输活动对周围环境污染情况等。

在实际运输活动中，可综合考虑运输活动的目标与任务、运输货物特点、运输环境、运输能力、客户要求等方面的因素，具体确定各项评价指标及其主次顺序，形成完整的、相互衔接的指标体系，以获得良好的评价效果。

微课：运输绩效评价指标体系

任务实施

小张从服务水平、运输能力和绩效、成本与效益、客户评价等几个方面，为企业设计了一套运输绩效考核指标体系（见表5-2）。

表5-2　运输绩效考核指标体系

评价项目	评价指标	计算公式
服务水平	安全性	$$事故频率（次/万千米）= \frac{报告期事故次数}{同期总运输千米数 \div 10000} \times 100\%$$
		$$运输损失率（\%）= \frac{报告期损失货物总价值}{同期运输货物总价值} \times 100\%$$
		$$运输损失率（\%）= \frac{报告期损失货物总赔偿额}{同期运输总收入} \times 100\%$$
		$$货损货差率（\%）= \frac{报告期货损货差票数}{同期发运货物总票数} \times 100\%$$
		$$货损货差率（\%）= \frac{报告期货损货差总价值}{同期发运货物总价值} \times 100\%$$
		$$安全行驶间隔里程（万千米）= \frac{报告期运输总里程数 \div 10000}{同期事故次数}$$

评价项目	评价指标	计算公式
服务水平	时效性	正点运输率（%）＝ $\dfrac{报告期正点营运次数}{同期营运总次数} \times 100\%$
		货物直达率（%）＝ $\dfrac{报告期直达票号数}{同期票号数} \times 100\%$
		一票运输率（%）＝ $\dfrac{报告期一票运输票号数}{同期票号数} \times 100\%$
	方便性	简易受托率（%）＝ $\dfrac{报告期内简便受托业务件数}{同期内业务受理总件数} \times 100\%$
	准确性	差错率（%）＝ $\dfrac{报告期内受理业务的差错件数}{同期内业务受理总件数} \times 100\%$
能力和效率	货物运输量	总周转量（吨千米）＝ $\sum$（每运次货运量 × 该运次货物运输距离）
	时间利用	车辆工作率（%）＝ $\dfrac{报告期营运车辆工作总天数}{同期营运车辆总天数} \times 100\%$
		车辆完好率（%）＝ $\dfrac{报告期营运车辆完好总天数}{同期营运车辆总天数} \times 100\%$
	载质量利用	吨位利用率（%）＝ $\dfrac{报告期完成货物周转量}{同期载重行程载质量} \times 100\%$
		实载率（%）＝ $\dfrac{报告期完成货物周转量}{同期总行程载质量} \times 100\%$
	里程利用率	里程利用率（%）＝ $\dfrac{载重行程里程}{车辆总行驶里程} \times 100\%$
成本与效益	燃料消耗	单位实际油耗（升／百吨千米）＝ $\dfrac{报告期实际油耗量}{同期运输吨千米 \div 100}$
	单位运输成本	单位运输成本（元／吨千米）＝ $\dfrac{报告期运输成本总额}{同期货物周转量}$
	运输成本效益	成本利润率（%）＝ $\dfrac{报告期经营盈利额}{同期运输成本支出额} \times 100\%$
	单车经济效益	单车经济效益 ＝ 单车营运总收入 – 单车总成本
客户评价	客户满意率	客户满意率（%）＝ $\dfrac{报告期满意货主数量}{同期被调查货主数量} \times 100\%$
	客户保持率	客户保持率（%）＝ $\dfrac{报告期老客户数量}{同期客户总量} \times 100\%$
	客户获得率	客户获得率（%）＝ $\dfrac{报告期新客户数量}{同期客户总量} \times 100\%$
	客户投诉率	客户投诉率（%）＝ $\dfrac{报告期投诉的运输量}{同期运输完成总量} \times 100\%$

任务总结

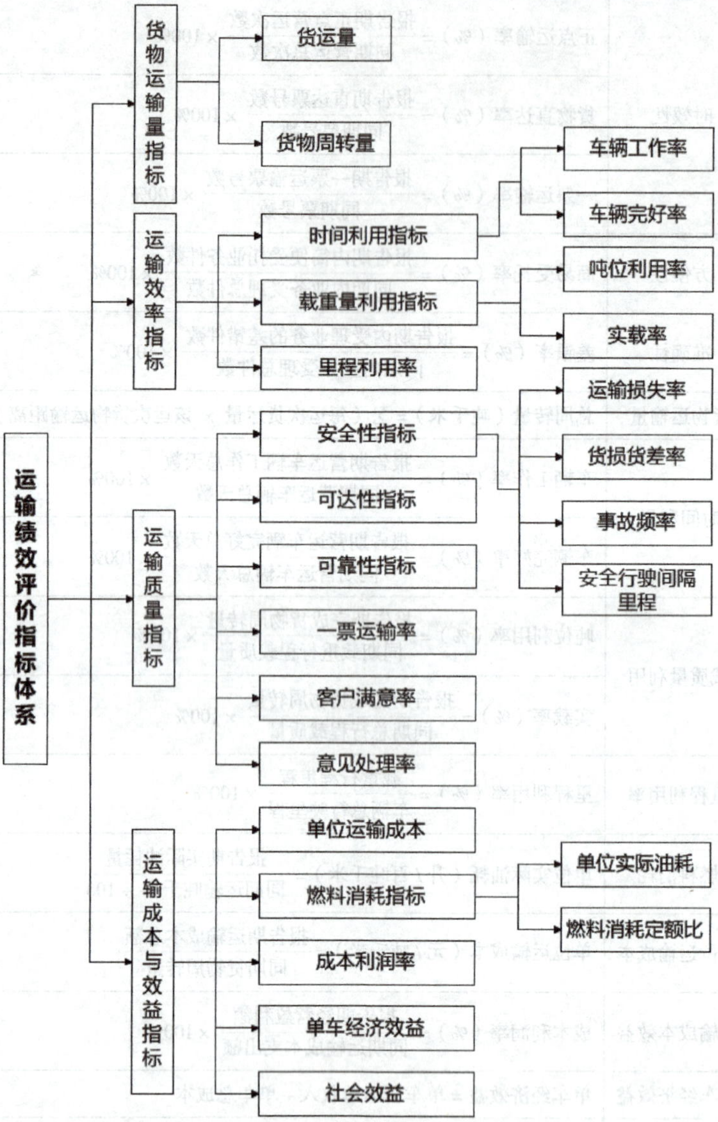
运输绩效评价指标体系
货物运输量指标
货运量
货物周转量
运输效率指标
时间利用指标
车辆工作率
车辆完好率
载重量利用指标
吨位利用率
实载率
里程利用率
运输质量指标
安全性指标
运输损失率
货损货差率
事故频率
安全行驶间隔里程
可达性指标
可靠性指标
一票运输率
客户满意率
意见处理率
运输成本与效益指标
单位运输成本
燃料消耗指标
单位实际油耗
燃料消耗定额比
成本利润率
单车经济效益
社会效益

图 5-8　任务框架

在线测试

任务二在线测试

项目同步测试

一、单选题

1. 单位运输成本随载货量的增加而（　　）。

A. 增加　　　　　　B. 减少　　　　　　C. 不变　　　　　　D. 变化

2. 成本核算是根据确定的（　　），采用相适应的成本计算方法，按照规定的成本项目，通过一系列的费用汇集与分配，计算出实际总成本和单位成本。

A. 成本计算对象　　　　　　　　　B. 成本计算时间

C. 成本计算范围　　　　　　　　　D. 成本计算单位

3. 属于运输营运间接费用的是（　　）。

A. 司机工资　　　　　　　　　　　B. 轮胎费

C. 车辆通行费　　　　　　　　　　D. 营运管理费用

4. 单位运输成本随货物疏密度的增加而（　　）。

A. 分摊　　　　　B. 上升　　　　　C. 不变　　　　　D. 下降

5. 与运输里程和运输量成正比的成本一般为（　　）。

A. 变动成本　　　　B. 固定成本　　　　C. 直接成本　　　　D. 间接成本

6. 车辆变动成本可分为（　　）和线路费用。

A. 运费　　　　　B. 端点费　　　　　C. 装车费　　　　　D. 取货费

7. 运输服务绩效评价须建立（　　）。

A. 单一评价指标　　　　　　　　　B. 评价指标体系

C. 组织机构　　　　　　　　　　　D. 评价机构

8. 运输企业的绩效管理主要是通过对（　　）的绩效管理来实现的。

A. 运输车辆　　　B. 驾驶员　　　C. 运输活动　　　D. 运输统计

9. 一票运输率指标是用来衡量（　　）的指标。

A. 运输效率　　　B. 货物运输量　　　C. 运输成本与效益　　　D. 运输质量

10. 运输成本与效益指标不包括（　　）。

A. 燃料消耗　　　B. 单位运输费用　　　C. 单车经济效益　　　D. 运输经济效益

二、多选题

11. 属于运输直接成本的有（　　）。

A. 企业管理费　　　B. 事故损失费　　　C. 维修费　　　　D. 轮胎费

12. "四就"直拨运输，"四就"是指（　　）。

A. 就厂直拨　　　　　　　　　　　B. 就车站（码头）直拨

C. 就库直拨　　　　　　　　　　　D. 就车（船）过载

13. 安全性指标包括（　　）。

A. 货损货差率　　　　　　　　　　B. 事故频率

C. 安全行驶间隔里程　　　　　　　　D. 货物直达率

14. 评价燃料消耗的指标主要有（　　）。

A. 燃料总消耗量　　　　　　　　　　B. 单位实际消耗

C. 燃料消耗定额比　　　　　　　　　D. 燃料月度消耗

15. 运输服务水平指标包括（　　）。

A. 安全性　　　　B. 时效性　　　　C. 方便性　　　　D. 准确性

16. 运输成本与效益指标包括（　　）。

A. 燃料消耗指标　　　　　　　　　　B. 单位运输费用

C. 单车经济效益　　　　　　　　　　D. 运输费用效益

17. 客户评价指标主要有（　　）。

A. 客户满意率　　　B. 客户保持率　　　C. 客户投诉率　　　D. 客户差错率

18. 运输效率指标包括（　　）。

A. 时间利用指标　　　　　　　　　　B. 周转量

C. 里程利用指标　　　　　　　　　　D. 载质量利用指标

19. 属于运输活动绩效评价标准的是（　　）。

A. 运输成本　　　B. 可靠性　　　C. 运输能力　　　D. 安全性

20. 货物运输量指标包括（　　）。

A. 货运量　　　B. 运距　　　C. 周转量　　　D. 货流量

三、判断题

21. 运输成本核算是运输成本管理的中心环节。（　　）

22. 直运就是在组织货物运输过程中，减少仓储环节或交通周转环节直接运达目的地的运输方式。（　　）

23. 货运场站的系统管理费用属于运输变动成本。（　　）

24. 车辆的变动成本可分为端点费用和线路费用。（　　）

25. 货物提取和交付活动相关费用与运输距离有关。（　　）

26. 可靠性指标是反映运输质量的指标。（　　）

27. 里程利用率是指一定时期内车辆总行程中载重行程所占的比重，反映了车辆的实载和空载程度。（　　）

28. 运输绩效评价对象主要是指运输活动或运输过程。（　　）

29. 顾客意见处理率不属于运输质量评价指标。（　　）

30. 运输绩效评价只能采用定量指标。（　　）

四、技能训练

31. 选择一家运输公司实地调研，了解运输公司的实际运作情况，分析构建运输绩效评价考核指标体系。